ESSAI

sur

L'ORIGINE

de

L'IDÉE DE DROIT

Neufchâteau. — Imp. Gontier-Kienné, place Jeanne-d'Arc.

ESSAI

SUR

L'ORIGINE

DE

L'IDÉE DE DROIT

PAR

Gaston RICHARD

ANCIEN ÉLÈVE DE L'ÉCOLE NORMALE SUPÉRIEURE
PROFESSEUR AGRÉGÉ DE PHILOSOPHIE
AU LYCÉE DU HAVRE

THÈSE

PRÉSENTÉE A LA FACULTÉ DES LETTRES DE PARIS

PARIS

ERNEST THORIN, ÉDITEUR

LIBRAIRE DU COLLÈGE DE FRANCE, DE L'ÉCOLE NORMALE SUPÉRIEURE
DES ÉCOLES FRANÇAISES D'ATHÈNES ET DE ROME,
DE LA SOCIÉTÉ DES ÉTUDES HISTORIQUES

7, RUE DE MÉDICIS, 7

1892

BIBLIOGRAPHIE

PRINCIPAUX OUVRAGES CITÉS OU CONSULTÉS

BAGEHOT. — *Lois scientifiques du développement des nations*, trad. fr. (Alcan).

BASTIAT. — *Harmonies économiques.*

BEAUSSIRE. — *Les principes du Droit* (Paris, Alcan, 1888).

BENTHAM. — *Principes de législation* (édition Etienne Dumont.) — *Vue générale d'un cours complet de législation* (id.) — *Principes du Code pénal* (id.) — *Principes du Code civil* (id.) — *Traité des preuves judiciaires* (id.) — *Théorie des peines et des récompenses* (id.) — *Tactique des assemblées délibérantes*, (y compris le *Traité des sophismes politiques* et les *Sophismes anarchiques*) (id.)

BLUNTSCHLI. — *Le droit international codifié*, trad. Lardy (Paris, Guillaumin, 1870).

CARO. — *Problèmes de morale social* (2ᵉ édit., Hachette).

CONDORCET. — *Tableau historique des progrès de l'Esprit humain.*

Auguste COMTE. — *Système de politique positive* (3ᵉ cahier du *Catéchisme des industriels* de Henri Saint-Simon) (Paris, 1824). — *Cours de philosophie positive* (2ᵉ édit., augmentée d'une préface par E. Littré, Paris, 1864). — *Système de politique positive ou*

1 *

Traité de Sociologie instituant la Religion de l'humanité (4 vol. in-8°, Paris, 1851).

DARESTE. — *Etude historique du Droit.*

DARWIN. — *Origine des Espèces* (trad. fr. Reinwald). — *Descendance de l'homme* (id.) — *Expression des émotions* (id.)

DÉMÉLIC. — *Le droit coutumier des Slaves méridionaux*, d'après les recherches de M. V. Bogisié (Paris, Ernest Thorin, éditeur, 1877).

ESPINAS. — *Des Sociétés animales* (2ᵉ édition, Paris, Germer-Baillère, 1878).

FUSTEL DE COULANGES. — *La Cité antique* (10ᵉ édit., Hachette). — *La monarchie franque*. — *L'Alleu*. (1).

FOUILLÉE. — *L'idée moderne du Droit* (2ᵉ édit., 1 vol., Hachette.) *Critique des systèmes de Morale contemporains* (2ᵉ édition, Paris, Alcan). — *La science sociale contemporaine*, (1 vol. in-18, Hachette).

FRANCK. — *Philosophie du droit civil*. — *Philosophie du droit pénal* (2ᵉ édit., Germer-Baillière).

GAROFALO. — *Criminologie* (trad. fr. Alcan).

GROTIUS. — *Le droit de la guerre et de la paix* (trad. de Pradier-Fodéré).

HOBBES. — *De Cive*.

HUME — *Essais de morale* (trad. fr.)

PAUL JANET. — *Histoire de la science politique dans ses rapports avec la morale*, 3ᵉ édition. — *Philosophie de la Révolution française* (Paris, Germer-Baillière, 1875). — *Les origines du socialisme contemporain* (Paris, Germer-Baillière, 1875).

JOLY. — *Le crime*, étude sociale (Paris, Cerf).

KANT. — *Principes métaphysiques du droit.*

LAMENNAIS. — *De la société première et de ses lois.*

---

(1) *Les origines du système féodal* n'avaient pas été publiées au moment où cette étude était terminée.

Lanessan (de). — *La lutte pour l'existence et l'association pour la lutte* (Paris, Octave Doin, 1882).

Lacassagne. — *Archives d'anthropologie criminelle* et *Revue scientifique*, passim.

Letourneau. — *L'évolution du mariage et de la famille* (Bibliothèque anthropologique). (Lecrosnier et Babé). — *L'évolution de la propriété.* — *L'évolution de la morale* (1).

Littré. — *La science au point de vue philosophique* (Paris, Didier).

Locke. — *Du gouvernement civil* (trad. fr).

Lyall. — *Mœurs religieuses et sociales de l'Extrême-Orient* (trad. fr., Paris, Thorin).

G. de Mortillet. — *Le préhistorique* (Reinwald)

Martens. — *Les causes célèbres du droit des gens.*

Sir Henry Sumner Maine. — *L'ancien droit* (trad. de M. Courcelle-Seneuil, Paris, Guillaumin). — *Etudes sur l'histoire des institutions primitives* (trad. fr. Thorin). — *Etudes sur l'ancien droit et la coutume primitive* (trad. fr., Thorin).

Michelet. — *Origines du droit français,* (Hachette, Paris, 1837).

Proudhon. — *La Justice dans la Révolution et dans l'Eglise.* — *La guerre et la paix* (2 vol., collection Hetzel, Paris, 1861).

Renouvier. — *Science de la morale* (Paris, Ladrange, 1869).

Rousseau. — *Contrat social.*

De Savigny. — *Droit des obligations* (trad. fr., 2ᵉ édit., 2 vol., Thorin).

Spinosa. — *Tractatus theologico-politicus* (édit. Paulus, Jena, 2, I). — *Tractatus politicus* (id.) 2, II.

Spencer. — *Principes de sociologie,* (4 vol. trad. fr., Alcan). — *L'individu contre l'Etat* (1 vol, id.)

---

(1) Cette étude était entièrement achevée quand a été publiée l'*Evolution juridique* du même auteur.

TARDE. — *Criminalité comparée* (2ᵉ édit. Alcan). — *Les lois de l'imitation* (Paris, Alcan, 1890).

VALLIER. — *L'intention morale.*

VATTEL. — *Droit des gens ou principes de la loi naturelle appliquée à la conduite des nations et des souverains.*

WALLON. — *Histoire de l'esclavage.*

INTRODUCTION

[La philosophie du droit a toujours été solidaire des conceptions générales professées sur l'homme et la société, bien qu'elle ait souvent redressé ces conceptions.]La sophistique fit de l'homme la mesure de toutes choses et opposa aussitôt à la loi des cités égales pour toute la nature c'est-à-dire la force inégale des désirs et des passions (1). La dialectique de Socrate et de Platon qui vit dans l'homme avant tout une intelligence apte à saisir l'universel conçut la loi, soit comme une expression de la raison (2), soit comme un moyen de réaliser la raison dans une humanité imparfaite (3). Identifiant la raison humaine et les lois de l'univers, les Stoïciens en conclurent à la possibilité d'une cité du monde en laquelle prendrait fin l'antithèse de la nature et de la loi. De cette idée résulta dans les temps modernes le droit des gens (4) lequel fut d'ailleurs comme on l'a remarqué une simple extension du droit romain aux relations des peuples. La philoso-phie des modernes ne devait pas tarder à modifier l'idée du droit

---

(1) Platon, *Gorgias*.
(2) Platon, *Criton*.
(3) Platon, *Le politique ; Lois*.
(4) Sumner-Maine, *l'Ancien Droit*, traduction de M. Courcelle-Seneuil, ch. IV, p. 91 et 359. — Grotius, *Le droit de la guerre et de la paix*, trad. Pradier-Fodéré, prolégomènes.

de la nature et des gens. Subordonnant chez Descartes et chez Rousseau, en cela élève de Descartes (1) le jugement à la volonté, affirmant avec Kant le primat de la raison pratique sur la raison pure, pour conclure avec Fichte que le *moi* est l'être lui-même et avec Maine de Biran que le *moi* ne se connaît primitivement que dans l'effort qui l'oppose à toute autre chose que lui, elle devait justifier cette doctrine qui fait dépendre l'existence des sociétés humaines du consentement explicite de leurs membres. En même temps, une demi-science qui répudiant les données de l'histoire, méconnaissant la solidarité qui unit les générations semble réduire la fonction de la société à la production et à l'échange des richesses, confirmait empiriquement la théorie du contrat social en mettant les fins de l'activité privée au-dessus de toute fin collective (2).

---

(1) Rousseau, *Emile, Profession de foi du Vicaire Savoyard.*

(2) Le terme de demi-science n'est pas excessif si l'on considère la série des postulats que suppose l'économie politique dite orthodoxe. Le principal de ces postulats est une véritable contradiction *in adjecto.* C'est celui de l'*égoïsme équitable*, c'est l'idée que la généralité des hommes peut, sous la loi de l'offre et de la demande, prendre pour règle l'exploitation de la détresse sans qu'il en résulte une habitude d'esprit propre à engendrer le crime sous la double forme de la fraude et de la violence. Or, la statistique morale, en montrant que la criminalité croit avec le prix des objets de première nécessité, semble avoir fait justice de ce postulat et réduit à leur juste valeur les bienfaits de la spéculation et de l'accaparement. — Un autre postulat qui atteste le peu de sens historique des économistes est celui de la liberté du travail considérée par eux comme un fait naturel et initial. Or, l'histoire n'atteste pas seulement l'asservissement universel des producteurs, mais encore l'action du passé sur le présent, dans le domaine économique au moins autant que dans les autres, en sorte qu'exiger la liberté absolue du travail sans certaines mesures éducatrices et sans certaines garanties au profit des esclaves émancipés, c'était vouloir la continuation de l'esclavage sous une forme détournée. — Nous ne disons pas que ces mesures n'aient pas été prises et que ces garanties n'aient pas été données. Nous ne sommes pas de ceux qui identifient le prolétaire moderne et l'esclave antique. Mais si le sort des classes laborieuses n'est pas pire, c'est que la démocratie a su s'affranchir en quelques points de la superstition des doctrines économiques.

De notre temps, la psychologie expérimentale et comparative jointe à la science empirique des sociétés ne pouvait manquer d'imprimer une tendance nouvelle à la philosophie du droit au risque de lui faire traverser une crise. La première de ces sciences a vu, sinon dans l'essence, au moins dans les phénomènes de la personnalité, une corrélation générale des états de conscience et des états physiologiques, un produit complexe et instable conditionné par le milieu social et par le passé de l'espèce. La sociologie a repris à la théologie, en la corrigeant, l'idée de la solidarité humaine et à cette lumière a éclairé les faits sociaux. Aux regards de l'historien, les générations ont paru unies par une chaîne souvent dissimulée, mais d'autant plus malaisée à briser qu'elle est plus ténue (1). Aux yeux du véritable économiste, un consensus a associé dans une mutuelle dépendance toutes les formes de l'activité humaine. On a reconnu que l'industrie dépend, non-seulement de la science positive, mais encore de l'activité esthétique (2). On a même montré que les fonctions économiques auxquelles *la dogmatique de l'égoïsme* (3) décorée du nom usurpé d'économie politique avait accordé une sorte de souveraineté et d'action directrice sur la civilisation sont en réalité subordonnées aux conditions de l'existence nationale (4). Dès lors il devenait légitime et nécessaire de chercher à édifier

———— ————

(1) Il faudrait citer ici presque toutes les œuvres historiques importantes. Bornons-nous à citer : Fustel de Coulanges, Préface de l'*Alleu*. Id. Introduction aux *Origines du système féodal.* ; Albert Sorel, *L'Europe et la Révolution française*, 1 vol.; Hauréau, *Histoire de la philosophie scolastique*, 3 vol.; Henry Maine, *Œuvres*, etc.

(2) Tarde, *Les lois de l'imitation*, passim. — Bourdeau, *Les forces de l'industrie* (Alcan).

(3) C'est la qualification qu'y applique Lange dans un substantiel chapitre de son *Histoire du matérialisme* (trad. Pommerol, t. II, 4ᵉ partie, ch. I · *L'économie politique et la dogmatique de l'égoïsme*).

(4) Roscher, *Die Grundlage der National Œkonomie*, traduit par Wolowsky. — Voir l'analyse donnée par M. Durkheim des travaux de MM. Schœnberg, Wagner, Schmoller, *Revue philos.*, t. XXIV, p. 33 et ssq.

une philosophie du droit qui ne sacrifiât pas la solidarité sociale à l'individu.

Les spéculations de la philosophie du droit, les œuvres de Spinosa, de Locke, de Rousseau, de Kant, de Fichte, dont l'essence a été exprimée et les lacunes comblées par tant d'œuvres plus récentes, conservent encore sur maint esprit une autorité bien explicable. L'humanité n'en oubliera jamais les services. [Nous lui devons le droit des gens qui, en dépit des apparences, a toujours gouverné plus complétement les rapports des peuples ; nous lui devons l'épuration et l'adoucissement des législations pénales, la disparition des faux délits, hérésie, lèse-majesté, celle des peines cruelles ou injustes comme la confiscation ; nous lui devons, au moins en France, la responsabilité du pouvoir politique et la première idée des institutions républicaines ; enfin, si l'esclavage a disparu de la surface du monde civilisé et si chez les barbares, il est tenu de se cacher, c'est encore à la philosophie du droit que l'humanité en est redevable (1).]

Cependant, tentera-t-on de relever les droits de la tradition au profit d'esprits qui ont mis leur honneur à abaisser la tradition devant la critique ? Eblouie par sa propre gloire, la philosophie se bornera-t-elle en ce domaine à contempler ses œuvres antérieures en aspirant l'encens que l'opinion vulgaire lui fait respirer ? Il serait peu respectueux de le supposer. Rabaissons-nous le rôle de Descartes si nous exprimons l'idée qu'il a imparfaitement conçu et imparfaitement expliqué l'unité des phénomènes physiques ? le rôle de Bacon si nous disons qu'il n'a pas clairement exposé la nature de l'induction et les conditions de la méthode expérimentale ? Qui le croira ? De même nous ne ra-

---

(1) Nous faisons peut-être ici à la philosophie du droit la part trop large. Les idées abstraites ont eu moins de part que les sentiments sympathiques à la croisade contre l'esclavage. Les Wilberforce, les John Brown, les Gordon, obéirent à d'autres motifs que le culte de l'autonomie de la personne. — Néanmoins la philosophie du droit a prêté aux sentiments sociaux une voix et des formules.

baissons pas l'ancienne philosophie du droit en pensant que de nouvelles données psychologiques et historiques nous permettent de tenter, avec l'appui d'une méthode plus sûre, l'examen des problèmes qu'elle a mal ou insuffisamment résolus.

Tous les problèmes, en effet, reçoivent d'elle une solution unique qui en constitue le défaut commun. Cette solution, on le sait, est le dogme de l'individualisme. L'alpha et l'ômega de la métaphysique du droit consiste à opposer la personne à la société, à doter la première d'un veto inviolable, à la déclarer au nom de l'infaillibilité de la conscience individuelle juge souverain des devoirs que la société peut exiger d'elle. De là un système de contradictions qui fait du droit philosophique une pure dialectique.

Tout d'abord le point de départ est une visible pétition de principe. On suppose que la personne serait sans le concours de la société telle que l'a faite l'éducation sociale prolongée pendant des siècles. On passe sous silence le concours que les facultés intellectuelles de l'individu ont pu recevoir de la culture. Peu importe aux défenseurs de cette théorie que l'enfant reçoive du milieu une langue à flexion ou une langue agglutinante (1), des conceptions scientifiques qui exercent sa pensée, ou des conceptions fétichistes qui la paralysent. Ses facultés seront les mêmes et dans les deux cas atteindront spontanément le même développement. La conscience morale sera la même, qu'on ait sous les yeux pendant son enfance les sacrifices du Dahomey ou les exemples de la charité chrétienne. La conscience est présumée tirer ses attributs de son propre fonds.

Ce premier sophisme conduit à en commettre un autre. La spé-

---

(1) La civilisation ne s'est développée que chez des peuples parlant des langues à flexion. Les races condamnées aux langues agglutinantes sont restées barbares et, le Japon excepté, n'ont même pu s'assimiler la civilisation des Aryens et des Sémites. Voir sur ce point Challemel-Lacour résumant les conclusions de Guillaume de Humboldt, *Philosophie indivi-dualiste.*

culation philosophique prétend appuyer le droit sur le devoir, mais quand on cherche quel contenu précis elle assigne au devoir, on s'aperçoit qu'il n'y en a pas d'autre que le droit. Le devoir précis, strict serait l'obligation de respecter l'inviolabilité de la personne humaine, en laquelle par définition serait l'essence du droit. Le droit repose donc sur lui-même, c'est-à-dire en dernière analyse sur l'affranchissement de la conscience individuelle, érigée en juge suprême de la conduite. — Il n'en serait pas de même si l'on assignait pour contenu au devoir le sacrifice, le don de soi à autrui, la charité. Mais tandis que la morale sociale digne de ce nom est à peu près unanime à définir comme une obligation rigoureuse[le devoir pour le fort de se donner au faible, pour le savant de distribuer sa science à l'ignorant, pour l'homme de protéger la femme, pour le père de donner sa vie à l'enfant, pour la génération présente de se sacrifier à la génération future, pour le particulier de se dévouer à la nation] la philosophie du droit hésite quand il faut définir les relations de la charité et de la justice. — Sans doute Locke citant Hooker assigne pour fondement au droit naturel une vague charité ; l'esprit général de la théorie de Spinosa est le même : l'un et l'autre sont d'ailleurs en ce point les échos du stoïcisme. Mais il est douteux que Kant ait pleinement reconnu le caractère obligatoire de la charité : il la réduit à la maxime universelle de l'amour de soi Fichte, surtout dans sa seconde philosophie subordonne la justice à la charité (1), mais la méthode mystique à laquelle il recourt est au fond l'absence de méthode. Il faut s'adresser aux dissidents de la philosophie du droit pour trouver une réponse satisfaisante. Lamennais rattache le droit et le devoir aux deux lois générales des êtres « la loi d'unité qui les relie à Dieu source de leur être ; la loi d'individualité qui est la condition de leur être hors de Dieu (2) ». « L'un de ces éléments, l'unité infinie est le bien pur,

---

(1) Fichte, *Méthode pour arriver à la vie bienheureuse*, trad. fr. avec introduction d'Hermann Fichte.

(2) Lamennais, *De la Société première et de ses lois*, p. 21.

puisqu'il est Dieu. L'autre l'individualité finie, considérée exclusivement en soi, sans liaison avec son principe, est le mal pur
puisqu'il imprime à l'être un mouvement qui l'éloigne de Dieu ou
du principe de l'être (1). » « Ces deux tendances, l'une vers soi,
l'autre vers Dieu, d'où naît celle des êtres les uns vers les autres,
l'une conservatrice de l'individu, l'autre conservatrice du tout
forment ensemble la loi suprême et universelle de vie ; dans leurs
relations avec les êtres intelligents et libres, ces tendances vitales
constituent le droit et le devoir, dès lors le droit et le devoir n'étant
à l'égard de l'homme que la loi de vie dans ses rapports à la nature humaine, la loi selon laquelle tout dans la création est et
continue d'être par l'union à Dieu et par l'union mutuelle des
êtres, le droit et le devoir ou la loi de vie est la Religion même en
ce qu'elle a de plus intime, de plus directement relatif à sa fin
qui est de lier les êtres, de leur imprimer un mouvement commun
vers l'unité dans laquelle se résume la vie : *ut unum sint* (2). » —
Telle est, avec des différences métaphysiques appréciables, la
théorie de M. Secrétan. Pour pouvoir se donner comme on le
doit, il faut pouvoir se refuser : de là le droit. — Tout autre est la
solution de M. Fouillée qui fait de la charité une espèce de la
justice, la justice réparative. — Mais, répétons-le, ce sont là des
opinions dissidentes. L'esprit général de la philosophie du droit
est hostile à l'amour. Elle y voit la grâce, c'est-à-dire l'arbitraire. A
cet égard Michelet et Proudhon en ont assez fidèlement exprimé
les conclusions (3). Elles se retournent contre la théorie, car on ne
mutile pas le devoir sans se blesser soi-même. Le devoir est de se
donner ; il y en a une raison logique et téléologique : c'est qu'il
est impossible de se prendre rationnellement pour terme de son

(1) Lamennais, *ibid.*
(2) Lamennais, *Société première*, p. 173.
(3) Proudhon, *La justice dans la Révolution et dans l'Eglise* (notamment la 2ᵉ étude sur le Mariage). — Michelet, *Histoire de la Révolution
française*, introduction, 1ʳᵉ partie. Voir la réfutation qu'en a donnée M. Paul
Janet dans sa *Philosophie de la Révolution française*.

action et de vivre vraiment en renfermant toute sa vie en soi. La charité est donc contenue implicitement dans la volonté de vivre. Mais pour réaliser l'idéal exprimé par la formule de Comte : Vivre pour autrui, il faut vivre. On ne peut communiquer que l'énergie que l'on possède. On ne peut distribuer que les richesses dont on a la propriété, répandre que la science que l'on a acquise. Par conséquent, nul ne peut être vraiment charitable si sa libre activité altruiste ne lui est garantie. D'un autre côté, si j'ai le devoir de soulager la détresse, j'ai *à fortiori* celui de ne pas l'aggraver. Le droit est donc, non le contenu, mais la condition logique et même physique du devoir, si vraiment le devoir est la charité. Par conséquent, en une société donnée, le droit croîtra, non avec l'individualisme, mais avec l'altruisme.

L'impossibilité d'expliquer autrement que par un sophisme les relations du droit et du devoir n'est pas la dernière objection que la logique puisse faire à la philosophie du droit. Nous avons dit que celle-ci arrive à donner pour fondement au droit, non le devoir, mais sous le nom d'autonomie, l'affranchissement total de la conscience individuelle. Selon beaucoup d'esprits, ce fondement suffirait. Or, à nos yeux, l'autonomie absolue de la conscience n'est rien moins que la ruine du droit. Il ne faut pas, en effet, la confondre avec la liberté de conscience, ou compétence de l'individu à juger seul des devoirs auxquels peut l'astreindre l'idée de Dieu et à choisir seul les voies de son salut. La liberté de conscience est une des applications du droit et est sacrée à ce titre ; mais elle a pour limite et conditions toutes les autres applications du droit, par exemple le respect dû à la vie humaine. Nul ne réclamera logiquement le respect pour la religion du Dahomey, jetant aux sabres des exécuteurs ses corbeilles vivantes ou pour le culte de Huixilopôtchli exigeant le tribut annuel de centaines de cœurs extraits de poitrines humaines. Nul n'admettra que l'Etat garantisse à une association de consciences la pleine liberté religieuse sans leur demander en retour le respect de la pleine liberté scientifique et de la pleine liberté politique. Au contraire, l'autonomie absolue de la conscience individuelle fait celle-ci juge

du caractère obligatoire des devoirs sociaux. Il lui appartient de
s'en délier ou de s'en imposer de contradictoires. Pour conserver
la distinction introduite par Socrate, la liberté de conscience
proprement dite fait la conscience individuelle juge du *saint*,
non du *juste*, car c'est au nom de la justice qu'elle est juge du
saint. La doctrine de l'autonomie la fait juge et du saint et du
juste. Par là, elle lui permet de nier, non seulement le saint, mais
le juste, et finalement de se nier elle-même (1).

Ces contradictions de la philosophie ont été accusées d'abord
grâce aux efforts faits pour en mettre les principes en pratique,
puis par les progrès de l'histoire, de la psychologie des peuples
et des études sociologiques. La pratique a montré combien peu
l'ordre juridique peut se passer de la charité. On a vu surtout
régner et se développer l'équivoque qui fait bénéficier les prétentions anarchiques de la conscience individuelle du respect légitime accordé à la liberté de conscience. D'une part, tout effort
civilisateur de l'Etat, surtout dans le domaine de l'enseignement
populaire, s'est vu dénoncer comme un odieux attentat aux droits
de la croyance ; d'autre part la liberté de penser est devenue
l'excuse dont se sont couverts les débordements d'une littérature
sans pudeur et les sauvages écarts d'une secte qui, tirant de l'individualisme ses conséquences extrêmes, mais peut-être impli-

---

(1) Ce point est la grande leçon que Quinet a retirée de ses études sur
les Républiques italiennes, sur l'affranchissement des Pays-Bas, et enfin
sur la Révolution française. La liberté religieuse peut être un principe
de despotisme quand on n'y apporte pas un correctif nécessaire ; elle peut
en effet autoriser tous les attentats à la vie humaine, à la recherche
scientifique, à la liberté politique. Il doit être admis en principe que la
liberté religieuse ne peut être une cuirasse à l'usage de ceux qui font
profession de nier l'intégrité du droit. Ce que Quinet n'a pas assez vu,
c'est que la souveraineté de la conscience individuelle en toutes les matières de morale peut autoriser la constitution d'une de ces théocraties
qu'il dénonçait si justement à nos défiances et à notre aversion. De même
que rien ne peut ni pratiquement ni logiquement empêcher l'extrême démocratie d'abdiquer devant le césarisme, rien ne peut empêcher une conscience autonome d'abdiquer devant la théocratie.

cites, se déclare résolument anarchique. Sans doute la philosophie du droit ne produisait pas elle-même ces maux, mais, grâce à elle, l'égoïsme, la subtilité théocratique et les passions antisociales semblaient couverts de la majeste du droit. Si l'Etat a ignoré ses droits (1) ou ne s'est risqué que bien timidement à les revendiquer, la philosophie du droit est la coupable. L'idée que l'individu est le créancier éternel de la société, que celle-ci a besoin de son consentement pour exister, qu'elle peut voir son fonctionnement suspendu par le veto individuel, cette idée a suscité toutes les revendications et paralysé les répressions salutaires. Or, c'est elle que la science a détruite. Du créancier hautain, elle a fait un débiteur insolvable. Elle a montré dans chaque état de civilisation, non seulement la source des commodités et du bien-être de la personne, mais la limite du développement de ses facultés. La linguistique a prouvé, bien qu'encore insuffisamment, combien une langue monosyllabique ou agglutinante est un instrument intellectuel imparfait si on la compare à une langue à flexion. La physiologie cérébrale a enseigné quel secours le développement du cerveau reçoit du langage et de l'écriture (2). Une loi encore vague, mais appuyée déjà par un nombre suffisant de preuves,

---

(1) L'Etat a ignoré ses droits. Une telle assertion peut sembler étranger en un temps où l'on est plutôt porté à dénoncer les empiètements de l'Etat. La vérité est que les droits de l'Etat sont identiques à la vraie liberté du travail et à la vraie liberté de conscience. (J'entends par là une liberté de travail qui puisse être garantie aux plus ignorants et aux plus pauvres, et une liberté de conscience qui ne soit pas le privilège d'associations religieuses ou irréligieuses puissantes et constituées de longue date.) Bien des maux eussent été évités si l'Etat avait eu plus tôt et plus nettement conscience de ses droits. Quant aux équivoques auxquelles peut donner lieu le principe de la liberté de conscience, il suffit pour se convaincre de leur danger de lire les tristes arguments de M. Beaussire contre l'obligation et l'égalité du service militaire. La délicatesse de la conscience morale et religieuse devrait suffire, selon lui, à affranchir certains privilégiés de cette obligation !

(2) Charlton-Bastian, *Le cerveau, organe de la pensée*, trad. fr., t. II, ch. XXVIII et XXIX.

rattache le développement de la conscience individuelle à celui de la civilisation générale : la différence entre l'enfant et l'adulte est d'autant plus grande que la civilisation scientifique, esthétique et industrielle est elle-même plus développée (1). Dès lors, il appert que l'individu doit à l'éducation sociale la meilleure part de cette personnalité, dont, selon le mot de M. Ravaisson, on l'invitait à décréter l'apothéose (2).

On a remarqué que toute crise de la philosophie provoque une résurrection et un épanouissement temporaire du matérialisme. Or, la philosophie du droit a aussi son matérialisme. Il prend même ordinairement deux formes : l'une est le hobbisme, simple version philosophique du droit romain-bysantin, qui ramène le droit à l'ensemble des commandements de l'Etat confondu lui-même avec le gouvernement ; l'autre identifie le droit et le besoin physiologique individuel. Le conflit de la métaphysique du droit et de la science positive devait susciter une renaissance des deux têtes du matérialisme juridique. En Allemagne, M. Jhering, dans un ouvrage intitulé la *Fin dans le Droit* (3), et où tout semble n'être pas à rejeter, identifie le droit avec la contrainte de l'Etat et finalement avec la force. En Angleterre, M. Spencer dresse après tant d'autres l'*Individu contre l'Etat ;* mais la *personnalité* qu'il oppose à la *société* n'est plus le sujet de la raison pure pratique, c'est l'organisme individuel réclamant la liberté néces-

---

(1) Voir Hovelacque, *Les nègres de l'Afrique sus-équatoriale* (Bibliothèque anthropologique), 2ᵉ partie. — Les nègres constituent la partie la plus importante et la mieux étudiée de l'humanité incivilisée. Or, la presque unanimité des témoignages est que le nègre reste sa vie entière « avec les illusions, les passions et les réflexions égoïstes de l'enfance ». — La plupart des autres populations sauvages leur ressemblent. On peut donc induire que la civilisation est mesurée par un écart entre les pensées et les émotions de l'adulte et celles de l'enfant. Ceci est pleinement confirmé par l'histoire de l'esprit humain.

(2) Ravaisson, *Allocution* citée par Fouillée. *Critique des systèmes de morale contemporaine*, p. 351, note 2.

(3) Jhering, *Der Zweck im Recht*, analysé par M. Durkheim, *Revue philosophique*, t. XXIV, p. 50 et suiv.

saire à la satisfaction de ses appétits (1). Le plus piquant est que le philosophe anglais prétend déduire de la science sociale, conçue il est vrai comme une province de la biologie, une négation aussi brutale de la sociabilité. La théorie anglaise témoigne sans s'en douter en faveur de la théorie allemande. Si l'homme n'est rien hors du système d'appétits égoïstes décrit par Spencer, un gouvernement despotique, servi par une force irrésistible, est évidemment nécessaire pour le contenir.

Mais qui créera cette force, qui la conservera et lui assignera ses fins ? Encore l'égoïsme, celui d'une dynastie ou d'une caste substitué à celui de la pluralité des individus. Le matérialisme juridique livre bien vite le secret de sa faiblesse et ce n'est pas aujourd'hui qu'il peut espérer contenter les esprits.

Plus que jamais, il est nécessaire de se rendre compte des origines de l'idée de droit et d'en étudier les relations avec les lois psychologiques et les généralisations de l'histoire.

Selon la spéculation métaphysique, l'idée de droit exprimerait *le respect de la personnalité exigible par la contrainte*. Analysons cette idée et nous y découvrons trois éléments :

1° La notion de l'exigibilité, notion *à priori*, mais purement formelle, car elle nous apprend que quelque chose est exigible de nous et exigible pour nous, sans nous apprendre quelle est cette chose ;

2° La notion de la contrainte, notion purement empirique, vu qu'elle implique l'expérience du plaisir et de la douleur ;

3° La notion du respect de la personnalité, notion empirique sans doute, mais qu'à la rigueur on peut demander tout entière à l'expérience interne.

De cette triple notion résulte nécessairement l'idée d'un *Etat* ou puissance publique fondée sur le contrat social. En effet le contrat social serait le seul moyen de créer une contrainte limitée aux conditions du respect de la personnalité, toute contrainte

____

(1) Spencer, *L'individu contre l'Etat*, trad. fr., p. 142 et suiv.

créée sans le consentement exprès des personnes sur qui elle doit
s'exercer, risquant fort de poursuivre d'autres fins que les fins
individuelles (1).

'Or : 1° L'idée du contrat social n'est pas seulement en désaccord avec toute expérience (et même avec la loi historique du
passage de l'Etat au contrat) ; elle est contradictoire. Il est aussi
impossible de la concevoir réalisée au terme de la société qu'à
l'origine. Un contrat implique par hypothèse un pouvoir préexis-
tant qui le sanctionne, tout au moins un pouvoir spirituel. Or,
à priori, de l'idée de deux ou plusieurs libertés pures, on ne
peut déduire qu'une convention limitative et sans garant. Un
traité de paix n'est pas un traité d'alliance ; encore moins est-ce
la formation d'une confédération d'Etats ou d'un Etat fédératif (2).
L'amour ou tout au moins la solidarité contre un danger commun
peut seul déterminer des puissances indépendantes à passer de
l'autonomie à l'association. On n'a pas assez remarqué que Rousseau assigne pour origine à son contrat social l'alliance contre les
forces naturelles.

2° Le respect de la personne est une notion confuse et équivoque, une notion qui selon le sens attaché au mot « personne »

---

(1) Nous ne comprenons pas dans ces critiques l'hypothèse d'un contrat
social appliqué exclusivement à la formation du pouvoir politique et aux
relations des gouvernants avec les gouvernés. Une telle hypothèse n'est
ni contradictoire, ni contraire à l'expérience. M. Luchaire a montré qu'elle
a été invoquée au moyen-âge dans les stipulations de certaines chartes
communales, notamment de la charte de Bayonne. (Luchaire, *Les communes de France à l'époque des Capétiens directs*, p. 24.)

(2) On sait que le droit international distingue la confédération d'Etats
(Staatenbund) et l'Etat fédératif (Bundestaat). Dans la première, les Etats
confédérés conservent à l'égard de l'étranger une souveraineté au moins
nominale ; dans le second, cette souveraineté est dévolue tout entière à
la fédération. Le contrat social tel qu'il est généralement exposé, établi-
rait entre les personnes un lien aussi étroit que fait l'Etat fédératif entre
les provinces fédérées. — Ces analogies, tirées du droit des gens, sont
légitimes ; on l'a toujours considéré comme le symbole empirique du droit
naturel.

2 *

implique ou tautologie ou contradiction. En ef et le terme *per-sonnalité* peut revêtir trois sens : 1° le sens d'agent moral, de volonté pure soumise aux lois de la raison pratique, ou plutôt, comme la volonté pure ne fait qu'un avec la législation ration-nelle, la personnalité peut désigner la raison pure législatrice de la pratique. 2° Le sens du *moi* qui se saisit et se connaît en s'opposant au *non-moi* par l'effort volontaire. 3° Le sens empi-rique d'une corrélation psycho-physiologique parfaite ou impar-faite selon les cas. Entendons-nous le respect de la personnalité dans le premier sens ? Cette formule est une pure tautologie. Admettons, contrairement aux conclusions du néo-Kantisme en France et en Allemagne qu'il existe une raison pure distincte de l'entendement : qu'en résulte-t-il ? Qu'on doit respecter en l'homme la faculté législative. Mais à qui s'adresse cet ordre ? Ce ne peut être à la sensibilité, soumise aux lois du déterminisme, ce sera donc à la raison elle-même. On l'invitera à respecter ses propres lois, les lois en dehors desquelles on ne saurait concevoir qu'elle pût agir. Aussi sous-entend-on toujours pratiquement soit le respect du *moi*, soit celui de l'homme concret, conscience et orga-nisme. Par là, les difficultés s'aggravent. Le *moi* de chacun, dit-on, respectera le *moi* des autres, parce qu'en eux il se reconnaîtra. Pure supposition ! Entre chaque *moi*, comme le montre M. Fouil-lée (1), il y a peut-être un abîme. Otez toute autre idée que celle de la liberté, le *moi* de Pierre sera considéré par Paul comme un *non-moi*, une portion du monde extérieur, un obs-tacle à écarter, une force à assujettir. Tant que vous n'aurez pas découvert le secret de confondre par l'amour la diversité des *moi* dans une personnalité supérieure, ne leur demandez pas le res-pect réciproque en leur permettant de déployer leur liberté. Le principe de contradiction vous le défend. Quant à la personna-lité empirique, au faisceau d'états de conscience liés au système

---

(1) Alfred Fouillée, *Critique des systèmes de morale contemporains* p. 94. — *L'idée moderne du droit*, p. 279.

des fonctions organiques, quant à la guenille qui saigne et qui souffre, qui travaille, vend, achète, cultive, parle, lit, imprime, se marie, perçoit des revenus et les applique à ses besoins, est-ce à elle qu'on accorde la pleine liberté, sous la condition qu'elle respectera en autrui sa propre image ? A elle seule à vrai dire le droit est nécessaire. L'agent rationnel qui habite le ciel intelligible, le *moi* qui crée le monde par un effort volontaire peut être indifférent aux vétilles de la liberté de conscience et de l'intolérance dogmatique, de la liberté du travail et du socialisme d'Etat, de la propriété et du communisme. Il n'en est pas de même du phénomène humain qui selon les cas périt sur le bûcher de Bruno ou est triomphalement conduit par le deuil d'un peuple à quelque panthéon. Mais en quel sens faut-il entendre le respect de la personne empirique ? La logique et l'expérience ne permettent qu'une interprétation. Le respect réciproque des libertés désigne l'égalité des libertés, légalement protégée, et l'égalité des libertés implique l'égalité des capacités juridiques. Dès lors la pratique nous invite à juger trois exceptions dont la somme dépasse de beaucoup la règle : l'inégalité de l'enfant et de l'adulte, l'inégalité de la femme et de l'homme, l'inégalité du fou et de l'homme sain d'esprit. Accordons cependant que l'incapacité de l'enfant soit au fond un privilège et que la puissance paternelle soit, comme le dit Locke, une charge du père ; accordons aussi que l'incapacité de la femme soit un reste de barbarie destiné à faire place à la justice en faveur du sexe qui a à la perpétuité de l'espèce la part la plus importante et la plus pénible. L'aliéné reste. Mais qu'est-il ? Peut-être vous, peut-être moi, peut-être nous tous. Des psychologues tels que M. Maury (1) ne croient-ils pas découvrir l'aliénation dans l'extase du mystique ? ne pensent-ils pas saisir le germe de la folie dans l'hallucination hypnagogique et même dans le rêve ? Lombroso, après tant d'autres, ne voit-il pas un fou dans tout homme

---

(1) Maury, *Le sommeil et les rêves* (notamment le chapitre X).

de génie ? Or, la législation n'a-t-elle pas fait de l'aliéné non—seulement un incapable, mais bien facilement un détenu ? (après
combien de cruautés gratuites !) Sous l'empire des lois applica-
bles aux aliénés, qui est sûr de conserver sa vie durant la pleine
capacité juridique ou même la liberté physique ? Qui cependant
demandera, au nom du *droit naturel*, l'abolition de toute loi sur
la condition de l'aliéné quand, les paradoxes mis à part, la psychologie morbide montre chaque jour la folie et la pensée normale
plus voisines, et plus frêle la barrière qui les sépare ? Il est acquis
par là que sans aucun démérite, sans aucune acte volontaire
engageant la responsabilité, la liberté juridique de l'un peut être
abolie dans *l'intérêt* des autres.

La notion du respect de la personnalité ne peut, vu les contradictions et les équivoques qu'elle présente, servir de contenu à
l'idée de droit. Celle-ci se trouverait donc réduite à deux éléments : 1° l'idée empirique de la contrainte ; 2° l'idée formelle
de l'exigibilité. Celle-là ne peut être déterminée, constituée que
par l'expérience. Celle-ci est *à priori* ; mais qu'est—elle au
fond sinon le principe d'identité A = A. Dès que la passion égoïste
cesse de nous dominer, la simple logique nous fait une nécessité de penser qu'un acte commis par nous est l'exact équivalent
d'un acte identique commis contre nous, la circonstance que le
second atteint et blesse notre sensibilité étant en soi indifférente.
Donc ce qui est exigé par nous est exigé de nous et réciproquement. Mais serait-ce déjà là l'idée de droit ? N'arrive-t-il pas
que l'appréciation égoïste vicie fatalement cette opération intel
lectuelle et nous empêche de voir que A = A ? Cette circonstance
que dans un cas notre sensibilité est affectée met à nos yeux ce
cas hors de pair. D'ailleurs, le cours des choses introduit fatalement entre les hommes des inégalités de sexe, d'âge, de position
qui semblent renverser au profit de quelques-uns l'axiome d'identité. On a vu des principicules sauvages entrer en fureur quand
on leur disait qu'en Europe les meurtres perpétrés par eux sur
leurs sujets les conduiraient à la potence. L'idée de droit ne saurait donc être déduite de l'idée de devoirs réciproquement exi-

gibles. *A priori*, nous savons que la formation d'une idée de droit est possible, c'est-à-dire que l'homme pourra être contraint par l'homme à certaines abstentions, à certaines actions, à certaines réparations. Mais, de cette contrainte, nous ignorons la nature, le but et la limite. Il faut donc en demander la notion à l'expérience.

Chercher dans l'expérience l'origine de l'idée de droit, n'est-ce pas faire une supposition peut-être illégitime ? C'est admettre en effet que les hommes ont été conduits, par le fait même de vivre en société, à définir leurs relations juridiques, en d'autres termes à déterminer [ce que tous peuvent exiger de chacun et ce que chacun peut attendre de tous.] Si vous estimez que, la raison pratique exceptée, l'homme ne peut être conduit que par des penchants intéressés et égoïstes, vous jugerez cette supposition inadmissible. Et cependant les faits la vérifient. Jetons en effet un coup d'œil sur les codes. Ils varient assez de siècle à siècle et de peuple à peuple pour qu'on y voie des fruits de l'expérience. Or, considérez une législation déterminée : Bentham vous montrera une idée commune, sous-jacente au droit constitutionnel et au droit pénal, au droit pénal et au droit civil, au droit substantif et au droit adjectif (1). Cette idée est que 1° certaines formes de la conduite doivent être prohibées et certaines autres formes protégées, voire provoquées ; 2° que la conduite à prohiber est celle qui généralisée par imitation rend impossible la vie en société, et la conduite à protéger est celle qui en renforce l'énergie. L'idée de droit a donc un contenu empirique suffisant pour guider les législateurs.]

Ce contenu se serait-il formé au hasard et sans lois ? N'exprimerait-il que la pensée arbitraire des législateurs ? Mais ceux-ci ne sont-ils pas des hommes soumis comme tels à l'action des lois

---

(1) On sait que Bentham appelle *droit adjectif* l'ensemble des lois relatives à la procédure.

générales de l'expérience humaine? (1). Quand Tronchet, Portalis, Malleville, Bigot, rédigeaient le Code civil, la société française était-elle un argile inerte recevant sa forme des mains de ces quatre législateurs? N'était-ce pas l'histoire de France et par delà l'histoire de France, la marche générale de la civilisation qui tenaient leur plume? Le cours de l'histoire est-il une succession arbitraire de faits arbitraires? Est-ce autre chose que le développement successif et collectif de la pensée et de la sensibilité humaines?

L'histoire du droit, telle que l'ont constituée à une date récente les travaux de M. Dareste (2) et de Fustel de Coulanges en France, de Sir Henry Summer Maine en Angleterre, de Post en Allemagne (3), a prouvé l'universalité d'institutions qu'il y a cinquante ans encore on croyait locales, soit exclusivement germaniques comme la composition, l'ordalie, la recommandation, soit presque exclusivement romaines, comme la puissance paternelle, l'agnation, le patronage et la clientèle. Maine a induit une grande loi, à la fois historique et ethnologique, la loi du passage de l'Etat au Contrat (4).

Le développement de l'idée de droit est donc soumis à des lois empiriques. Où en chercher l'explication? Dans les faits sociaux? Mais qu'entendrons-nous par là? Des faits physiques comptés par les statistiques, la balance des naissances et des décès, des choses produites et consommées, importées et exportées, ou même la correspondance entre le nombre des crimes et le coût des aliments? Ce sont là des signes de la vie sociale, ce n'en sont pas

---

(1) « Les Codes des peuples se font avec le temps, mais à proprement parler on ne les fait pas. » — *Portalis.*

(2) Dareste, *Etude historique du droit.* — Fustel de Coulanges, *Œuvres.*

(3) Post, *L'origine du droit; — Les commencements de la vie de l'Etat et du droit*, etc. — Voir Durkheim, *Revue philosophique*, t. XXIV, p. 275 et suiv.

(4) Sumner-Maine, *L'ancien droit*, traduction de M. Courcelle-Seneuil, ch. V, notamment p. 101 et 162.

les éléments. [La société, c'est l'esprit, étudié non dans un *moi*
individuel, mais dans la totalité de ses manifestations, dans les
réactions mutuelles et perpétuelles des intelligences individuelles.]
Cependant l'étude du composé nous amène en dernière analyse
aux lois des éléments composants. C'est aux lois mentales agissant
dans la durée sur des éléments fournis par l'expérience collective
qu'il faut demander l'origine de la notion de Droit.

CHAPITRE PREMIER

Si faible que soit aux yeux de certains savants la part prise par l'intelligence à la formation des sociétés, il n'est pas douteux que chaque société s'organise en vue d'une fin : non sans doute d'une fin idéale, telle que la réalisation de la loi morale dans le monde sensible ou l'union des êtres finis dans l'infini, mais d'une fin empirique, susceptible d'être conçue par des intelligences encore grossières. La fin sociale ainsi conçue et définie n'est autre que ce qu'on a appelé l'association pour la lutte, c'est-à-dire la réduction de la concurrence vitale au minimum. Toute association, fût-elle composée d'animaux, a une vague conscience de cette fin. M. Espinas, dans ses *Sociétés animales*, en a donné des preuves auxquelles nous renvoyons le lecteur. Il est visible qu'en présence d'un péril commun, la conscience du salut commun se réveille avec une force, une clarté qui défie tous les sophismes de l'individualisme. Observez une petite ville où vient d'éclater un incendie : deux faits frapperont votre attention. Le premier est que la solidarité parle presque aussitôt aux plus égoïstes et que les offres de concours contre le fléau dépassent en général de beaucoup les besoins ; — le second est que les actions se combinent en vue des fins avec un art spontané et une activité surprenante. Réduisons la sociabilité à la notion d'efforts à combiner pour lutter contre les causes de destruction, et nous ne pouvons pas mettre en doute que sous cette forme il n'existe une conscience des fins sociales.

Mais cette « conscience » devient-elle une « idée. »? L'action éducatrice de la société sur le développement de la conscience individuelle grave-t-elle en celle-ci la notion des fins sociales? Le problème devient ici plus malaisé à résoudre : il faut cependant y avoir réussi si l'on veut pouvoir rendre compte de la formation de l'idée de droit. L'observation et l'induction historique ne nous apportent que des secours douteux. Leurs données semblent se contredire. Sans doute le Français, bien qu'il professe théoriquement l'individualisme, a l'idée d'une dette d'assistance et de protection dont la société lui serait comptable ; souvent même il va jusqu'à la sommer de contribuer à ses plaisirs et de le préserver des conséquences de toutes ses fautes. Mais une tradition invétérée, et qu'il conviendrait peut-être de réformer, oppose au Français qui attend son salut de l'Etat, l'Anglo-Saxon d'Europe ou d'Amérique qui ne l'attend que de lui-même. L'histoire institue une antithèse analogue entre le citoyen de l'antiquité et l'homme du moyen-âge.

Cependant l'histoire nous montre invariablement les sociétés travaillées par deux tendances : l'une qui pousse le groupe social à se juger trop peu défendu contre les groupes voisins, l'autre qui le porte à exiger de la communauté des sacrifices toujours plus considérables pour alléger la misère de ses membres. Peu importe le nom que l'on donnera à ces tendances : peu importe qu'on les approuve ou qu'on les blâme : ce sont des faits, et ces faits attestent la réalité d'une conception des fins sociales. Que le groupe se laisse humilier par les ennemis du dehors, qu'à l'intérieur il ne puisse résister aux fléaux naturels, famines, inondations, épidémies, attaques du monde animal, les membres du groupe en éprouvent une douloureuse surprise : preuve évidente qu'ils attendent de la vie sociale une protection contre les agressions des sociétés étrangères et contre les fléaux naturels. Leur seule raison de ne pas s'indigner violemment contre cette défail-

lance de la société, c'est l'idée d'un être surnaturel dont la colère
leur inflige ces maux. La conception des fins sociales existe donc
chez l'individu. Un plaisir, différent des jouissances égoïstes, lui
apprend que la société atteint son but quand elle préserve ses
membres des agressions de l'ennemi et des fléaux naturels. Une
douleur, différente des douleurs égoïstes, lui apprend que la
société n'atteint pas ses fins quand ses membres souffrent de l'in-
vasion étrangère, de la famine, de l'épidémie et des autres fléaux.
Cette douleur lui apprend en outre qu'il faut y remédier par des
sacrifices, soit qu'on prenne ce mot au sens propre, et qu'on
entende par là des actes de propitiation destinés à se concilier
la clémence de la divinité irritée, soit au sens dérivé, c'est-à-
dire par un concours plus énergique des individus à l'activité
sociale.

Existe-t-il dans les mêmes conditions une conception de la
concurrence vitale ? Un fait aussi universel et d'une importance
aussi grande, peut-il échapper à la conscience individuelle ? On
pourra trouver étrange que nous posions une telle question. La
notion scientifique de la concurrence vitale ne date-t-elle pas
d'hier ? et, quelque fortune qu'elle ait obtenu auprès d'une partie
du public européen, n'est-ce pas encore une idée de curieux, de
raffiné, de misanthrope ? Soit, mais n'oublions pas qu'un état de
conscience peut exister et sous la forme du sentiment et sous la
forme de l'idée. Or, le sentiment devance l'idée. Le sentiment de
la concurrence vitale peut être universel alors que la notion de
cette loi est encore étrangère à presque tous les esprits. Ajoutons
que sous sa forme scientifique cette notion nous est venue de la
zoologie. Or, on peut admettre que la foule des hommes a d'autres
soucis que l'étude des causes qui affectent le monde animal et en
modifient les formes. Il n'est donc pas étonnant que la notion
scientifique de la concurrence vitale soit relativement ignorée.
En conclura-t-on que les hommes n'aient pas la perception confuse de la loi de guerre qui sévit entre les groupes sociaux et dans
une moindre mesure, au sein de chaque groupe, entre les individus ? La conscience de la concurrence qui sévit entre les groupes

est si forte que presque partout, et jusqu'à une époque récente, il y a eu synonymie entre les termes d'ennemis et d'étrangers. Aujourd'hui même, le patriotisme, le sentiment qui fait participer l'individu à la vie de la nationalité, est en quelque sorte inséparable de l'hostilité contre les groupes étrangers ou contre une partie des groupes étrangers. Le sentiment que chacun a de la vie sociale enveloppe également la conscience d'une lutte entre les intérêts individuels et les intérêts de classe : elle est si intense et si claire que les efforts réunis de la religion, de la morale et de la science économique n'ont guère réussi à y substituer la notion de l'harmonie des intérêts.

Dans chaque conscience individuelle existent donc deux états de conscience sourde, susceptibles cependant d'acquérir sous certaines conditions la clarté d'idées véritables. L'un est la conception des fins sociales, c'est-à-dire d'une protection mutuelle contre les causes naturelles de destruction, l'autre est le sentiment de la concurrence vitale, c'est-à-dire d'une lutte engagée entre le groupe et le monde extérieur, entre le groupe et les autres groupes, et, au sein de chaque groupe, entre les appétits individuels.

Entre ces deux états de conscience, il est impossible qu'il n'y ait point contraste et par conséquent association. Une distinction est cependant nécessaire ici. La conception d'une lutte intense entre le groupe dont fait partie chacun de nous et certains autres groupes sociaux, par exemple une nation ennemie, peut se confondre et ordinairement se confond avec la conscience des fins sociales, à moins que le groupe ne se dissolve dans la lutte. A plus forte raison en est-il de même des luttes que le groupe doit soutenir contre les dangers naturels : leur effet sur la conscience est de combiner la conception de la concurrence vitale avec la conception des fins sociales : une forme inférieure du sentiment religieux, en est le fruit ordinaire. — Rien de pareil n'arrive si la conscience d'un conflit entre appétits individuels coexiste avec la conscience des fins sociales. Un *contraste simultané* — pour parler la langue de la psychologie, — est alors inévitable ; car ces deux états de conscience ne peuvent en aucune façon se fondre en un seul.

En effet, si le groupe a pour fin de protéger chacun de ses membres contre des dangers naturels et contre l'hostilité des autres groupes, — si toute la réalité du groupe consiste dans l'accord des efforts individuels combinés en vue de cette fin, si la généralité, sinon la totalité des membres du groupe en a conscience, il est inévitable que cette conception des fins sociales contraste violemment avec le spectacle ou le sentiment d'une lutte, d'un désaccord entre les éléments de la société, individus ou groupes élémentaires.

Ne cherchons pas ailleurs qu'en ce constraste le germe obscur de l'idée de droit. Le droit exprime un contraste entre la poursuite des fins sociales et le minimum de concurrence vitale inévitable, même chez les sociétés les plus unies. Mais si l'idée de droit exprime ce contraste, le droit lui-même est une réaction de la sociabilité qui tend à le faire disparaître, en réduisant, dans la mesure du possible, le conflit des appétits au minimum. A l'effort de l'activité sociale qui tend à écarter avec les dangers naturels, famines, épidémies, attaques du monde animal, les agressions des groupes étrangers, se joint un effort qui tend soit à apaiser, soit à contraindre à la paix les conflits des appétits individuels.

On comprendra donc que l'association des idées de litige et d'arbitrage soit le premier élément défini de l'idée de droit.

L'étude de cette association est d'une telle importance pour ce qui va suivre, que le lecteur nous permettra de nous y arrêter quelques instants.

Dans le *procès*, deux éléments sont à distinguer : le conflit d'intérêts et d'appétits qui en est la matière ; la procédure, ou le recours à un arbitrage qui empêche ce conflit de dégénérer en guerre ouverte. Le premier est l'élément anti-social et anti-juridique du procès ; le second implique la reconnaissance d'une juridiction sociale.

Séparé de la procédure qui s'y mêle et en constitue l'élément juridique, le litige est une destruction partielle de la vie sociale.

Tout d'abord, le simple fait de son apparition indique qu'entre les individus et les groupes qu'il divise, il n'y a plus de sociabilité. En effet, la sociabilité est avant tout un accord des sentiments et une combinaison des activités : un litige résulte d'un désaccord entre les sentiments et d'un conflit des activités. En second lieu, le litige dément l'acte de foi sur lequel repose la sociabilité : à savoir que la société est une combinaison des efforts d'une multitude d'êtres actifs en vue de se soustraire mutuellement à la concurrence vitale. Multiplions par la pensée les litiges dans une société ; supposons-les surgissant à propos du travail, à propos de la répartition des richesses, à propos des unions matrimoniales, à propos des successions, à propos de l'éducation des enfants, à propos du culte, à propos du cérémonial, à propos de la répartition des charges publiques, à propos des relations entre particuliers et magistrats : nous avons le tableau d'une société en pleine dissolution, puisque la combinaison d'actes qui devraient la constituer, a partout fait place au conflit des activités.

En chaque esprit il se forme une représentation du litige, première ébauche de l'idée de droit. Un état de conscience confus, un pur sentiment, peut passer à l'état d'idée s'il est déterminé par des images concrètes. Or, que le *procès* soit représenté à l'esprit par un cortège d'images concrètes, rien n'est moins contestable. Un procès est une lutte, un conflit d'appétits et de prétentions. Ces prétentions tendent en général à la possession de quelque objet sensible. — On sait, d'autre part, que sur une pluralité d'images concrètes, il en est d'ordinaire une qui devient dominante, s'impose à l'attention, à la mémoire ensuite, bref, devient un symbole. C'est ainsi que deux ailes étendues résument pour nous le cortège d'images associées qu'un oiseau nous présente. Il en sera de même de la représentation du procès : elle sera résumée par la représentation symbolique d'un *drame* ; elle se constituera à l'aide d'un très petit nombre d'images exprimant la lutte physique, le duel de deux hommes qui se disputent une chose. Les formes à peu près universelles de la procédure primitive sont instructives à cet égard. La plus éloquente et la plus

claire est en même temps la plus classique : c'est le *sacramen-*
tum du droit romain primitif. Deux propriétaires se disputent
un esclave. Le demandeur, la main armée d'une lance, et en
touchant l'objet litigieux, prononce une formule qui affirme sa
prétention. En réponse, le défendeur abaisse sa lance sur le
même objet et prononce la même formule. L'image symbolique
d'un combat précédé de l'énoncé des deux prétentions rivales, telle
est la représentation primitive du procès.

Est-ce là une idée au sens rigoureux du mot ? Bien qu'une discussion sur les mérites comparés des théories nominalistes et
conceptualistes ne soit pas ici à sa place, nous devons cependant
rappeler quelques-uns des résultats authentiques de la psychologie contemporaine. La linguistique a mis hors de doute que nous
puissions former de réelles notions abstraites. Quels sont les
éléments derniers du langage ? Les racines adjectives. — Qu'énon-
cent les racines adjectives ? Des attributs, des qualités conçues
indépendamment des images qui leur sont ordinairement associées par l'esprit. Il existe donc des notions d'attributs. Mais
que sont-elles originairement ? Rien autre chose que des images
symboliques, c'est-à-dire des images susceptibles de représenter les autres. Qu'est-ce par exemple que la notion du ver-
tébré, même pour un savant, si ce n'est l'image d'une série de
vertèbres associée à l'image d'un cordon médullaire ? Notre
induction est donc d'accord avec les lois de la psychologie contemporaine.

Nous disons que la présence de cette représentation d'un drame
que symbolise le litige est ordinaire en nos esprits ; nous ne disons pas qu'elle soit nécessaire. C'est avouer implicitement que
l'idée de droit elle-même n'est pas nécessaire : il ne nous coûte
nullement de le reconnaître. Les sciences morales se familiarisent
avec l'idée de contingence. Dans une œuvre d'une haute élévation,
consacrée à exposer dans toute sa rigueur le principe du devoir,
un esprit d'élite, trop tôt enlevé à la philosophie, M. Vallier,
déclarait contingent le droit tout entier. — Non nécessaire, l'idée
de droit ne saurait être universelle : il n'est que trop vrai. Nous

renvoyons sur ce point le lecteur à la vigoureuse étude de Spencer sur la morale de Kant.

Nous savons comment se forme empiriquement l'un des éléments de l'idée du procès : la représentation du conflit n'est que la conscience de la concurrence vitale ou de la lutte des appétits plus précise et plus déterminée. Elle contraste donc avec la conception des fins sociales. Nous pouvons induire que celle-ci subira une transformation correspondante.

La représentation du litige est celle d'un trouble, d'une destruction partielle de la société. Quand un procès éclate entre époux, la société conjugale se trouve dissoute sur un point de l'espace; de plus, le sort de la société conjugale se trouve, à certains égards, universellement associé à l'issue du litige, car il faut tenir compte de la tendance à l'imitation. Quand, au sujet d'une propriété ou d'une servitude un procès éclate entre voisins, le genre de coopération qui résulte de l'habitation contiguë est partiellement suspendu et universellement menacé. La coopération du bailleur et du preneur, de l'employé et de l'entrepreneur, de l'acheteur et du vendeur, de l'emprunteur et du prêteur, du mandataire et du mandant est également atteinte et menacée quand éclate un procès dont l'occasion est la faillite à une obligation.

Nous objectera-t-on que nous attribuons une importance démesurée au procès civil ? Soit. Que dira-t-on du procès criminel ? Ne trouble-t-il pas profondément la vie des associations élémentaires ? Ne dément-il pas cette confiance que chacun est porté à placer dans les autres membres de l'association, confiance qui est le ressort de l'activité collective ? Ne nous rappelle-t-il pas brutalement qu'aux dangers naturels, qu'aux périls provenant de l'hostilité des autres groupes sociaux se joint un danger permanent provenant des dispositions de certains hommes vivant au milieu de l'association ? — Or, la distinction du procès civil et du procès criminel est-elle primitive et naturelle ? Toute l'histoire des institutions répond négativement. Elle nous apprend que le procès primitif réunit les deux caractères : c'est un procès civil suscité par une cause criminelle. C'est qu'en effet l'action du demandeur et l'action du défendeur répondent originairement à un drame beaucoup plus simple, savoir : la succession de l'agression dommageable et de la vengeance. Ce sont là les termes irréductibles qu'exprime la représentation du conflit. Est-il excessif d'y voir la conception d'une suspension de la vie sociale par la concurrence vitale ou le conflit des appétits ?

Si la représentation des fins sociales contraste avec la représentation du litige, elle doit donc revêtir la forme d'une tentative de restauration de la vie sociale partiellement détruite.

La représentation du litige est l'image symbolique d'une guerre qui commence. L'idée des fins sociales, laquelle lui est associée par contraste, serait celle d'une intervention conciliatrice capable de mettre fin à la guerre, soit en mettant d'accord les prétentions opposées, soit en donnant satisfaction à l'une par la condamnation de l'autre. Bref, elle représentera l'intervention d'un arbitre.

Les faits vérifient cette conclusion. Tout à l'heure, pour prouver que le litige est représenté à l'esprit par une image symbolique, nous citions les vieux monuments de la procédure primitive et nous analysions la procédure romaine du *sacramentum*. Poursuivons cette analyse et nous voyons apparaître l'image symbolique d'une médiation.

Les deux compétiteurs ont abaissé la lance sur l'objet litigieux et prononcé chacun la formule de revendication. Le combat symbolique (*manuum consertio*) va donc avoir lieu. Mais d'un mot le préteur l'arrête. Il donne aux adversaires l'ordre de laisser la chose contestée (*Mittite ambo hominem*). Après l'énonciation alternative de quelques formules, le magistrat désigne celui des plaideurs qui aura la possession provisoire de la chose contestée. Le procès n'est pas vidé ; mais la guerre est évitée.

La conception d'une sentence arbitrale, associée à l'idée du conflit, contribue à former l'idée du procès. Est-elle un élément essentiel de l'idée de droit ? Les habitudes d'esprit que nous tenons de la métaphysique répugnent à un rapprochement quelconque entre la conception du procès et l'idée de droit. Néanmoins, le procès est la preuve de l'existence du droit. Abandonnons cepen-

dant cette discussion ; aussi bien pouvons-nous montrer directement et par les méthodes les plus rigoureuses que sans la représentation de l'arbitrage, il ne saurait exister une représentation
du droit.

Écartons pour un instant toutes les définitions métaphysiques :
chacun accordera qu'empiriquement le droit est un état de choses
où une prétention peut triompher d'une prétention contraire sans
le recours à la violence et sans la possession d'une force supérieure.
Imaginons que pour exercer soit le droit de penser autrement que
la majorité, soit le droit de propriété, il faille disposer toujours
d'une force supérieure à celles que peuvent mettre en jeu les prétentions contraires ; nous conviendrons que la liberté de conscience
et le droit de propriété ne sont plus en ce cas que de vains mots.
Le droit implique la possibilité d'une égalité des prétentions du
faible et des prétentions du fort.

Le droit étant ainsi conçu repose sur l'idée d'arbitrage : supprimer la conception de l'arbitrage, c'est le faire disparaître
totalement, non seulement de la réalité, mais de la pensée.

L'état social que nous pouvons observer tous les jours nous
présente à côté de conflits réglés par un arbitrage impératif des
conflits qui ne sont réglés par aucun arbitrage sinon par un arbitrage facultatif. Une méthode comparative, équivalant pratiquement à la méthode expérimentale, nous permettra donc d'étudier
avec rigueur les relations de l'arbitrage et du droit.

Supposons l'arbitrage supprimé dans les circonstances où
aujourd'hui il règle toujours et impérativement les conflits, nous
voyons réapparaître un état de guerre et de violence mutuelles
que l'humanité a jadis connu. Supposons l'arbitrage introduit
dans les circonstances où il ne règle encore les conflits qu'accidentellement, nous voyons disparaître l'état de guerre et de
violence dont l'humanité souffre encore aujourd'hui.

Entre créanciers et débiteurs il existe aujourd'hui tout un système d'arbitrage impératif : le créancier peut contraindre le débiteur insolvable à acquitter la dette. Mais, 1º : il doit avoir, à la
requête d'un officier ministériel, l'avoué, obtenu préalablement

une sentence favorable d'un tribunal. Le jugement ne lui est favorable que s'il fournit les preuves de l'obligation. Le jugement rendu, il peut le faire exécuter par voie de saisie : mais il doit encore recourir au ministère d'un autre officier ministériel, l'huissier. Cette saisie elle-même est purement symbolique : c'est la suspension des droits de propriété ou de créance qui pourraient appartenir au débiteur condamné. — Souvent la formalité du jugement est évitée : c'est que le créancier peut produire et présenter à l'huissier un acte authentique, signé par un fonctionnaire public, le notaire, contresigné par le débiteur, et attestant l'obligation que celui-ci s'est engagé à remplir. — Entre le sentiment du dommage éprouvé par le créancier, et les dispositions vindicatives qui en résultent, d'une part, la résistance violente du débiteur d'autre part, la société civilisée a donc établi un arbitrage complexe, dont nous pouvons déplorer les lenteurs, mais dont le résultat est d'éviter une guerre privée. Les imperfections mêmes de cet arbitrage nous attestent qu'il a été institué par le lent travail des traditions séculaires.

Or, supprimons par la pensée cet arbitrage, et laissons en présence le créancier non-payé et le débiteur failli. Nous n'avons pas la naïveté de croire que le premier supportera bénévolement le dommage dont il est la victime. Il tentera de recouvrer par la force l'équivalent de ce que la mauvaise foi lui a enlevé ; pour cette entreprise, il réclamera l'assistance de ses proches, et s'ils sont sous son autorité, exigera leur concours. — D'un autre côté, le débiteur ne subira pas la violence sans résister, s'il a quelque chance de résister avec succès : il s'armera et armera ses proches. La guerre privée remplacera le procès. Ceux qui ont lu les *Institutions primitives* de Sumner Maine et particulièrement les chapitres consacrés aux *Formes primitives de la procédure* retrouvent ici le tableau de la *saisie* primitive. L'historien du droit la compare purement et simplement à un brigandage. En effet, là où l'arbitrage social n'est pas constitué, le brigandage est indiscernable de la contrainte juridique. — D'ailleurs il est inutile de recourir aux inductions de l'archéologie juridique pour se convaincre que seul l'arbitrage social empêche les conflits des créanciers et des débiteurs de dégénérer en brigandage. Le droit international, auquel on compare avec raison l'ancien droit, nous en offre de célèbres exemples : entre autres, la saisie des arrérages de la dette silésienne par Frédéric II. Nul n'ignore cette *cause célèbre du droit des gens* (1).

En acquérant la Silésie, Frédéric II s'était reconnu débiteur de l'emprunt contracté entre quelques capitalistes anglais et l'empereur Charles IV. Cet emprunt avait été hypothéqué sur la Silésie. La guerre éclata en 1744 entre la France et l'Angleterre : Des navires prussiens, suspects de porter de la contrebande de guerre dans les ports français, furent arrêtés, selon l'usage, par les navires et les corsaires anglais, conduits dans les ports de l'Angleterre, jugés par les cours d'amirauté et condamnés en grand nombre à la confiscation. Les réclamations du ministre prussien à Londres n'ayant pas été écoutées, Frédéric II pour dédommager ses sujets saisit les arrérages et le capital de la dette silésienne, sans s'arrêter à la double considération que cette saisie lésait non le gouvernement anglais mais des particuliers et que la créance des Anglais étant cessible, des étrangers, innocents des procédés de la flotte et des corsaires britanniques, pouvaient eux aussi être lésés. Les remarquables mémoires des jurisconsultes de la Couronne de Prusse et de la Couronne d'Angleterre sont d'une lecture bien intéressante : chacun dénonce le brigandage commis par l'adversaire et, par des arguments péremptoires, se place sous la protection du droit naturel. Preuve évidente que, isolé de l'idée d'un arbitrage dans le conflit, le mot *droit* n'est qu'un *flatus vocis* inintelligible. Frédéric II commet un brigandage en saisissant une propriété privée ; mais l'Etat anglais n'avait pas commis un brigandage moindre en autorisant sur mer la saisie de propriétés appartenant à des neutres.

____

(1) **Martens,** *Causes célèbres du droit des gens,* t. II, 1.

Les procès criminels nous offrent une preuve aussi convaincante. Aujourd'hui, quand une personne a été victime d'un crime, soit qu'elle ait été frappée elle-même, soit qu'elle ait été atteinte dans ses proches, elle ne peut que dénoncer l'auteur au ministère public ; le magistrat qui représente le ministère public en requiert un autre, relativement indépendant de lui, de rechercher les preuves et d'examiner le caractère du crime dénoncé. — L'ordonnance du juge d'instruction, si elle conclut à une accusation, est contrôlée par une juridiction supérieure, siégeant le plus souvent loin du théâtre du crime, en ignorant les auteurs et les victimes, attentive seulement à la nature des preuves réunies, intéressée exclusivement à ce que ces preuves ne soient pas jugées légères. L'accusation est-elle confirmée par cette juridiction supérieure, le ministère public doit la faire accueillir par douze citoyens, désignés par le sort, indépendants de l'action publique, étrangers à la querelle de la victime et du coupable présumé. — Si la majorité des jurés a reconnu suffisantes les charges invoquées contre l'accusé, est-il livré à la vengeance de sa victime, ou des parents et amis de la victime ? Nullement. On se garde même de le livrer à l'arbitraire de la Cour qui le juge, car une sympathie émue pourrait après les débats l'animer de la même colère que la victime ou ses parents. Le coupable est frappé d'une peine énoncée par une loi pénale, rédigée elle-même par des législateurs qui ne le connaissaient pas et devant qui la thèse de l'impartialité et de l'indulgence n'a pas manqué d'être abondamment plaidée. Ainsi le ressentiment d'une personne lésée dans sa vie, ses membres, son honneur ou ses biens, la colère d'une famille offensée dans ses affections et ses intérêts solidaires, ne peuvent se donner carrière contre l'auteur présumé du crime : une chaîne d'institutions les contient et protège l'accusé contre eux, en attendant que l'application de la peine protège contre le retour du crime la famille qui en a souffert. Or, ces diverses institutions : police judiciaire, juridiction d'instruction, cour d'assises, loi pénale, constituent entre l'agression et la vengeance un arbitrage complexe.

Acrius ex irâ quod enim se quisque parabat
Ulcisci quam nunc concessumst legibus æquis
Hanc ob rem est homines pertæsum vi colere ævum

Faisons disparaître cet arbitrage : il suffit pour cela de nous reporter à certains états sociaux que l'histoire atteste et dont l'observation directe pourrait encore nous montrer les vestiges. — Entre la vengeance et l'agression criminelle, aucune force, aucune raison ne s'interpose. Un meurtre a-t-il été commis ? Les parents de la victime ont la charge d'en frapper l'auteur. Ils y sont poussés par plusieurs mobiles irrésistibles : leur affection pour le mort et l'atroce douleur que leur cause sa perte ; la conscience de la solidarité qui les unissait à la victime, et le souci de l'intérêt personnel qui s'y lie, car chacun d'eux n'a d'autre protecteur que ses proches ; souvent enfin des superstitions, comme la crainte d'être inquiétés par l'ombre du mort, s'ils ne l'apaisent pas par l'effusion du sang de son ennemi. — Aussi vont-ils sommer la famille du meurtrier de le livrer pour subir son sort. Sur son refus, une guerre privée va commencer. Chacun des parents du coupable sera traité comme le serait le coupable lui-même : une série interminable de meurtres se grefferont sur le meurtre primitif, si bien que les griefs seront bientôt aussi illégitimes d'un côté que de l'autre. — Le crime est-il un rapt, un vol, une séquestration, un incendie ? il en est de même. En l'absence d'arbitrage, c'est un fait de guerre initial qui provoque une série d'autres faits de guerre. Cette seule réflexion devrait nous enseigner le prix des institutions pénales et nous éviter tant de discussions niaises sur le rôle des peines. Les institutions pénales, précisément parce qu'elles sont *un arbitrage*, protègent autant l'accusé que les autres individus qui constituent le groupe. Elles protègent moins l'intérêt social que la sociabilité générale qui ne résiste pas au déchaînement des vengeances.

Supposons maintenant que la société se préoccupe d'introduire l'ordre juridique dans les conflits où jusqu'ici la force seule a décidé. Nous la verrions placer son espoir dans l'institution d'arbitres entre les parties en lutte.

Nul ne peut nier que, dans l'Europe civilisée, l'ordre juridique ne soit fréquemment mis en péril par les conflits de ce qu'on est convenu d'appeler le capital et le travail, et plus vulgairement les coalitions ou les grèves. Nul ne peut nier que la grève ne soit une véritable guerre privée, partant la suspension et la négation même du droit ; nul ne peut nier enfin que cette guerre ne soit la conséquence de la liberté du travail et de la liberté des contrats. La grève à elle seule suffirait à nous faire toucher du doigt la différence radicale entre la liberté et le droit. On cherche vainement à distinguer la grève respectueuse de la liberté du travail d'avec la grève oppressive de la liberté du travail, la grève respectueuse de la liberté des contrats d'avec la grève oppressive de la liberté des contrats. Toute grève est à la fois la conséquence logique de la liberté du travail et l'oppression de la liberté du travail, la conséquence logique de la liberté des contrats et l'oppression de la liberté des contrats. Toute grève suspend la vie locale et tend à paralyser la vie générale. Les plus pacifiques ont encore la force pour règle, la force disons-nous et non la violence. La partie qui l'emporte est celle que favorisent, soit l'opinion publique, soit les conditions générales du marché. — Or, les utopies socialistes écartées, en quel sens se font les efforts tendant à introduire l'ordre juridique dans les conflits du capital et du travail ? N'est-ce pas dans le sens de l'institution d'un arbitrage régulier ? Et, en dépit des lacunes de la législation, en dépit des théories économiques qui prêchent l'abstention de l'Etat en ces matières, ne voit-on pas les représentants de l'autorité s'interposer officieusement entre les parties, s'efforcer de les rapprocher, de les concilier, bref leur servir d'arbitres ?

Un cas plus frappant encore de la même tendance nous est offert par le droit international. L'idée d'arbitrage représente le plus grand progrès que la civilisation attende du développement régulier du droit international. Visiblement, elle est en germe dans l'institution même des corps diplomatiques. Des précédents célèbres montrent que cette idée est réalisable ; la louable persévérance des Etats-Unis en a fait le fondement du droit des gens

au Nouveau-Monde. Cependant, si prochain que soit cet idéal, ce
n'est encore qu'un idéal. Or, que nous offre la réalité ? Des
conflits où la force est la seule règle invoquée. Sans doute, quand
la force est représentée par une armée disciplinée qu'animent le
sentiment patriotique et l'honneur militaire, qu'arme et guide la
science la plus haute, elle est loin de mériter les invectives dont
l'accablent les déclamateurs : c'est la manifestation la plus belle
de l'énergie morale d'un peuple. Mais outre qu'elle dépasse presque toujours le but, outre qu'elle détruit des forces civilisatrices
auxquelles on trouverait aisément un meilleur emploi, la guerre
est incapable de créer le droit. Toute guerre victorieuse provoque
le désir d'une revanche et par conséquent détermine une autre
guerre. La disparition même de l'une des parties ne résout rien,
car, en accroissant les forces du vainqueur, elle provoque l'inquiétude des neutres et les porte à se préserver d'un sort semblable par un abaissement opportun du vainqueur. Aussi, en vain
les principes des droits des gens déclarent-ils que les Etats sont
des personnes égales, autonomes et inviolables : comme on n'a
pas réussi à substituer l'arbitrage à la force, un Etat peut en
anéantir un ou plusieurs autres sans risquer de se voir mis au
ban de la civilisation. Loin de là ! Comme au début de l'anarchie
féodale, les faibles se *recommandent* d'ordinaire à un coupe-
jarret réputé heureux. Les efforts réunis des Grotius, des Vattel,
des Martens, des Klüber, des Bluntschli ont à peine réussi à transformer la rixe brutale en combat judiciaire. Encore mainte guerre
récente a-t-elle l'aspect moins d'un duel loyal que d'un assassinat
avec préméditation et guet-apens. Sans doute, le patriotisme
relève la guerre et empêche de confondre l'homicide public avec
l'homicide privé. Mais c'est le seul signe qui, en l'absence de
l'arbitrage, permette de distinguer la procédure internationale du
brigandage pur et simple.

Ces preuves sont suffisantes ; nous voyons le droit absent des
conflits d'où l'arbitrage est absent ; nous le voyons présent dans
les litiges où l'arbitrage est présent ; nous le voyons commencer
avec l'arbitrage, avancer avec lui, reculer avec lui. L'idée de droit

ne peut donc pas être présente en nos esprits alors que l'idée d'arbitrage en est absente.

Peut-être serait-il philosophique de considérer les principales institutions politiques comme des formes de l'arbitrage. Le roi primitif n'est pas seulement un chef d'armée, c'est encore un juge ; il convoque, préside un tribunal, contraint les parties à s'y présenter, souvent exécute la sentence. Le pape du moyen-âge est un arbitre auguste entre les rois d'une part, entre les rois et les peuples d'autre part. Après la réforme, les congrès diplomatiques jouent un rôle équivalent à celui de la papauté. Toutefois, nous devons négliger provisoirement ce côté de notre étude. Les institutions domestiques et politiques répondent moins à l'idée d'arbitrage qu'à l'idée de garantie. La notion que nous en avons n'est liée à l'idée d'arbitrage que dans la mesure où celle-ci est liée à l'idée de garantie.

En revanche, la représentation de la loi et de la coutume n'est autre chose qu'une transformation de la représentation de l'arbitrage. Toute législation n'est qu'une collection de sentences arbitrales devenues permanentes.

Il est acquis aujourd'hui à l'histoire du droit que les codes ne sont jamais à l'origine que des coutumes codifiées. Réciproquement, la culture intellectuelle amène toujours un moment où les coutumes sont rédigées. C'est de coutumes antérieures que nous voyons sortir le Code des XII Tables, le Code de Manou, celui de Narada, le Lévitique, la loi Salique, la loi des Ripuaires, la loi des Burgondes. Notre Code civil lui-même n'est qu'une transaction entre le Code de Justinien, dernière transformation de la Loi des XII Tables, et les coutumes dont la formule écrite sortit du sol, comme étaient sorties les XII Tables et la Loi Salique. Sans doute, tantôt la coutume ainsi rédigée est placée sous la sanction de la religion, tel est le cas des Codes de l'Orient ; tantôt elle est placée sous la protection de la puissance civile ; mais cette différence dans les destinées n'implique pas une différence quant aux origines.

Or, des inductions sérieuses ont établi récemment que la coutume elle-même est une accumulation de précédents dont chacun est une sentence arbitrale. « Avec nos associations d'idées modernes, nous sommes fortement inclinés à penser, *à priori*, que la notion d'une coutume doit précéder celle d'une sentence judiciaire, et qu'un jugement doit affirmer une coutume ou en punir la violation. Mais il paraît hors de doute que l'ordre historique de ces deux idées est celui dans lequel je les ai placées. Le mot par lequel les poèmes homériques désignent la coutume en embryon est « Thémis » au singulier et plus souvent « Dikê », dont le sens flotte visiblement entre jugement ou coutume et usage. Le mot *nomos*, ou loi, si grand et si fameux dans le vocabulaire politique des derniers temps de la société grecque, ne se trouve pas dans Homère (1). » En l'absence d'une législation écrite ou d'une coutume fixe, la sentence ne peut être qu'arbitrale. L'idée d'arbitrage a donc été la première apparition de l'idée d'ordre juridique.

Aujourd'hui, sous l'empire de nos habitudes d'abstraction, nous séparons volontiers l'idée d'arbitrage de l'idée de droit. Il nous semble relativement indifférent qu'il existe ou non des arbitres de nos conflits, s'ils ne consultent pas l'idée de la justice idéale. C'est, qu'au fond, l'éducation des siècles aidant, nous ne mettons pas en doute que l'idée de justice une fois manifestée, il ne se trouve un arbitre pour l'énoncer, voire l'imposer. Mais pour des hommes encore étrangers aux institutions positives, l'idée de l'arbitrage et de la sentence arbitrale constituait toute la représentation du droit. Il en était ainsi pour les hommes des premières sociétés historiques. Un exemple peut nous le faire comprendre, nous l'empruntons aussi au droit international. Il n'existe pas encore de Code international (car l'essai de Bluntschli n'a qu'une valeur philosophique) ; il n'existe même pas une coutume internationale, car les décisions des congrès sont sur bien des points en contradiction avec les écrits des jurisconsultes

---

(1) S.-Maine, *Ancien Droit*, ch. I, tr. fr., p. 5.)

philosophes, lesquels ne sont pas toujours d'accord entre eux.
Cependant, en chaque pays, les efforts des amis de la civilisation
tendent à l'établissement de l'arbitrage international. Or, si ces
efforts réussissent jamais, qui ne voit que l'idée d'arbitrage équi-
vaudra ici temporairement à l'idée même du droit ? En effet, l'arbitre n'aura pas à appliquer le droit, mais à le créer. Il ne jugera
pas d'après un droit positif encore à faire, ni d'après des principes abstraits sans commune mesure avec les litiges. Il jugera
d'après son souci de la sociabilité des nations.

La sociabilité, tel est le fondement de l'arbitrage. Elle n'exclut
pas le souci de l'intérèt, mais loin d'en dépendre, elle le domine
et le purifie. Ce qui motive l'intervention de l'arbitre entre les
parties en conflit, c'est la douleur dont ses sentiments sympathiques lui sont l'occasion à la vue du conflit. — Ce qui détermine
les parties à accepter l'intervention de l'arbitre, c'est peut-être
la crainte de l'issue douteuse d'une lutte, mais c'est aussi une
émotion douloureuse excitée en chacun par le refoulement des
sentiments sympathiques. La preuve est que l'arbitrage et les
institutions qui en sont la suite se sont développés d'abord dans
les relations d'hommes qu'unissait une vague parenté fictive, ou
une certaine communauté religieuse. De même, entre nations,
l'arbitrage s'est établi plus aisément dans les relations des Anglais
et des Américains du Nord que dans celles des autres peuples.

C'est pourquoi il n'est nullement nécessaire que l'arbitre invo-
qué ou accepté soit l'interprète de la justice idéale. Sa sentence
fût-elle dictée par les préjugés les plus grossiers et les superstitions les plus absurdes, elle n'en fondrait pas moins la civilisation
juridique. En effet, elle substitue le procès à la guerre. Surtout
elle atteste que dans la conscience des parties, les mobiles sympathiques ont pris la place des mobiles antisociaux. Restaurer la
sociabilité détruite ou suspendue par les conflits d'appétits, là est
le droit, tout le droit.

La procédure, surtout la procédure primitive, est au droit ce
que le langage est à la pensée. Ce n'en est pas le signe arbitraire,
mais l'expression appropriée. Il suffit d'en examiner les formes

primitives et profondes pour se convaincre que le droit est un drame éternel dans sa simplicité, un dialogue entre trois personnages, le plaignant, le défendeur, et la société arbitre. Le sens de ce dialogue est clair : c'est la renonciation des deux rivaux à la liberté de faire prévaloir leurs prétentions par la force. L'apaisement volontaire, la domination de l'individu sur ses penchants vindicatifs à l'appel de la sociabilité, tel est le sens du drame du droit. Or, c'est la représentation de l'arbitrage qui provoque cette réaction victorieuse des sentiments sympathiques sur les sentiments égoïstes et vindicatifs.

CHAPITRE II

L'état de conscience qui sert de point de départ à l'idée de
droit est le contraste entre la représentation des fins sociales et
celle des conflits que déchaîne la concurrence des appétits. Que
nous représente l'ébauche de l'idée de droit? l'effacement des
revendications individuelles tumultueuses devant l'arbitrage
social. De là résulte un double problème psychologique et sociologique. Comment la prétention individuelle est-elle amenée à
s'incliner devant la sociabilité? Toute prétention n'est-elle pas
l'attestation d'un désir? L'effet de tout obstacle n'est-il pas d'irriter
le désir auquel il s'oppose et de le transformer en passion? Qu'une
contrainte sociale extérieure, servie par une force physique irrésistible puisse empêcher les prétentions individuelles d'user de
violence pour obtenir satisfaction, on peut le concevoir. Mais
qu'un sentiment, une idée, une croyance puisse créer une contrainte interne dont la puissance épargne l'usage de la coercition
physique, que cette idée et ce sentiment soient assez forts pour
faire céder l'impulsion du désir ou de la colère, il y a là un mystère psychologique. Ne l'oublions pas : c'est à cette difficulté
qu'est dû l'échec de toutes les entreprises dont le but était de
créer une philosophie expérimentale du droit. Rien n'est plus

instructif à cet égard que la marche de la pensée de Hobbes. Nous le voyons mettre en relief le contraste des compétitions privées et de l'arbitrage social. Mais, étranger à l'idée que la conscience juridique puisse s'organiser chez l'individu, même sous l'aiguillon de l'expérience sociale, persuadé que la passion égoïste a dans sa lutte avec les autres mobiles une supériorité invincible, il renonce à chercher dans l'analyse psychologique les conditions du droit : c'est à une contrainte externe, physique, acceptée par la lassitude universelle qu'il demande la solution du problème. En dernier lieu le droit ne sera pas une contrainte interne ; ce sera la volonté irrésistible d'un législateur armé.

> *Nam genus humanum defessum vi colere œvum*
> *Ex inimicitiis languebat : quo magis ipsum*
> *Sponte sua cecidit sub leges arctaque jura.*

L'autre école, réfractaire à une conception aussi choquante, à une solution aussi artificielle, persuadée avec raison que si le droit n'a pas son siège dans la conscience individuelle, il ne l'a nulle part, incapable d'adorer le Léviathan, demande la solution à une triple croyance que nulle âme élevée ne peut rejeter : la croyance au libre arbitre, la croyance à une loi morale régulatrice, la croyance à une Justice éternelle et absolue, législatrice de la loi morale. La métaphysique va donc être appelée à suppléer aux lacunes de la psychologie. Loin de nous, encore une fois, l'idée de nous inscrire contre le triple *credo de la métaphysique des mœurs.* Mais ne fait-on pas, un peu prématurément, appel à son concours ? La métaphysique, fût-ce celle des mœurs, a le grave inconvénient d'être un champ de bataille. Qu'il faille tôt ou tard recourir à la croyance, tout homme de bonne foi l'admettra ; la science elle-même implique la croyance à la pensée, la croyance au devoir de véracité. Mais avant de recourir à la croyance, il faut avoir épuisé les ressources de la méthode. Est-on certain ici de les avoir épuisées ?

Sans le concours du libre arbitre, le métaphysicien ne peut concevoir l'échec des passions agressives et vindicatives qui travaillent l'âme individuelle et leur soumission à un arbitrage social. Ne voit-on pas quelle équivoque nous dissimule le terme de libre-arbitre ? Parle-t-on d'un pouvoir d'arrêt qui réprime et suspend l'action des désirs ? Nul n'en peut nier l'existence. La conscience l'atteste avec une évidence qui défie tous les sophismes, une évidence que n'affaibliraient pas toutes les conclusions contraires des inductions expérimentales et des déductions mathématiques. Je suis autrement certain de réprimer par un effort continu tel penchant que je ne le suis de la loi de conservation de l'énergie : mais je ne le suis pas moins ; je le suis depuis plus longtemps, et si cette certitude n'est pas supérieure à l'autre, elle est à coup sûre plus lumineuse. D'ailleurs, la psychologie elle-même confirme l'existence de ce pouvoir d'arrêt. Mais faut-il conclure de là à la liberté proprement dite, à l'indétermination des actions humaines ? Qui ne voit qu'il n'y a aucune proportion entre le fait de conscience qui nous montre les penchants arrêtés, neutralisés, et la conclusion qui affirme le pouvoir créateur de la volonté ? La méthode scientifique n'est en somme que la foi au déterminisme. Si l'on veut renoncer à l'employer et à se soumettre à ses conditions, pourquoi ne renonce-t-on pas à constituer une science du droit ? Puisqu'en zoologie on ne fait pas appel à la croyance quand on étudie le problème des espèces, puisqu'en géologie on ne fait pas appel à la croyance quand on étudie les conditions de l'apparition des êtres vivants, puisqu'en astronomie on ne fait pas appel à la croyance quand on étudie l'origine du système solaire, pourquoi y ferait-on appel quand on étudie la genèse des notions juridiques ? La croyance en un Dieu créateur serait-elle donc moins importante que la croyance, au fond identique, au libre arbitre ?

Il faut donc demander à l'analyse psychologique la connaissance de l'état ou des états de conscience qui expliquent la soumission des prétentions individuelles à l'arbitrage de la société.

On sait que selon Hobbes, cet état de conscience est un calcul intéressé. L'expérience de la liberté naturelle a appris aux hommes à quel point elle met en péril la jouissance de l'existence et des fruits de la nature. L'intérêt, la disposition à préférer en tout le moindre mal, leur enseigne à préférer le mal de l'obéissance aux ordres d'un souverain aux maux de la guerre universelle. Le consentement unanime créerait donc un pouvoir absolu ou le ratifierait s'il venait à s'imposer.

La psychologie ne peut pas faire sienne cette analyse. Tout prouve que l'homme n'est pas un être utilitaire. Si d'une façon générale l'humanité choisissait toujours les moindres maux, si elle préférait nécessairement la sécurité à l'aventure, la paix à la guerre, le cours historique des événements serait totalement inintelligible. Le calcul n'est pas l'artisan de l'histoire. L'homme est meilleur et pire, moins médiocre et plus absurde que ne le voient les utilitaires. Il a l'amour du risque. Le jeu, tel est le plaisir auquel, le cas échéant, il sacrifie tous les autres : il le mêle même à l'épargne. Si d'ailleurs nous donnons le nom d'anarchie, non pas, comme certains sectaires contemporains, à l'absence de mœurs et de sociabilité, mais à l'absence de souveraineté définie et de législation obéie, nous n'apercevons pas que l'anarchie ait jamais été pour l'humanité l'objet d'horreur que suppose Hobbes. Des races entières n'en sont jamais sorties ; telles qui en sont sorties ne semblent que trop prêtes à y rentrer.

C'est dans la tendance opposée à l'intérêt, dans la disposition sympathique ou altruiste qu'il faut chercher la solution du problème. Si les individus ou les petits groupes en conflit prennent pour arbitre la société dont ils font partie, c'est qu'ils ont le sentiment et l'idée que la société épousera leur cause. Bref, c'est qu'à l'idée d'arbitrage se joint l'idée de garantie, qui loin de reposer, comme le pensent Hobbes et Bentham, sur l'idée et l'institution de la souveraineté, a pour fondement et pour ressort la conscience d'une large et profonde sympathie, grâce à laquelle la destinée du groupe et la destinée de chacun de ses membres s'identifient.

Pour bien comprendre la formation et le rôle de l'idée de garantie, et les rapports qu'elle soutient avec l'idée d'arbitrage, nous devons revenir sur cette dernière et définir exactement la situation réciproque des parties qu'elle exprime.

L'idée nue de l'arbitrage représente la suspension volontaire d'un état de guerre ébauché ; il en résulte que l'arbitrage, isolé de la garantie, comporte la possibilité pour chacune des parties de préférer toujours et à tous les moments la solution belliqueuse du différend à la solution par une sentence arbitrale.

Deux faits généraux, révélés par la science des origines du droit, éclairent sur ce point la psychologie.

Le premier est que la procédure primitive commence toujours par l'ébauche d'une opération guerrière et d'un combat simulé. De là la tendance de quelques historiens du droit à voir dans le « combat » l'âme même du droit. Nous avons déjà fait remarquer qu'il ne faudrait pas s'arrêter outre mesure aux gestes et à l'ébauche d'une intention belliqueuse. Ce qui importe dans la procédure, c'est précisément la suspension de l'action guerrière. Chez les Cafres, suivant le témoignage du missionnaire anglais Dugmore, auteur d'un *Compendium des Lois et Coutumes de la Cafrerie*, l'introduction d'un procès est une expédition armée. Le demandeur, ses parents et ses amis, se rendent en armes au seuil du village que le défendeur habite. Là, ils s'asseyent en un lieu découvert et attendent l'effet que va produire leur présence. C'est, pour tous les habitants adultes du sexe masculin, le signal de se réunir. Ils se rassemblent en conséquence à portée de la voix. Alors commencent les pourparlers et les débats qui se poursuivent pacifiquement. Soit. Il y a là une application évidente de ce que Darwin a appelé le principe de l'antithèse : la manifestation belliqueuse rend plus saisissante l'intention pacifique. Néanmoins un demandeur qui se présente en armes prouve qu'il pourrait attaquer s'il le jugeait préférable.

Un autre fait plus capable encore de surprendre les hommes de notre civilisation, c'est que les cours de justice des sociétés primitives ne donnent pas force exécutoire à leurs jugements ; c'est que même les parties ne sont pas tenues de leur soumettre leurs litiges. Nous ne pouvons mieux faire que citer ici le grand historien de l'ancien droit. Après avoir montré que la représentation de la cour judiciaire est celle qui remplit les documents sur le droit primitif, qu'on les demande à la littérature de l'Inde, à celle de l'Irlande ou à celle des Islandais — que la « notion dominante n'est ni celle de loi ou de droit ou de sanction, ni la distinction entre le droit naturel et le droit positif ou entre les personnes et les choses », mais l'idée « que désormais il existe une alternative en échange des représailles particulières, une nouvelle façon d'éteindre, en dehors du meurtre et du pillage, les inimitiés personnelles ou héréditaires », Sumner Maine ajoute : « La paix et la civilisation ont pour effet de diminuer la vénération consciente de l'humanité pour les cours judiciaires et d'amoindrir le sentiment permanent de leur impor- tance. Il est probable que le succès des cours primitives résultait en partie de ce qui, au point de vue moderne, serait considéré comme une défectuosité. Il semble qu'à côté d'elles aient survécu pendant longtemps les abus qu'elles tendaient précisément à dé- truire. L'indulgence de la procédure antique pour la barbarie de date immémoriale se montre dans sa facilité à approuver partiel- lement le remède que les Anglais appellent *distraint* et les Alle- mands *selbsthülfe*, c'est-à-dire le remède des représailles per- sonnelles sur la propriété de l'adversaire. D'ailleurs, nous avons des preuves significatives que les anciens tribunaux n'avaient pas assez de puissance pour rendre leurs jugements directement exécutoires. Quiconque désobéissait aux injonctions de la Cour se mettait hors la loi. Ses actes n'enchaînaient plus la responsa- bilité de ses parents, et par contre, les parents de ceux qui lui causaient un dommage devenaient également irresponsables. Il tenait sa vie entre ses mains. Nous ne pouvons douter que la vio- lence et l'effusion du sang, autorisées par la loi dans certaines circonstances, aient été fréquentes durant l'enfance des cours judiciaires, et le premier service que celles-ci aient rendu à l'hu- manité devait être de lui fournir une alternative contre la bruta- lité, mais sans en étouffer complètement l'habitude. Leur valeur et leur caractère bienfaisant paraissaient donc probablement d'autant plus remarquables que leur pouvoir était imparfait et leurs opérations irrégulières (1). »

Ces **deux faits** nous aident à en comprendre un autre, généralement mal interprété : nous voulons parler du rôle du combat judiciaire. Spencer voit dans cette institution une preuve de plus à l'appui de sa thèse favorite « que le gouvernement est né de l'agression et a été engendré par l'agression. »

« Chez de nombreuses tribus sauvages, la fonction judiciaire du **chef** n'existe pas ou est nominale ; très généralement pendant les premières époques de la civilisation européenne, chaque individu devait se défendre lui-même et faire valoir ses droits du mieux qu'il pouvait. » — En effet selon lui, de nos jours même, le gouvernement, tout entier à préparer l'agression contre les étrangers, ne songe pas à juger les procès privés. « Nous pourrions faire voir que même de nos jours le combat judiciaire subsiste sous une autre forme, les avocats étant les champions et les bourses les armes. Dans les procès civils, le gouvernement ne s'inquiète guère plus qu'autrefois de faire rendre justice à la partie lésée ; en pratique son représentant veille seulement à ce que les règles du combat soient observées ; le résultat dépendant moins de l'équité de la **cause** que de la supériorité d'une bourse bien garnie et de l'habileté de l'avocat (2). »

Quoi d'étonnant que dans les sociétés primitives un gouvernement purement militaire n'ait admis d'autre procédure que le combat ? — Un sociologue, moins dominé par l'esprit de système, l'illustre Fustel de Coulanges, explique le combat judiciaire sous la monarchie franque par une idée religieuse. Selon les hommes de ce temps, Dieu aurait toujours donné la victoire à la cause la plus juste. — Ni l'une ni l'autre de ces explications n'est satisfaisante. Il est inexact que les gouvernements aient toujours

---

(1) Sumner-Maine, *Étude sur l'ancien droit et la Coutume primitive*, ch. XI, p. 522, tr. fr.

(2) *L'Individu contre l'État*. — *Les péchés des législateurs*, tr. fr., p. 68.

montré pour la justice civile l'indifférence dont Spencer les accuse ;
d'un autre côté, l'explication que les Francs de l'époque mérovin-
gienne pouvaient donner de l'institution du combat judiciaire,
n'exprime pas nécessairement l'idée qui avait présidé à son origine : une foule d'institutions surannées s'expliquent pour la postérité par des intentions entièrement étrangères à la génération
qui les a créées. — Mais si, d'une part, le simulacre du combat
était l'ébauche nécessaire du procès, si d'autre part la Cour de
justice n'était primitivement qu'un arbitrage qu'on pouvait à son
gré accepter ou repousser, rien d'étonnant qu'en bien des cas le
rôle de l'arbitre n'ait pas différé de celui de nos jurys d'honneur
et de nos témoins dans les duels : dire si le combat devait
avoir lieu, l'entourer de règles, enfin même décider quel en devait être l'enjeu.

Quoi qu'il en soit, il résulte clairement de là que l'idée nue de
l'arbitrage ne peut et ne pouvait conduire à une pleine restauration de la vie sociale suspendue partiellement par le litige si elle
ne s'associait à une autre idée, l'idée de la soumission obligatoire
des parties à l'arbitrage et à la sentence arbitrale.

Or, cette idée n'est autre que l'idée de garantie, car elle implique que le corps social tout entier, ou une notable partie du corps
social, par exemple l'ensemble des chefs de famille, se porte garant de l'arbitrage et de la sentence.

Dans notre langue commune *garantie* signifie *protection*. La
philosophie du droit, souvent peu soucieuse de parler une langue
précise, établit entre les termes *garantie* et *protection* une
synonymie complète. C'est ainsi qu'on arrive à définir le droit
la garantie nécessaire du devoir, formule dont le sens philosophique est évidemment *sécurité assurée au devoir*, mais dont
le sens juridique serait *engagement par lequel on se rend garant qu'autrui accomplit son devoir*, agencement de mots
absurde.

En réalité, *garantie* signifie, non pas *protection* ou sécurité,
mais solidarité. L'idée de *garantie* représente l'intervention
d'un garant, c'est-à-dire d'un homme ou d'un groupe d'hommes

qui répond du fait d'un autre. Cette idée se retrouve plus précise dans celles d'endossement, d'aval, de cautionnement. Comme nous le verrons, elle se lie à l'idée de dette. — Elle s'associe à l'idée d'arbitrage, mais sans se confondre avec elle.

L'idée de *garantie* ou de répondant solidaire a aujourd'hui disparu du droit pénal, mais elle y a longtemps régné en maîtresse. Le sens sinistre que le terme d'otage présente à l'esprit de tout Français nous apprend cependant que la jurisprudence pénale des époques de troubles et de violence ne ressuscite que trop facilement cette idée qui au fond n'est qu'endormie dans notre mémoire.

En revanche, l'idée de *garantie* ou de responsabilité solidaire remplit le droit commercial et le droit international, ces deux images inégalement parfaites du droit naturel. Nous l'y voyons même passer du sens primitif, au sens dérivé. La *garantie* produit la *sécurité*, en proportion de la force, du nombre et de la fidélité des garants. — Une créance reçoit sa valeur et sa sûreté du nombre, de la solvabilité et de la probité de ceux qui ont endossé l'effet qui la représente. — Les stipulations d'un traité entre peuples assurent d'autant mieux un ordre juridique qu'elles sont *garanties* par la signature d'un plus grand nombre de puissances.

Nous ne pouvons négliger de faire remarquer ici à quel point les analyses de la philosophie positive du droit s'écartent du résultat des analyses de la métaphysique du droit. Selon les métaphysiciens, le droit résulte d'une responsabilité personnelle et incommunicable ; nul ne peut répondre du fait d'autrui ; tout isolement des responsabilités assure le progrès du droit ; toute solidarité est une confusion des responsabilités ; toute confusion des responsabilités une atteinte au droit. Selon la philosophie positive, le droit ne peut résulter que de la sûreté, la sûreté que de la garantie, la garantie que de la responsabilité solidaire. Si tous répondent des obligations de chacun, la sécurité et le droit sont au plus haut degré. Est-il besoin de dire laquelle de ces **deux conceptions est la plus aisément conciliable avec les exigences des sentiments sociaux ?**

Comment l'idée de garantie ainsi conçue peut-elle se lier à l'idée d'arbitrage et modifier la représentation de ce drame qui constitue le procès ?

Au sens dérivé, en tant que sécurité promise, la garantie consistera, pour chacune des parties, en ce que l'autre perdra sa faculté de se dérober à la sentence arbitrale et surtout de préférer la guerre à l'arbitrage. C'est donc l'idée d'une contrainte qui pèse sur chacun des plaideurs, le force à se présenter devant l'arbitre et à se soumettre à la sentence.

Examinons la procédure du *sacramentum*. Chacune des parties consigne entre les mains du préteur une somme (*œris sacramentum*). Cette somme entrera dans les coffres de l'Etat : elle représente une compensation du temps t de la peine qu'il prend à rendre la justice ; mais, en attendant, le versement de cette somme est pour chacun un motif de se présenter devant le juge en l'absence de toute contrainte physique. C'est donc une garantie, une sûreté pour l'autre.

Garantie fragile et insuffisante, sans doute ! Aussi, les sociétés ne s'en sont pas contentées. La sûreté des plaideurs s'est accrue de tous les motifs, de tous les mobiles, de toutes les institutions, de toutes les forces qui peuvent ôter à chacun d'eux la faculté de préférer la guerre privée à la sentence arbitrale. L'impossibilité radicale de recourir à la guerre pour vider les litiges qui peuvent être résolus par un jugement, tel est l'effet juridique de l'*Etat*, c'est-à-dire de la société constituée pour la sécurité de ses membres. C'est pourquoi, si l'on prend le mot garantie au sens dérivé, l'*Etat* est la plus haute des garanties et c'est pourquoi aussi, aux limites mêmes de l'Etat, la procédure guerrière tend à se substituer la procédure proprement juridique.

Cependant, il faudrait se garder de croire que l'idée de garantie une fois conçue, notre notion de l'Etat en résulte aussitôt. Cette notion, telle qu'elle existe en nos esprits, représente une puissance publique, plus forte que toutes les résistances individuelles et qui : 1° interdit aux particuliers en conflit tout autre recours qu'une sentence arbitrale ; 2° met sa force au service des jugements rendus par les arbitres officiels qui constituent les tribunaux. Or, l'histoire le montre : cette notion est extrêmement récente, a été fort lente à se former, et, ajoutons-le, serait des plus fragiles. L'idée de l'Etat, ou d'une union de la magistrature militaire et de la magistrature civile, a été, comme cette union même, le fruit de longs tâtonnements. Avant de la découvrir et de l'appliquer, les peuples ont conçu et appliqué des formes indirectes et beaucoup plus spontanées de la contrainte.

Laissons de côté la saisie violente des biens de la partie qui répudie l'autorité de la cour de justice. Sumner-Maine qui, dans ses *Institutions primitives*, décrit longuement cette procédure d'après les documents du droit germanique et irlandais, n'hésite pas à l'assimiler à un brigandage. Il n'est pas douteux que cette garantie ne soit en réalité un fait de guerre, c'est-à-dire la négation d'une garantie.

Laissons également de côté l'intervention bienfaisante de la superstition. Le type frappant en est offert par cette institution étrange, constatée à la fois dans les traditions de l'Irlande et les usages de l'Inde et de la Perse : le jeûne du demandeur contre le défendeur (*veillée Dharna*). La crainte des peines d'une autre vie peut déterminer en celle-ci les adversaires à accepter la juridiction arbitrale. Mais cette garantie est d'un ordre trop particulier, trop indirect, trop étranger à la vie sociale naturelle.

En revanche, il est une contrainte, commune au droit international actuel et au droit primitif, et qui est vraiment simple et naturelle : elle consiste à rompre les rapports sociaux avec la partie réfractaire à l'arbitrage.

L'histoire du droit primitif nous apprend que si les cours de justice ne pouvaient pas imposer leur juridiction aux parties, en revanche l'homme, qui refusait de s'y soumettre, perdait à jamais la faculté d'invoquer la protection de la cour de justice ; ses parents cessaient de répondre pour lui ; la force de son bras devenait sa seule protection. Cette sorte de ban était évidemment pour les plaideurs et pour la société une garantie.

De nos jours le droit international, cette image du droit naturel, inférieur encore en garanties à la procédure primitive, nous offre un type de garantie qui permet à une puissance lésée d'obtenir le redressement de ses torts sans recourir à la guerre : c'est le blocus commercial, ainsi défini par Bluntschli (*Dr. int. Cod.*, art. 506). « Un gouvernement peut, sans déclarer la guerre, mettre en état de blocus l'Etat qui s'est rendu gravement coupable vis-à-vis de lui. »

« Le blocus commercial a pour effet d'interdire aux ressortissants de l'Etat bloqué l'entrée du territoire de l'Etat qui a ordonné le blocus, ou de défendre aux ressortissants de ce dernier de traverser le territoire bloqué ; on empêche le transit des marchandises d'un des Etats dans l'autre et refuse aux navires la faculté d'entrer dans les ports ou d'en sortir. Les blocus sont donc moins préjudiciables que les guerres en ce sens qu'il n'y a pas de sang versé mais ils interrompent l'échange des valeurs et les relations des hommes entre eux. » Sans doute, la plus gigantesque des guerres modernes ayant eu un blocus commercial pour cause, il peut sembler étrange de distinguer cette procédure de la guerre. Mais il ne faut pas oublier que l'arbitrage international n'existe pas encore. Le jour où il serait devenu d'un usage courant entre les peuples, le blocus commercial deviendrait une procédure efficace pour déterminer une puissance réfractaire à se soumettre à la sentence arbitrale. L'interruption des relations commerciales et financières peut déjà — nous en avons une preuve contemporaine frappante — être portée très loin sans déclaration de blocus.

L'idée que le défendeur peut être contraint à accepter la sentence arbitrale, sans aucune coercition directe, par la simple suspension des relations que le corps social entretenait avec lui, nous conduit à retrouver l'idée de garantie au sens primitif. Si, au sens dérivé, l'idée de garantie représente une sûreté attendue, c'est qu'au sens propre elle représente une solidarité acceptée.

Si la société n'était qu'une juxtaposition de personnes, métaphysiquement indépendantes, unies seulement par des conventions libres, temporaires et par des institutions politiques artificielles, aucune garantie ne serait possible, en dehors de celles qui résul-

tent des lois et des tribunaux. Chacun considérerait que les torts
subis par un de ses voisins le concernent exclusivement, qu'à lui
seul il appartient d'en obtenir satisfaction.

Mais la société, même la plus anarchique, est tout autre chose
qu'une collection de personnes. On peut même dire que l'élément
le moins important d'une société, ce sont les personnes qu'elle
abrite. Une société est un ensemble de sentiments, d'idées, d'efforts
combinés, c'est un système de liens et de rapports, liens de parenté, liens commerciaux, liens résultant du crédit, de la confraternité des armes, de la coopération industrielle, des études
poursuivies en commun, et par dessus tout, liens résultant de
sentiments profonds, inexpliqués, à la fois généraux et collectifs,
la pitié, l'honneur, la pudeur, le respect, la fidélité. Il en résulte
que le demandeur dans un litige sait que sa cause est celle du
groupe tout entier, dans la mesure du moins où il se borne à
demander qu'il y ait une sentence arbitrale et qu'elle soit obéie.
Il a l'idée, et surtout l'attente, que dans la querelle, l'agresseur
qui repoussera la juridiction arbitrale sera considéré comme un
ennemi public par le groupe tout entier.

En lui attribuant cette idée, formons-nous une hypothèse gratuite ? Les métaphysiciens, si prompts à nous attribuer sans
preuve des idées *à priori*, deviennent, on le sait, des critiques
d'une extrême sévérité pour toute étude de psychologie expérimentale. Aussi devons-nous nous montrer particulièrement soucieux d'exhiber les faits.

Or, il est un premier point hors de doute, c'est qu'un groupe
humain homogène étant donné, si petit qu'il soit, chacun de ses
membres a l'*idée* d'un secours à en attendre contre une agression
de l'ennemi du dehors, de l'étranger. Là est le fond du sentiment
national. Si l'homme des frontières peut être pillé et incendié par
des razzia d'étrangers sans que ses compatriotes en sûreté dans
l'intérieur s'émeuvent de son sort et s'inquiètent de lui porter
secours, si l'habitant des côtes est exposé à se voir rançonner par
des corsaires, ou même à se voir enlever par des pêcheurs étrangers la subsistance qu'il tire des eaux sans qu'aucune aide lui

vienne de la terre, le sentiment national n'est plus qu'une sympathie inerte, sans réalité. Il n'en est pas ainsi. Dans les petits groupes sociaux, où une parenté soit réelle soit fictive est l'unique lien, l'appel d'un parent met contre l'étranger le groupe entier sur pied et en armes. Dans les groupes étendus que nous nommons nations, les liens commerciaux, le crédit mutuel, l'unité de culture, la communauté des traditions, produisent entre des millions d'hommes une solidarité presque aussi étroite que la parenté dans les petits groupes. On sait combien il est malaisé au pouvoir de se montrer trop indifférent aux torts subis par ses ressortissants. Sa pusillanimité soulèverait le groupe entier contre lui, d'un bout à l'autre du territoire.

Or, l'attente d'un concours de la communauté contre l'ennemi du dedans n'est ni moins naturelle ni moins spontanée que l'attente d'un secours contre l'ennemi du dehors.

En effet, celui qui décline l'autorité d'une juridiction arbitrale et prétend résoudre tout litige par la guerre

Jura neget sibi nata ; nihil non arroget armis

celui-là, n'est pas moins l'ennemi manifeste de la communauté que l'agresseur extérieur.

Les documents de l'histoire primitive nous montrent qu'en matière de crime, sinon en matière de propriété et de dette, un particulier peut, non seulement amener la communauté à mettre en interdit l'agresseur, mais encore l'armer tout entière pour sa cause. Nul n'est plus instructif que le célèbre épisode du livre des *Juges*, où un Lévite arme les tribus d'Israël contre les Benjamites qui ont attenté à l'honneur et à la vie de sa femme. Il convient de noter qu'au temps des Juges, Israël, libre république de familles autonomes, ignore les institutions judiciaires organisées : le juge n'est qu'un chef militaire temporaire, l'analogue du serdar que se donnent pour une expédition militaire les tribus turkmènes.

« Etant venu dans sa maison, il prit un couteau, et prenant sa concubine, il partagea son corps avec ses os en douze parts et il envoya une part dans tous les quartiers d'Israël.

Alors tous les enfants d'Israël sortirent et l'assemblée fut convoquée *comme si ce n'eût été qu'un seul homme* depuis Dan jusqu'à Béer-Scébah et jusqu'au pays de Galaad vers l'Eternel à Mitspa.

.....Les enfants d'Israël qui étaient montés à Mitspa dirent : Qu'on nous récite comment cette méchante action est arrivée. Et le Lévite qui était le mari de la femme qu'on avait tuée répondit et dit : Etant arrivé à Guibha qui est de Benjamin, moi et ma concubine, pour y passer la nuit, les seigneurs de Guibha se sont élevés contre moi, et ils ont environné de nuit la maison où j'étais, prétendant me tuer, et ils ont tellement violé ma concubine qu'elle en est morte. . . . .

Tout le peuple se leva comme s'il n'avait été qu'un seul homme et ils dirent : Aucun de nous n'ira en sa tente et aucun de nous ne se retirera dans sa maison. Mais voici ce que nous ferons maintenant à Guibha. Nous jetterons le sort contre elle..... Nous prendrons deux hommes de cent d'entre toutes les tribus d'Israël et cent de mille et mille de dix mille, qui prendront la provision pour tout le peuple afin qu'étant entrés à Guibha de Benjamin, ils la traitent selon l'infamie du crime qu'elle a commis en Israël. Ainsi tous ceux d'Israël furent assemblés contre cette ville comme s'ils n'avaient été qu'un seul homme (1). »

Tout prouve que ce n'est pas là le récit d'un épisode isolé et exceptionnel. Porter devant l'assemblée le corps de la victime d'un meurtre, ou, si la chose est impossible, un fragment du corps, ou même l'effigie d'un fragment est au contraire une procédure universelle. Ce moyen de faire appel à la sympathie indignée d'autrui est si naturel que parfois on y a eu recours en pleine civilisation. On connaît le lugubre épisode qui le soir du 23 février 1848 détermina le soulèvement de Paris.

Une coutume kabyle, *l'anaya*, nous fait toucher du doigt

______

(1) *Juges.*, Ch. XX, tr. Ostervald.

l'idée de solidarité mutuelle aboutissant à l'idée de sûreté personnelle.

« L'*anaya* tient du passeport et du sauf-conduit tout ensem-
« ble, avec la différence que ceux-ci dérivent essentiellement
« d'une autorité légale, d'un pouvoir constitué, tandis que tout
« Kabyle peut donner l'*anaya*, avec cette différence encore,
« qu'autant l'appui moral d'un préjugé l'emporte sur la sur-
« veillance de toute espèce de police, autant la sécurité de celui
« qui possède l'*anaya* dépasse celle dont un citoyen peut jouir
« sous la tutelle ordinaire des lois.

« Non seulement l'étranger qui voyage en Kabylie sous la pro-
« tection de l'*anaya* défie toute violence instantanée, mais encore
« il brave temporairement la vengeance de ses ennemis ou la
« pénalité due à ses actes antérieurs. Les abus que pourrait
« entraîner une extension si généreuse du principe sont limités,
« dans la pratique par l'extrême réserve des Kabyles à en faire
« l'application.

« Loin de prodiguer l'*anaya*, ils le restreignent à leurs seuls
« amis ; ils ne l'accordent qu'une fois au fugitif ; ils le regardent
« comme illusoire s'il a été vendu ; enfin ils puniraient de mort
« une déclaration d'*anaya* usurpée.

« Pour éviter cette dernière fraude, et en même temps pour
« prévenir toute infraction involontaire, l'*anaya* se manifeste en
« général par un signe ostensible. Celui qui le confère délivre,
« comme une preuve à l'appui, quelque objet bien connu pour
« lui appartenir, tel que son fusil, son bâton ; souvent il escorte
« son protégé, s'il a des motifs particuliers de craindre qu'on
« l'inquiète.

« L'*anaya* jouit naturellement d'une considération plus ou
« moins grande, et surtout il étend ses effets plus ou moins loin,
« selon la qualité du personnage qui le donne. Venant d'un
« Kabyle subalterne, il sera respecté dans son village et dans les
« environs ; de la part d'un homme en crédit chez les tribus voi-
« sines, il y sera renouvelé chez un ami qui y substituera le sien,
« et ainsi de proche en proche. Accordé par un marabout, il ne

« connaît point de limites. Tandis que le chef arabe ne peut guère
« étendre le bienfait de sa protection au-delà du cercle de son
« gouvernement, le sauf-conduit du marabout kabyle se prolonge
« même en des lieux où son nom est inconnu. Quiconque en est
« porteur, peut traverser la Kabylie dans toute sa longueur, quels
« que soient le nombre de ses ennemis ou la nature des griefs
« existant contre sa personne. Il n'aura, sur sa route, qu'à se
« présenter tour à tour aux marabouts des diverses tribus; chacun
« s'empressera de faire honneur à l'*anaya* du précédent et de
« donner le sien en échange. Ainsi, de marabout en marabout,
« l'étranger ne pourra manquer d'atteindre heureusement le but
« de son voyage. »

« Un Kabyle n'a rien de plus à cœur que l'inviolabilité de son
« *anaya :* non-seulement il y attache son point d'honneur indi-
« viduel, mais *ses parents, ses amis, son village, sa tribu tout*
« *entière en répondent aussi moralement. Tel homme ne*
« *trouverait pas un second pour l'aider à tirer vengeance*
« *d'une injure personnelle qui soulèvera tous ses compa-*
« *triotes s'il est question de son anaya méconnu* (1). »

Si cette description est exacte, et nous n'avons aucune raison
de douter qu'elle le soit — elle nous place en présence d'une responsabilité solidaire dont le résultat est de créer la sûreté. C'est
là une de ces institutions qui attestent l'aptitude d'une société à
créer en elle-même un ordre relatif, notamment à se préserver
des guerres privées, sans le système compliqué d'institutions pénales, législatives, exécutives, fiscales, militaires, que nous nommons l'Etat. Ne mettons pas en doute les bienfaits que l'Etat et
la loi ont assurés à l'humanité : ils ont confirmé toutes les garanties préexistantes à leur apparition ; ils y ont ajouté ; ils ne les
ont pas tirées du néant. Une humanité qui n'aurait pas eu déjà

---

(1) *Mœurs et Coutumes de l'Algérie,* par le général E. Daumas, conseil-
ler d'Etat, directeur des affaires d'Algérie ; 2ᵉ édit., Paris, Hachette, 1855.
La Kabylie, ch. III, p. 224.

une conception de la garantie n'eût pas senti le besoin de cette contrainte qu'apporte l'État ; n'en ayant pas le besoin, elle n'en aurait pas toléré la gêne.

L'idée de garantie et le besoin de garantie sont résultés de la conscience de la solidarité dans la lutte pour l'existence. Tout ce qui ajoute à la solidarité ajoute visiblement à la garantie. Une certaine garantie résulta pour l'homme de la conscience de la parenté consanguine ; la parenté fictive qui faisait le fond des cités grecques donna lieu à une garantie plus certaine ; la nationalité, et surtout le crédit sous toutes ses formes ont étendu d'une façon inappréciable le cercle des garanties et le domaine de la sûreté. Devenu international, le crédit, en ajoutant aux forces des pacifiques, rend déjà la guerre difficile : un jour peut-être il la rendra impossible : en attendant, il constitue le seul ressort du droit international et donne quelque apparence de sens aux abstractions vides que l'esprit métaphysique a données pour principes à celui-ci.

Cette analyse de l'idée de garantie nous fait éviter une double erreur : celle de l'école de Rousseau et de Kant, celle de l'école de Bentham. L'erreur de la première école consiste à croire que le droit est plus complet là où la liberté naturelle est plus sauve ; l'erreur de la seconde est de penser que la garantie est l'œuvre exclusive de la loi ou du législateur souverain. Ces deux erreurs sont loin sans doute d'être également graves : celle-ci n'est qu'une erreur historique, celle-là est une erreur morale. Celle-ci risque seulement de favoriser les péchés des législateurs, celle-là est une semence d'anarchie. Ces deux erreurs sont d'ailleurs loin d'être aussi inconciliables qu'il semblerait au premier abord : l'anarchie morale tempérée par le despotisme législatif, ne serait-ce pas l'idéal de beaucoup de partis politiques en Europe !

Le droit s'accroît de tout ce que perd la liberté naturelle ; en vain la métaphysique pose-t-elle les *moi* libres les uns à côté des autres, et fait-elle consister le droit dans l'équilibre de leurs libertés. Pour chaque *moi*, tout autre *moi* est une portion du *non-moi*, un phénomène sans dignité, une portion du monde extérieur. Faites pénétrer dans le *moi* la pitié, la sympathie, tout le cortège des sentiments sociaux, ajoutez-y l'hérédité, les influences historiques, les émotions esthétiques d'autrui symbolisées par les œuvres d'art : le *moi* pourra respecter quelque être hors de lui ; c'est qu'il aura été aliéné, enlevé à lui-même. Mais libre de la liberté naturelle, le *moi* est un empire dans un empire, un dissolvant de l'univers.

Hobbes ne s'y est pas trompé : la guerre, voilà la vraie forme de la liberté, car c'en est la conséquence immédiate. Considérez les Etats : ils ne se croient libres que s'ils sont souverains ; ils ne sont réputés souverains que s'ils ont la faculté de guerroyer contre les autres Etats. Entrer dans le règne du droit, c'est perdre une telle liberté : la liberté juridique, c'est la sûreté personnelle, la sûreté du travail, la sûreté de la jouissance, la sûreté de la pensée et de la croyance : cette sûreté est le fruit de la soumission aux conditions de la vie en société. « Le mot de liberté, écrivait Rivarol, sera toujours une énigme tant qu'on y verra autre chose que l'ouvrage des lois, tant qu'on le confondra avec l'indépendance naturelle (1). »

Il faut opposer la liberté juridique, fruit du droit, à l'indépendance personnelle, principe prétendu du droit ; mais il faut se garder d'y voir exclusivement le fruit des lois. Sans doute, il est impossible à la philosophie positive du droit, ou même à une histoire équitable de souscrire à l'âpre réquisitoire prononcé par Spencer contre les législateurs ; mais on ne peut davantage ratifier ce jugement de Bentham, empreint d'un optimisme exclusif. « La loi seule a fait ce que tous les sentiments naturels n'auraient pas eu à la force de faire. La loi seule peut créer une possession fixe et durable qui mérite le nom de propriété. La loi seule peut accoutumer les hommes à courber la tête sous le joug de la prévoyance, d'abord pénible à porter, mais ensuite agréable et doux. Elle seule peut les encourager à un travail superflu pour le pré-

---

(1) Rivarol, *Philosophie politique.*

sent et dont ils ne jouiront que dans l'avenir, etc. (1). » Outre que l'histoire montre que la loi est sortie de la coutume, d'où serait donc sortie l'idée de la loi si l'égoïsme seul régnait naturellement, si les sentiments sociaux étaient sans force et si les hommes avaient attendu l'intervention des législateurs pour prohiber certains actes et en protéger, voire en imposer certains autres ? De quel monde serait donc tombé le législateur, si une pareille hypothèse était vraie ?

L'explication de l'idée de *garantie* a également l'avantage de mettre sous son vrai jour la célèbre antithèse du droit et de la force. L'idée de *garantie* exclut la faculté de résoudre le litige par la lutte et la violence ; donc le droit impose la soumission à l'arbitrage, et s'oppose au conflit armé. Il n'en résulte pas que toute supériorité de force soit une présomption d'iniquité et qu'il faille adopter le manichéisme juridique dans lequel s'est complu l'école métaphysique, surtout en France. Le culte du poitrinaire, la glorification du vaincu n'est qu'une malfaisante erreur. Il ne suffit pas de dire avec Pascal : « Il faut que ce qui est juste soit fort et que ce qui est fort soit juste. » Il faut présumer que jusqu'à preuve du contraire le droit et la force marchent parallèlement. La force est bonne, et loin d'être aveugle, elle est raisonnable. Qu'est-ce que la force d'une armée, sinon l'union du courage à la discipline, à l'honneur, à la confraternité des armes, au respect de la hiérarchie chez les soldats, à la science chez les officiers ? Qu'est-ce que la force d'une nation sinon l'union des vertus militaires à la culture intellectuelle, au travail, au crédit, à la concorde des classes, à l'association du culte des traditions et de l'esprit de progrès ? Si la force était l'opposé du droit, il faudrait désespérer de l'humanité, car la science et la vertu sont les plus grandes sources de force, en sorte que chaque pas dans la science et la vertu nous éloignerait du droit. Mais le droit n'est pas l'opposé de la force : il n'est que l'opposé de la violence.

---

(1) Bentham, *Principes du Code civil*, Ire partie, ch. VII.

CHAPITRE III

La conscience du conflit, c'est-à-dire d'une destruction partielle de la sociabilité, est l'origine de la conscience du droit. Du contraste entre la conscience du conflit et la conscience des fins sociales naît la conscience de l'arbitrage social et celle de la garantie. Le droit est donc conçu comme une garantie dans le litige. Mais la claire conception de cette idée requiert une condition : c'est que la conscience du conflit révèlera un élément radicalement opposé aux fins sociales. En effet, si la société n'est qu'un concours d'activités altruistes, l'émulation, la lutte pacifique, la concurrence même des activités altruistes ne peut jamais engendrer une destruction partielle de la société, c'est-à-dire aboutir à des conflits proprement dits. La surabondance dans l'offre de concours ne peut que renforcer l'énergie sociale. Or, la conscience du droit commence par la conscience du conflit et se poursuit grâce à l'idée d'une restauration de la société partiellement détruite par le conflit. Il faut donc admettre que la conscience du conflit nous révèle la présence d'une activité étrangère à la sociabilité et qui est la véritable cause du conflit.

Il existe, comme chacun sait, deux sortes de procès, les procès criminels et les procès civils. Dans les uns la société est partie, dans les autres elle est arbitre. Mais on se tromperait gravement si l'on pensait que cette distinction soit primitive et radicale. Si nous étudions la formation du droit et si nous jetons un regard sur les sociétés primitives nous arrivons à nous convaincre que les procès criminels se sont très tardivement distingués des procès civils. Le procès primitif est une cause criminelle ayant un caractère civil, c'est-à-dire une cause dans laquelle la société intervient comme arbitre et non comme partie. La conception claire et distincte de la pénalité et de la criminalité est une des plus tardives acquisitions de la conscience juridique. Chacun est familier avec la législation des tribus germaniques qui envahirent l'empire romain et nul n'ignore l'institution si étrange pour nous de la *composition*. Or, l'ethnologie nous a enseigné combien est universelle cette institution en apparence toute germanique. On l'a retrouvée chez les Bhîls de l'Inde centrale, chez les Siah Poshi du Kafiristan, chez les Arabes de l'Afrique du Nord et du Nedjed, chez les Bagnouns et les Ballantes de la Sénégambie, chez les anciens habitants du Canada. Si nous voulons bien nous-mêmes étudier nos propres institutions, nous apercevons un vestige évident de la *composition*. Que de fois, dans les causes criminelles, n'arrive-t-il pas que la famille de la victime se présente comme partie civile et réclame de la cour d'assises des dommages-intérêts. Sans doute, d'ordinaire le but poursuivi est de renforcer l'accusation grâce à la parole d'un avocat éloquent. Mais si l'homicide n'avait jamais été considéré comme un dommage causé à la famille de la victime et comme un dommage susceptible d'être compensé pécuniairement, cet usage existerait-il ? serait-il consacré par les lois ? Le dommage, voilà donc la matière universelle du procès. Là où la faiblesse du pouvoir politique rend l'existence des institutions pénales impossibles, on ne poursuit dans le crime que le dommage causé et tout procès criminel a les caractères d'un procès civil. Dans un Etat plus avancé, le crime est distingué du dommage ; et tandis qu'on laisse à la partie lésée le soin d'obtenir satisfaction pour celui-ci, le châtiment du premier est directement poursuivi par la société (1).

---

(1) Voir *Littré*, *La Science au point de vue philosophique (Origine de l'idée de justice.*

S'il est vrai que la notion du droit implique les éléments que nous avons précédemment analysés — conflit, arbitrage, garantie — on peut présumer que la notion du droit, est corrélative et inséparablement associée à la notion du délit.

En effet, un esprit qui n'aurait pas acquis ou ne pourrait acquérir l'idée de délit serait incapable d'acquérir l'idée de garantie et par conséquent l'idée de droit. La **garantie**, en effet, est une protection qui implique une agression ou une menace. C'est donc une idée toute relative. Le terme qui y est corrélatif, c'est l'acte auquel la société s'oppose, c'est-à-dire l'acte délictueux. Supprimons ce terme, et nous nous trouvons en présence, soit de la charité absolue, soit de l'état de guerre sans aucun arbitrage. De deux choses l'une, en effet : ou jamais l'activité bienfaisante de l'individu n'est l'objet d'aucune entreprise agressive, et en ce cas règne la charité parfaite, ou bien les conflits sont fréquents entre les différentes activités dont la société se compose, et cependant celle-ci n'intervient pas pour les résoudre : partant, c'est l'état de guerre qui règne. Dans le premier cas, rien n'étant menacé, il n'y a rien à incriminer, partant rien à garantir. Dans le second cas, tout est menacé, mais rien n'étant incriminé, rien n'est garanti.

Garantir la sociabilité c'est évidemment exercer une coercition sur ce qui la menace. L'idée de délit (nous prenons ce mot dans le sens le plus général et parmi les délits nous comprenons *à fortiori* les crimes) n'est pas autre chose que l'idée d'une incompatibilité entre les agressions de l'égoïsme et la protection que chaque personne reçoit de la société. La garantie, sans laquelle il n'y a pas de droit, c'est la coercition de ce que la société déclare délictueux. Une association inséparable unit donc les notions de garantie et de délit.

La conception du droit est donc celle du système de garanties que la société accorde à l'activité altruiste contre le crime. N'y aurait-il pas là un cercle vicieux ? Qui n'a pas l'idée du droit pourrait-il avoir l'idée du crime ? Le crime serait-il autre chose que la violation du droit ? En un mot le droit n'est-il pas la notion positive et première, le délit, la notion négative ou dérivée ?

En dépit de l'évidence apparente de ces dernières propositions, nous croyons pouvoir prouver que la notion du droit ne se forme que postérieurement à la notion du délit. La question touchant aux fondements même de la philosophie du droit, le lecteur nous pardonnera un appareil de démonstration quelque peu long et compliqué.

Admettons que la conception du droit soit nécessaire à la conception du délit et que le délit ne soit autre chose que l'attentat au droit, la méconnaissance primitive du droit. Une première difficulté va naître. On sait que toute méconnaissance du droit n'est pas un délit. En effet, un simple dommage, civilement réparable (comme une faillite ou un quasi-délit) n'a pas le caractère criminel. Quel est donc le degré de méconnaissance du droit qui marque la naissance du délit ? Dira-t-on, comme nous l'indiquions tout à l'heure, que le délit commence avec le refus de réparer le dommage causé ? Nouvelle obscurité. Tout attentat au droit sera-t-il réparable ? Nous ratifions en ce cas l'institution barbare de la *composition*, et l'idée même du délit s'évanouit. S'il y a quelque attentat supérieur à toute compensation, à quel signe le reconnaît-on ?

Peut-être va-t-on nous répondre que le délit ou pour mieux dire le crime commence avec la violation d'un droit ; que comme la liberté, la conscience, l'honneur, la vie échappe à toute estimation, et n'a à la lettre, pas de prix, parce que le prix en est incommensurable. Soit. En ce cas, il n'y aura pas de délit contre la propriété. Voilà d'un seul coup la liste des faits punissables reconnus par nos Codes, singulièrement réduite.

D'ailleurs est-il vrai qu'il y ait un passage clairement concevable de la notion des droits primordiaux énoncés plus haut, la vie, la conscience, la liberté, à la notion de délits qui en seraient la violation ? On voit l'obscurité s'amonceler dès que l'on s'interdit de résoudre la question par des formules abstraites.

Considérons la conservation de la vie comme un droit absolu, un droit individuel opposable à toutes les exigences de la vie sociale, un droit que la société doit rigoureusement garantir à la personne. Sans doute, il semble que nous puissions naturellement déduire de là l'idée que la destruction de la vie humaine est un crime. Mais formerons-nous la notion juridique du meurtre ? Nullement. Nous incriminerons toute forme de l'homicide, quelle qu'elle soit. Pour employer la phraséologie romantique, nous verrons dans le héros, dans le soldat, une variété de l'assassin. Qui ne voit que nous retombons dans la même difficulté que tout à l'heure ? Admettons — question à réserver — que la guerre soit partout et toujours une violation du droit. Toute violation du droit n'est pas un délit. Le délit est un fait punissable, par conséquent un fait imputable à un ou plusieurs individus déterminés. Selon les théories les plus classiques, il implique la responsabilité individuelle. La guerre au contraire est un fait collectif. La guerre est un attentat au droit qu'a la personne humaine de conserver la vie physique : elle n'est pas un crime. Mais quoi ! l'homicide va-t-il cesser d'être criminel parce qu'il deviendra carnage ? parce qu'il sera perpétré sur des milliers d'hommes, par des mains exercées, avec des armes perfectionnées ? Quelle confusion ! Exécutée collectivement, la guerre n'est-elle pas conçue individuellement ? Ne fait-elle pas partie d'un plan qu'on appelle la politique ? N'est-elle pas la raison d'être de cette institution fondamentale qu'on appelle l'armée ? Est-il possible de la représenter comme le réflexe aveugle d'une foule inconsciente ? Elle est le fruit d'une volonté préméditée à laquelle chacun s'associe, à laquelle les meilleurs rougiraient de ne pas vouloir s'associer. Ainsi, pour qui part du droit primordial de l'individu à la conservation de la vie, il est à la fois impossible d'incriminer la guerre et impossible de la distinguer rationnellement des formes de l'homicide que l'on incrimine.

En est-il autrement de la liberté personnelle ? Il est certain que l'on proclamerait vainement le droit de l'individu à être respecté dans sa liberté physique si l'esclavage, l'arrestation illégale, la séquestration n'étaient pas traités comme des crimes. Mais la notion du crime peut-elle se déduire clairement de la notion du droit ? L'individu, dira-t-on, n'entre dans la société que pour y fortifier sa liberté du concours de la liberté des autres. Non seulement la société considérée comme un tout ne peut lui enlever une part de sa liberté sans faillir à sa propre fin : mais elle ne peut, pour la même raison, tolérer que l'activité d'une personne restreigne ou supprime la liberté d'une autre : c'est pourquoi la société incriminera les attentats énoncés plus haut. Soit : nous voyons reparaître la même confusion que tout à l'heure. La puissance paternelle comporte la faculté d'enlever à l'enfant mineur sa pleine liberté personnelle : et cependant le mineur est une personne : souvent, les caractères de la personnalité sont plus accusés chez lui que chez le majeur investi de la plénitude de ses droits. La séquestration est admise par la loi quand, sur l'avis d'un conseil compétent, elle s'applique à un aliéné. L'aliéné est néanmoins une personne : à peine a-t-il le cerveau plus malade que la majorité de ses concitoyens. La séquestration de l'enfant et de l'aliéné sera-t-elle donc un crime devant le droit pur ? Elle a pour but, peut-on répondre, le bien de l'enfant et de l'aliéné et non le bien de celui qui l'ordonne. Mais qu'importe ! Que devient la liberté de la personne si on prétend la mesurer au propre intérêt de celle-ci ? Aristote n'estimait-il pas que l'esclavage était le bien même de l'esclave, puisque seul il lui permettait d'obéir à la raison ? Certaines doctrines pathologiques ne voient-elles pas des aliénés dans la plupart des hommes, entr'autres, chez tous ceux qui manifestent quelque supériorité intellectuelle ? Est-il si malaisé de voir des enfants dans la femme et dans l'homme du peuple ? Voilà donc la liberté personnelle menacée chez tous. Quel moyen cependant de tenir pour un criminel le père de famille qui confine, *manu militari*, son enfant dans sa maison pour le soustraire à un libertinage précoce ? — d'assimiler au possesseur d'esclaves le parent qui, à grands frais, confie l'un des siens pendant quelque temps, aux soins d'un aliéniste éclairé ? Cependant la sollicitude de chacun d'eux met la liberté en péril. Reculez de vingt ans l'âge de la majorité et vous avez proscrit la liberté personnelle des frontières de votre république : élargissez quelque peu les droits de la médecine et de la famille sur les aliénés et personne ne sera sûr de ne pas terminer ses jours dans un hospice.

Il est donc également malaisé de voir dans toute restriction de la liberté personnelle un attentat à la liberté et de discerner la restriction licite de la restriction illicite. La déduction qui prend pour prémisse l'affirmation du droit de la personne à la liberté ne donne sur ce point capital aucune lumière.

Quant à la liberté de conscience, l'obscurité est peut-être plus complète, plus impénétrable encore. Posons comme un droit l'inviolabilité de la pensée et de la conscience individuelle. Nous en déduisons que toute contrainte, exercée par l'Etat, la famille, ou l'individu, sur la pensée, la conscience d'une personne, est un délit, que le but de cette contrainte soit d'amener celui qui la subit à adopter une doctrine qu'il repousse ou à repousser une doctrine qu'il professe. Mais quoi? L'éducation n'est-elle pas un devoir de la famille et de l'Etat? L'éducation ne consiste-t-elle pas à inculquer (au prix de combien d'efforts!) un système complet de notions et de principes religieux, moraux, scientifiques à l'enfant? Ce système d'idées, l'enfant ne le subira-t-il pas le reste de son existence? Soutiendra-t-on que l'enfant est par nature indifférent à toute doctrine religieuse, morale ou scientifique, et que par conséquent il ne subit aucune contrainte quand la famille le munit, l'instruit selon celle qu'elle juge la meilleure? Erreur! Sophisme insoutenable! La contrainte qui s'exerce par la surprise serait-elle moins délictueuse, moins criminelle que celle qui s'exerce par la violence? Son innocence croîtrait-elle en raison de ses chances de succès, en raison de l'ingénuité, de la passivité de la victime?

Prétendra-t-on que l'éducation consiste à proposer, non à imposer, qu'elle est œuvre de persuasion, non de contrainte, que l'adulte peut toujours repousser ce qui a été enseigné à l'enfant? Outre que chaque homme n'est pas un Descartes, outre que toutes les influences sociales, sentiments, coutumes, traditions, tendent à maintenir de gré ou de force l'individu dans le cercle où l'éducation l'a enfermé, serait-il possible de fermer à ce point l'oreille aux bruits du dehors pour nier que le problème de la liberté de conscience ne soit en quelque sorte inscrit dans le problème de l'éducation ? La famille réclame l'éducation de l'enfant ; l'Etat et l'Eglise le disputent à la famille. Chacun invoque la liberté de conscience ; mais chaque belligérant prétend la conquérir et la sacrifier à ses propres fins. En réalité, il n'est pas d'éducation qui n'enlève à l'individu son droit inviolable à se former librement ses opinions, ses doctrines et ses croyances.

Cependant, est-il un théoricien du droit absolu qui pousse l'absurdité jusqu'à déclarer que l'éducation est un crime ? Peut-être s'en est-il rencontré, mais nous n'en connaissons pas. Quelque paradoxe qu'ait commis l'auteur d'*Emile*, celui-là ne saurait lui être reproché. Des atteintes graves à la conscience individuelle peuvent donc n'être pas délictueuses. Qui nous enseignera le point précis où commence le délit ? Faut-il donc, pour devenir délictueux, que l'attentat à la liberté de conscience s'accompagne d'attentats à la vie, à la liberté personnelle, à l'honneur ou à la propriété ? En ce cas, on ne reconnaîtrait donc pas de délits propres relatifs à la liberté de conscience ? Logiquement, le droit de penser librement serait donc adjacent, subordonné au droit d'être respecté dans sa vie, sa liberté, son honneur, sa propriété ? Ne nous a-t-on pas enseigné, au contraire, et présenté comme un principe indéniable, que la racine de notre droit est dans notre faculté de penser librement et que, ce droit méconnu, tous les autres s'écroulent ?

Ou nous nous abusons, ou il nous semble avoir démontré l'impossibilité de déduire de la notion des droits primordiaux celle des délits qui en constituent la violation. Cependant, l'une de ces idées a sa condition dans l'autre. L'erreur sur la nature du délit, sur les limites du délit et du licite est la perversion du droit. Dire que le droit est la limitation réciproque des libertés, c'est poser le problème ; déterminer les délits qui naissent de l'abus de la liberté, c'est le résoudre. Gardez-vous d'aller au-delà du nécessaire, car vous risquez de comprendre parmi les faits punissables une manifestation légitime de la liberté et de confisquer ainsi ce

que vous prétendez garantir ; ne vous gardez pas moins de rester
en deçà, car vous allez tolérer, bien mieux, protéger, l'empiéte-
ment d'une liberté sur une autre. Or, cette notion du délit, vous
ne pouvez la déduire, *à priori*, de l'idée du droit.

Supposons, au contraire, qu'une lumière autre que la déduction
nous ait éclairés sur la notion du délit ; si nous avons déjà les
idées de garantie et d'arbitrage, nous allons voir la notion du
droit se former avec la plus grande clarté.

Je sais, de quelque source autre que la raison pure, que l'assassinat, le meurtre, le parricide, l'empoisonnement, l'infanticide
sont des crimes. Je sais aussi que la société ne peut exister, que
si elle garantit ses membres contre les crimes et les délits. Mais,
d'autre part, j'ai appris qu'à la guerre le meurtre loyal de l'ennemi est un acte méritoire et que nul ne peut marchander sa vie à
sa patrie. Je sais, dès lors, que j'ai droit à conserver mon existence
et l'obligation de respecter celle de tout autre être humain tant
que la nation ne me met pas pour son propre salut en présence de
l'ennemi. La guerre nationale, en effet, annule mon droit à la
vie. D'autre part, j'ignore si la liberté personnelle est un droit
primordial et absolu ; je trouve même quelques raisons d'en douter.
Mais je sais que la séquestration, l'arrestation arbitraire, l'achat,
la possession et la vente d'esclaves sont des crimes. J'en conclus
que ma liberté personnelle est opposable aux fins personnelles
d'un individu quel qu'il soit. Dans de telles limites, j'affirmerai
que c'est un droit. Je sais, d'autre part, que l'usage raisonnable
de la puissance paternelle, loin d'être un délit, est un fait digne
d'approbation. Je ne penserai donc pas que la liberté du mineur
soit un droit absolu, opposable aux fins générales de la famille et
de la société.

De même, j'ai appris, d'une source étrangère à la raison pure,
que tout attentat à la liberté des cultes, à la libre expression des
opinions, des croyances et des doctrines, est un délit, tandis que
l'éducation des enfants est un devoir, une nécessité qui s'impose
à tous, à la société comme à la famille. Je conclus que chacun a,
en dépit des intérêts contraires, le droit d'être véridique, d'expri-

mer ses pensées, certitudes et doutes, sur tous les sujets sans que nul puisse s'en plaindre ; mais que ce droit n'existe que là où est une intelligence ; que la plus sûre façon de le léser, c'est de laisser les intelligences incultes. J'en conclus que la liberté de pensée et de conscience n'exclut nullement l'action éducatrice de l'intelligence adulte, individuelle et collective, sur une intelligence rudimentaire.

Je suis donc porté à conclure, d'une façon générale, lorsque j'entends prononcer ce mot, le droit, qu'il désigne un système de garanties sociales contre un ensemble de délits déterminés, ou qu'il ne désigne rien de concevable, ni rien de réalisable.

Objectera-t-on que le crime n'est jamais que la violation de la personnalité, partant, que le droit, c'est la personnalité garantie ? Nous répondons que la difficulté est précisément de savoir si la conception de quelque idéal, personnalité ou liberté peut être qualifiée par le terme droit, si l'on fait abstraction de la notion du délit. L'idée du droit n'est pas donnée avec la notion de la personnalité ; elle est donnée avec la possibilité d'une violation de la personnalité *à la condition que ce fait soit considéré et traité comme un délit.* Comme il ne peut être traité comme tel que dans et par la société, l'idée d'un droit inhérent à la personnalité, indépendamment de la vie en société, est illusoire.

Jusqu'ici nous avons suivi une méthode dialectique : nous n'avons traité que des droits dits primordiaux, cherchant à montrer qu'on n'en peut pas acquérir la notion si l'on ne possède au préalable celle d'un certain nombre de délits déterminés. Or, en parlant de droits, on peut entendre aussi des institutions spontanées et universelles, le mariage, la propriété, le contrat, du respect desquelles dépend le caractère juridique de la société. Leur notion et leur existence dépendent-elles aussi de la notion du délit ?

Considérons le mariage tel que nos sociétés civilisées le consacrent et le protègent : le mariage monogame et indissoluble. Est-il douteux que si le viol, le rapt, la bigamie, l'adultère, l'infanticide, l'avortement ne sont pas des faits punissables, le mariage cessera d'avoir un **caractère** juridique ? il ne sera plus qu'une des nombreuses formes que l'union des sexes peut **revêtir. Mais est-ce** déductivement que nous sommes arrivés à voir des crimes dans ces divers faits ? L'humanité a-t-elle conçu premièrement la notion juridique du mariage, pour en conclure que les coutumes contraires sont criminelles ? Le mariage, juridiquement conçu, est un contrat irrévocable, puisqu'il est conclu dans l'intérêt de tiers (des enfants) ; un contrat par lequel les parties aliènent leur liberté au profit d'une société qu'elles fondent : la famille. C'est donc un contrat d'une nature propre : cependant, c'est l'œuvre de volontés libres : or, n'est-ce pas un principe que l'inexécution d'un contrat n'est pas, en général, un délit, mais un simple dommage ? L'inexécution du contrat matrimonial sera-t-elle plus criminelle que l'inexécution d'un contrat quelconque ? Peut-être : mais *à priori*, si nous n'avons pas d'autre lumière que la déduction, nous ne l'apercevons pas clairement.

La notion juridique du mariage étant donnée, nous n'apercevons entre autres aucune raison de traiter la bigamie comme un crime, à moins de l'assimiler à l'escroquerie. En effet, pourquoi l'association qui unit A à B ne l'unirait-il pas à C, avec le consentement de B ? Dira-t-on que ce consentement ne sera pas obtenu. Mais par hypothèse nous le supposons obtenu, comme l'a imaginé Gœthe dans *Stella*. Répondra-t-on que la bigamie est contraire à la loi naturelle de la balance des sexes ? La raison est excellente, mais elle est empruntée à l'expérience, non à l'idée du droit pur.

La vérité est qu'il est impossible de s'élever *à priori* à la notion du mariage. Un contrat indissoluble ne saurait être un contrat. Un contrat par lequel une des parties se dépouille de sa capacité civile et de sa liberté ne saurait être un contrat. S'il est vrai que la liberté soit un droit imprescriptible et inaliénable, l'aliénation solennelle de cette liberté est nulle et non avenue. S'il est vrai que l'égalité des libertés soit la matière même du droit, l'effacement volontaire d'une liberté devant une autre est nul et non avenu. Notre institution du mariage, sur laquelle repose notre conception des mœurs et, l'on peut dire, l'organisation sociale tout entière, est l'écueil où vient sombrer la métaphysique du droit.

Supposons au contraire que nous ayions été conduits à condamner comme des crimes les faits énoncés plus haut (viol, rapt, infanticide, avortement, bigamie, adultère), la notion du mariage monogame et indissoluble est .la conséquence à laquelle nous sommes conduits. Le viol et le rapt étant des crimes, le don que la femme fait d'elle-même à l'homme doit être volontaire L'infanticide et l'avortement étant des crimes, ce don doit avoir pour condition et complément la volonté d'élever les enfants qui peuvent en résulter. La bigamie étant un crime, l'union doit être monogame. L'adultère étant un délit, cette union ne peut être brisée au gré de la passion et du caprice. La notion de ces divers délits conduit par contraste à la notion juridique du mariage.

En est-il de la propriété autrement que du mariage ? Sans doute, si vous rayez du Code pénal les articles qui punissent toutes les formes du vol, vous aurez supprimé l'institution de la propriété. Vous aurez supprimé la notion du droit de propriété, si vous faites accepter l'idée anarchique que le vol n'est que la protestation contre un ordre social mal établi. Mais la notion du crime de vol suppose-t-elle la notion antérieure de la propriété ? Ou bien, formons-nous l'idée de propriété dans la mesure où nous concevons le vol comme un crime ? Le problème est périlleux, mais il n'est pas de ceux devant lesquels le philosophe et le sociologue doivent reculer.

Admettons que la notion de la propriété soit *à priori* et que la notion du crime de vol en ait été déduite. Les difficultés commencent aussitôt. Je m'appartiens à moi-même, mes facultés m'appartiennent ; le travail de mes facultés m'appartient ; le fruit de mon travail est donc à moi ; m'enlever en tout ou en partie le fruit de mon travail, c'est m'enlever la jouissance de mes facultés, c'est confisquer ma personne, c'est me faire esclave. Si j'appelle crime ou délit l'attentat volontaire contre la personnalité humaine, s'approprier les fruits du travail d'autrui est un acte criminel.

Soit. Mais qu'exposons-nous donc ici ? La théorie conservatrice de la propriété ou la théorie socialiste du droit de l'ouvrier à l'intégralité du produit ? Nous entendons l'objection : nier les droits du capital, c'est nier la moitié des droits du travail, sous couleur de les défendre. Si les facultés de A ont eu besoin d'un instrument créé par le travail B, et que A n'ait pu acquérir cet instrument par échange, A ne peut avoir la prétention de considérer le produit qu'il a créé avec le concours de la chose de B comme son œuvre exclusive : il est autant l'œuvre de B que la sienne, et doit être partagé avec lui. Les droits du propriétaire de l'outil ne sont donc pas niables. En est-il de même des droits du propriétaire foncier ? La terre et la mine sont-elles des créations du travail ? Est-ce pour Pierre ou Paul que durant des millions d'années les causes géologiques ont peu à peu formé le sol que nous cultivons ? Est-ce pour Pierre ou Paul, qu'aux âges primaires ou secondaires, d'immenses forêts de fougères ont couvert le sol, puis ont été enfouies et converties en houille ? Je veux bien qu'on justifie la propriété immédiate du cultivateur, — que, selon le raisonnement de Locke, on accorde que l'objet de la propriété foncière n'est pas le sol, mais la récolte. Mais que devient la *rente foncière*, ce type de la propriété traditionnelle, la rente foncière qui, versée par le travailleur à l'oisif, croît en raison de la population, c'est-à-dire en raison du nombre des bouches à nourrir et de la faim publique ? Sacrifier la rente foncière au principe abstrait des droits du travailleur sur les fruits du travail, n'est-ce pas sacrifier l'ordre propriétaire tout entier ? La respecter, au nom de l'utilité sociale, n'est-ce pas admettre que le droit pur de propriété peut subir une grave restriction ? N'est-ce pas effacer la distinction si clairement établie tout à l'heure entre la propriété et l'extorsion ?

Nous prions le lecteur de se souvenir que nous faisons ici œuvre de dialecticien et que nous n'exposons pas nos doctrines. Admettre la réalité sociale, placer le droit dans l'arbitrage social, c'est évidemment admettre que tout n'est pas erroné dans cet assemblage confus d'idées, d'aspirations et de préjugés que l'on nomme socialisme : ce n'est pas s'y rallier. Il suffit que le socialisme soit l'effort pour réformer la société sur un type idéal pour nous devenir suspect. Il n'est pas plus faux que l'individualisme : dialectiquement il sort de la même source : la réduction du droit de propriété au droit du travailleur sur son produit. Si cette théorie est rigoureusement admise, à l'exclusion de toute autre, il est nécessaire de conclure que certaines formes historiques de la propriété, certains modes de la possession reconnus par la loi ne se distinguent pas des attentats contre la propriété.

Sans doute, tout attentat au droit n'est pas nécessairement un délit. Le possesseur de bonne foi, bien qu'aux yeux du droit pur il possède sans titre, peut réparer par certains services le tort qu'il cause involontairement à l'ordre social. La rente foncière affranchit ceux qui en jouissent de nombreux soucis et leur permet de favoriser soit la culture intellectuelle, soit le progrès industriel. Quoi qu'il en soit, nous avons là une nouvelle preuve de l'impuissance de l'esprit humain à déterminer avec précision la notion du délit. Or, sans cette dernière, le droit n'est qu'un *flatus vocis*.

Supposez au contraire que la notion de propriété étant encore ignorée ou inconsciente la notion du crime de vol vienne à être acquise ? Qui ne voit que la notion de propriété en résulte immédiatement. Si la société interdit à ses membres l'appropriation frauduleuse ou violente de la richesse qu'autrui possédait soit comme fruit du travail, soit par occupation, soit par prescription, soit à titre de don ou d'échange, il va être admis que la possession paisible de la richesse est garantie par la société et considérée, non comme un scandale ou une chose suspecte, mais comme un état normal. La possession, non obtenue par extorsion, est un droit. Ce que l'on condamne dans le pillage, le vol et le maraudage, ce n'est pas l'attentat au droit théorique de propriété, c'est l'introduction de la violence ou de la fraude dans la vie sociale. Condamner cette violence, c'est garantir la possession et fonder la propriété.

Le contrat, est avec le mariage et la propriété la troisième des grandes institutions spontanées dont l'évolution sociale a sans cesse épuré le type et étendu l'empire. Or, si le faux, la banqueroute, l'escroquerie, l'abus de confiance, l'émission de fausse monnaie, la fraude commerciale, ne sont pas des délits, le contrat cesse d'être garanti et on ne peut plus parler d'un droit contractuel. Mais serait-ce de la notion juridique du contrat que la connaissance du caractère délictueux des actes énoncés plus haut aurait été déduite ? L'histoire du droit nous apprend avec quelle lenteur s'est formée dans l'humanité cette idée du contrat qui à en croire les métaphysiciens, serait primitive. Avant qu'elle fût formée, la conscience humaine avait déjà condamné le faux serment, le dol, la fraude et généralement les actes contraires à l'honneur. Mais on peut résoudre ce problème sans faire appel à l'histoire. Toute méconnaissance du droit contractuel n'est pas nécessairement un délit. L'inexécution d'un contrat semble être la violation la plus grave du droit contractuel : Cependant ce n'est pas un délit ; ce n'est qu'un dommage réparable. L'éternelle obscurité sur les limites de l'attentat délictueux et de l'attentat non délictueux nous arrête encore une fois de plus.

Si la sociabilité, si le sentiment de l'honneur nous ont enseigné que le faux, la banqueroute, l'escroquerie, l'émission de fausse monnaie, la fraude sont des faits condamnables et punissables, il en résulte que la société protège le contrat, partant que la faculté de contracter est un droit et une source de droit. Nul ne peut donc être amené à contracter par la promesse d'un événement imaginaire ; nul ne peut être frustré impunément de la totalité de ses droits contractuels par l'incurie ou la mauvaise foi de l'autre contractant.

Ainsi la notion du délit est antécédente, la notion du droit conséquente.

CHAPITRE IV

Notre précédente conclusion ne renverse-t-elle pas la distinction capitale du droit naturel et du droit positif et n'ôte-t-elle pas à la philosophie du droit toute raison d'être ? Faire dépendre la notion du droit de la notion du délit, n'est-ce pas, en effet, se rallier au système d'Austin et voir dans le droit un suppôt de la souveraineté, c'est-à-dire de la force ? Le délit en effet n'est-il pas créé par le législateur qui détermine la peine dont il sera frappé ?

Si la société se confondait avec l'Etat, l'objection que nous venons de résumer serait invincible. Mais est-il besoin de rappeler que l'Etat n'est qu'un élément de la vie sociale, et l'un des moindres ? — que la réduction du lien social à l'Etat, ce rêve de tous les utopistes, est scientifiquement inconcevable tandis que nous connaissons des sociétés où n'existe aucune trace de l'Etat ? que la parenté, l'hommage, le commerce, la coopération scientifique, le sentiment religieux peuvent conserver et animer, soit une société anarchique, comme celle de l'Inde avant la conquête anglaise ; soit une société où l'Etat n'a que des organes embryonnaires, comme celle du moyen-âge européen ?

Or, la société étant distincte de l'Etat, la distinction du droit naturel et du droit positif reste légitime. Le délit artificiel est celui que crée la volonté du législateur temporel ou spirituel ; ce peut être un sacrilège. Le délit naturel est celui que condamne, indépendamment et en l'absence de toute loi pénale, la société tout entière.

Il n'y a de délit que dans la société ; il n'y a de criminalité qu'à l'égard de l'altruisme. Le délit est ce qui, dans la conduite individuelle, blesse et soulève les dispositions sympathiques, soit de la société qui en est la victime, soit même de l'auteur de l'acte délictueux. Tuer loyalement un ennemi public en temps de guerre est un acte qu'approuve en nous l'altruisme patriotique. Aussi le meurtre d'un ennemi, accompli dans de telles conditions, ne nous laissera-t-il à nous-même aucun remords, et nous nous abstiendrons de blâmer autrui pour un acte semblable. Mais la simple tentative d'homicide, dirigée en temps de paix contre l'étranger, et à plus forte raison contre un compatriote blesse au plus haut point notre sociabilité et est jugée criminelle. La même raison explique les différences que nous faisons entre les crimes : pourquoi le parricide est-il un crime plus odieux que le meurtre d'un inconnu, sinon parce que ce forfait soulève en nous la forme la plus primitive et la plus puissante de l'altruisme, la pitié filiale ? Remarquons qu'au regard de la raison pure, ces distinctions n'auraient pas de sens. Si un homme est l'égal d'un autre, si en chaque homme la vie est aussi respectable, aussi inviolable qu'en tout autre, et si aucune autre considération ne peut agir sur notre jugement, le meurtre d'un inconnu sera aussi odieux que celui d'un parent. Récemment le représentant le plus brillant, le plus mesuré, et aussi le plus perspicace de l'école des criminalistes italiens, M. Garofalo, cherchant à déterminer ce qu'il appelle le *délit naturel*, c'est-à-dire le délit qui est tel indépendamment des classifications du droit pénal, le définissait : l'acte qui froisse et soulève la pitié ou la probité moyenne de la majorité du groupe social. M. Garofalo se trouve ainsi d'accord avec Hume, au moins pour les grandes lignes de sa théorie. Hume, trop peu connu comme moraliste est peut-être le philosophe qui a le plus clairement montré le rôle du sentiment dans la moralité. Dans son étude sur le « Sentiment moral, » il entreprend de réfuter « cette espèce de philosophie qui attribue à la raison seule le droit de faire les distinctions morales sans que le sentiment y mette rien du sien. » Il est amené à se demander si le crime est un rapport apprécié par la raison. Le crime consisterait-il « dans de certaines relations morales que la raison indique, de la même façon qu'elle nous fait découvrir des vérités en algèbre et en géométrie ? » A un problème si clairement posé il donne une solution négative, fortement motivée. « Que sont les relations dont vous me parlez ? Dans l'exemple que nous avons à examiner (le crime d'ingratitude), je vois d'abord de la bonne volonté et de bons offices dans une personne ; je vois ensuite un méchant vouloir et de mauvais offices dans une autre. Entre ces deux personnes, il n'y a qu'une relation de contrariété. Est-ce dans ce rapport que consiste le crime ? Mais supposons qu'une personne me voulût du mal et me desservît, tandis que moi, je serais indifférent à son égard ou que je la servirais en toute occasion : il y aurait entre nous la même relation de contrariété ; cependant souvent ma conduite pourra être très louable. On aura beau se mettre l'esprit à la torture, jamais on ne pourra établir la moralité sur des rapports ou relations : il faut recourir aux décisions du sentiment. »

On pourra trouver que l'exemple choisi par Hume est peu propre à éclairer la question du contraste entre le droit et le délit. L'ingratitude, en effet, n'est pas juridiquement un crime. L'exemple suivant est plus décisif. « Tant que nous ne savons pas si un homme a été l'agresseur, comment pouvons-nous décider si celui qui l'a tué est un criminel ou non ? Mais lorsque chaque circonstance et chaque rapport sont connus, l'entendement n'a plus rien à faire et il n'a plus d'objet qui l'occupe. L'approbation ou le blâme qui suit n'appartient point à l'entendement, mais au cœur ; il ne s'agit plus d'une proposition spéculative, il s'agit d'une sensation active ou d'un sentiment. Telle est la progression de notre esprit. Nous connaissons plusieurs circonstances et quelques relations : elles nous aident à en découvrir de nouvelles que nous ne connaissons pas. C'est ainsi que l'entendement opère ; au

lieu que dans les décisions morales, il faut que les circonstances et les rapports soient connus d'avance. L'âme en contem-
plant l'objet total éprouve une nouvelle impression d'affection ou
de dégoût, d'estime ou de mépris, d'approbation ou de blâme. De
là vient la grande différence qui se trouve entre une erreur de
fait et une erreur de droit et voilà pourquoi l'une est coupable et
l'autre ne l'est point. Lorsque Œdipe tua Laïus, il ignorait le
rapport qui était entre eux deux et d'après des circonstances
innocentes et involontaires, il se forma des opinions erronées sur
l'action qu'il avait commise. Mais lorsque Néron fit mourir Agrip-
pine, il connaissait déjà et longtemps avant toutes les relations
qui étaient entre elle et lui, avec toutes les circonstances de cette
action féroce, mais les motifs de vengeance, de crainte, d'intérêt
l'emportèrent dans son cœur barbare sur les sentiments du devoir
et de l'humanité. Si nous marquons pour ce monstre une horreur
qu'il ne ressentit pas lui-même, ce n'est pas que nous apercevions
aucun rapport qu'il ignorât : c'est que la bonté de notre cœur
nous fait éprouver des sentiments contre lesquels il était endurci
par la flatterie et par l'habitude du crime. C'est donc dans ces
sentiments et non dans la découverte d'aucun rapport que con-
sistent toutes les déterminations morales (1). »

Peut-être trouvera-t-on que Hume fait rentrer sa théorie du
crime dans une théorie morale à la fois étroite et d'une excessive
généralité. Quant à nous, négligeant le côté négatif de ses conclusions, nous ne voulons en retenir que l'idée dominante : le
crime est un acte qui révolte notre sociabilité la plus élémentaire. Les recherches les plus savantes de l'anthropologie criminelle n'arrivent pas à un autre résultat. Il nous semble que deux
importantes conséquences s'en dégagent.

La notion du délit n'est pas la représentation des souffrances

____

(1) Hume. *Essais de morale ou Recherches sur les principes de la morale.* **Tr. fr. Amsterdam, MDCCLX. Addition I** sur le sentiment moral,
pp. 246 et 247 et pp. 251-252-253.

que la classe d'actes ainsi qualifiés causerait aux membres de la
société, si toute liberté de se produire leur était laissée, en d'autres termes la notion du délit est distincte de la notion de nocuité,
de nuisance. En effet, nous voyons que le jugement spontané qui
incrimine tel ou tel acte ne mesure pas la gravité du délit à
l'étendue des intérêts lésés, à l'intensité des souffrances infligées
aux désirs égoïstes des victimes. On ne saurait comparer l'horreur
qu'inspire l'homicide volontaire à celle que l'on ressent pour la
banqueroute frauduleuse ou l'émission de fausse monnaie. Lorsqu'on nous annonce qu'un crime vient d'être découvert, personne
ne se méprend sur le sens de ces mots : tous conçoivent aussitôt
la pensée d'un assassinat ou d'un meurtre ; personne celle d'un
vol domestique ou d'une arrestation arbitraire. L'homicide volontaire est donc le crime par excellence : or, veuillez remarquer
qu'au regard de la nocuité, de l'intensité des souffrances infligées
aux dispositions purement égoïstes, l'émission de fausse monnaie,
de faux billets, ou la banqueroute frauduleuse, ne le cède peut-
être pas à l'homicide, au moins en une société dont l'organisation
économique repose sur le crédit. Que de désespoirs, de misères,
de suicides peut causer, dans les familles les plus humbles comme
les plus opulentes, une de ces gigantesques banqueroutes dont
notre temps nous donne parfois le spectacle ? Une humanité utilitaire aurait évidemment une conception et une classification du
crime fort différente de la nôtre.

Une autre preuve empirique de la même vérité, c'est qu'une
société est d'autant plus sévère pour un type de crimes qu'elle a
moins à en redouter l'extension : loi inexplicable dans l'hypothèse utilitaire, loi vérifiée cependant par l'observation. Les
verdicts des jurys donnent, à cet égard, une pierre de touche
irrécusable. Or, comme l'a prouvé péremptoirement M. Tarde,
les décisions des jurys sont d'autant plus indulgentes pour une
certaine catégorie de crimes que ceux-ci sont consacrés par les
mœurs : exemple l'assassinat par vengeance en Corse. Est-il besoin de dire que la disposition utilitaire inspirerait précisément
la tendance opposée ?

Une société où les traditions consacrent la vengeance homicide
s'attacherait à la punir d'une façon particulièrement exacte et
sévère : une société industrielle où la criminalité prend plutôt la
forme de la fraude que celle de l'agression brutale redoublerait
de sévérité pour les faussaires et les banqueroutiers.

La seconde conséquence est que la criminalité n'est pas moins
la manifestation d'un caractère que l'attribut d'un acte. Si le
crime est l'acte qui lèse les sentiments sociaux, le caractère criminel est celui sur lequel les sentiments sociaux les plus élémentaires sont sans action. La représentation du crime ou du délit
est plutôt celle du caractère que celle de l'acte. La distinction
que l'anthropologie dite *criminelle* prétend établir entre les
criminels d'occasion et les criminels de profession nous
paraît éminemment dangereuse et nous ne voudrions pas la
voir figurer dans nos codes. Cependant l'instruction criminelle
a toujours tenu grand compte des preuves internes, du passé,
des mœurs, de la réputation de l'inculpé. Les mêmes considé-
rations exercent une incontestable influence sur les verdicts des
jurys. Enfin, la loi pénale elle-même aggrave les peines qui
châtient le récidiviste. Si l'acte qui révolte les sentiments
sociaux élémentaires est incriminé par la conscience commune,
c'est sans doute pour des raisons intrinsèques, mais c'est surtout parce qu'il témoigne d'un caractère incompatible avec les
sentiments sociaux. Or, que l'on professe le libre-arbitre ou
qu'on lui préfère le déterminisme, il est acquis que le caractère
est, plus que les motifs et les mobiles, le facteur décisif de la
conduite individuelle.

Nous avons tenté de montrer, au début de cet ouvrage, que
l'origine première de la conscience du droit est la perception d'un
contraste entre les fins sociales et la lutte pour l'existence. La
précédente étude nous a montré que la notion du délit naturel est
l'élément capital de la notion du droit. Enfin, nous venons de voir
que l'idée du délit est elle-même, à l'origine, la conscience d'une
douleur infligée à nos sentiments sympathiques les plus profonds
et devient la représentation d'une incompatibilité entre les senti-

ments sociaux élémentaires et le caractère radicalement égoïste. Ne sommes-nous pas amenés à conclure que l'idée du délit est un aspect plus clair du contraste entre la vie sociale et la lutte pour l'existence ; bref qu'elle nous représente la persistance de la lutte pour l'existence au sein même de la société ?

De nos jours la réduction du crime à la concurrence vitale est devenue un lieu commun littéraire Cette thèse d'une irritante banalité n'est pas seulement scandaleuse et dangereuse pour la société : elle est antiscientifique au plus haut degré. C'est n'avoir rien compris à la loi biologique de la concurrence vitale que d'y voir un combat en champ clos entre deux champions (1). Cette lutte qui revêt bien des formes est ordinairement indirecte. Elle consiste en ce que le mieux doué survit à des causes naturelles de

---

(1) « Je dois avertir, dit Darwin, que j'emploie le terme de concurrence vitale dans un sens large et métaphorique, comprenant les relations de mutuelle dépendance des êtres organisés, et, ce qui est plus important, non pas seulement la vie de l'individu, mais les probabilités qu'il p.ut avoir de laisser une postérité. Deux animaux carnassiers, en un temps de famine, peuvent être considérés avec vérité comme ayant à lutter à qui obtiendra la nourriture qui lui est nécessaire pour vivre. Une plante, au bord d'un désert, doit lutter aussi contre la sécheresse ; plus exactement, on pourrait dire qu'elle dépend de l'humidité. Une plante, qui produit annuellement un millier de graines, parmi lesquelles une seule en moyenne parvient à maturité, plus véritablement encore doit lutter contre les plantes d'espèces semblables ou différentes qui recouvrent déjà le sol ». « La dépendance d'un être organisé par rapport à un autre, telle que celle du parasite par rapport à sa proie, se manifeste généralement entre des êtres très éloignés les uns des autres dans l'échelle de la nature. Tel est souvent le cas parmi les animaux qui peuvent être considérés comme luttant contre les autres pour leurs moyens d'existence, comme les sauterelles et les quadrupèdes herbivores. Mais presque toujours la lutte est encore beaucoup plus intense entre les individus de la même espèce, car ils fréquentent les mêmes districts, exigent la même nourriture et sont exposés aux mêmes dangers. Entre des variétés d'une même espèce, la lutte doit être, en général, presque également sérieuse, et nous voyons souvent la victoire bientôt décidée ; si par exemple plusieurs variétés de blé sont semées ensemble, et si la semence mêlée en est ressemée, celles d'entre ces variétés, qui conviennent le mieux au sol et au climat, ou qui sont par

destruction, la faim, par exemple, auxquelles d'autres succombent. Quand le loup mange l'agneau, il n'y a pas là concurrence vitale : le loup est le concurrent du loup, il n'est pas là concurrent de l'agneau. La concurrence vitale apparaît quand deux loups affamés épient le même agneau et que le plus rusé ou le plus agile s'en empare.

Dans le monde humain, les faits de concurrence vitale sont nombreux, sans doute ; mais ils sont profondément distincts des faits criminels. En temps de grève, quand des ouvriers sans travail viennent proposer leur service aux capitalistes, ils viennent engager la lutte pour la vie contre les grévistes : mais, hors les socialistes exaltés, qui voit là un crime ? Le délit commence lorsque les grévistes prétendent interdire par la force le travail aux nouveaux venus. — Un financier apprend avant un autre une

---

nature les plus fécondes, l'emportent sur les autres, donnent plus de graines et conséquemment supplantent celles-ci en peu d'années. Il en est de même des variétés de moutons : il a été constaté que certaines variétés de montagnes affament à tel point les autres qu'on ne peut les garder ensemble dans les mêmes pâturages. » (Darwin, *Origine des espèces*, ch. III, II et IX). Si l'on veut retrouver quelque part l'équivalent du langage des Lebiez et des Raskolnikoff, c'est dans le *Gorgias* qu'il faut le chercher. Platon l'a mis dans la bouche du sophiste Calliclès. Selon Machiavel, le tyran Castruccio Castracani avait sans cesse à la bouche cette maxime : Il n'est rien que les hommes ne doivent tenter, car Dieu aime les hommes entreposants puisqu'on le voit châtier toujours les faibles par les forts. (E usava di dicere che gli uomini debbono tentare ogni causa nè di alcuna obbiggotirsi e che Dio è amatore degl' uomini forti, perchè si vede che sempre gastigo gl' impotenti con i potenti (Machiavelli vite di *Castruccio*) Castracani). Schiller place des excuses de ce genre dans la bouche de Wallenstein :

Eng ist die Welt und das Gehirn ist weit !
Leicht bei einander wohnen die Gedanken,
Doch hart im Raume stossen sich die Sachen
Wo Eins Platz nimmt, muss das Andre rücken.
Wer nicht vertrieben sein will, muss vertreiben !
Da herrscht der streit und nur die Stærke siegt.

(Wallensteins Tod. *Zweiter Aufzug. — Zweiter Auftritt.*)

nouvelle politique de nature à impressionner la Bourse ; il en profite pour vendre ou acheter à coup sûr, selon la nature des opérations dans lesquelles il est engagé : voilà un cas de concurrence vitale qui selon la conscience juridique actuelle n'a rien de criminel, puisque, sans trop d'ironie, on peut dire que le meilleur moyen d'obtenir les hommages du monde et parfois les suffrages du peuple est de se livrer à de semblables opérations. Dans un tout autre ordre de choses, il y a un véritable cas de concurrence vitale dans les concours institués par nos lois à l'entrée des grandes écoles : le candidat qu'ont instruit les meilleurs maîtres y réussit de préférence aux autres : l'en estimons-nous moins ?

Au contraire, nous avons beau considérer les crimes et surtout les attentats à la vie humaine, nous n'y découvrons rien qui justifie leur assimilation aux phénomènes de la concurrence vitale. En quoi l'assassin et sa victime sont-ils concurrents ? Dira-t-on qu'ils se disputent une portion de richesses ou de pouvoir ? que l'un veut prendre la place de l'autre au banquet de la vie ? Pure phraséologie ! Des révolutions comme celle de 93 en France, des Jacqueries comme celle de Galicie en 1846, l'effort d'une classe pour en déposséder une autre peuvent être considérés comme des faits de concurrence vitale : chacune des classes élève, en effet, des prétentions sur la même propriété. Mais la victime ne saurait être sans injure considérée comme le concurrent de l'assassin. De même où est la concurrence vitale dans les crimes d'incendies, d'attentat à la pudeur, de séquestration, de bigamie ? Nous ne réussissons pas à l'apercevoir.

On peut même avancer ce paradoxe : Le crime est le résultat de l'ignorance ou de la méconnaissance des lois de la concurrence vitale. Qui connaît ces lois ne commettra jamais de crimes. Il saura toujours être du côté du plus fort, avoir pour soi la force publique et les textes législatifs. Il tiendra pour un axiome évident qu'entrer en lutte avec la société est une sottise, que mieux vaut en mettre à profit les vices. Au lieu du meurtrier, nous aurons l'homme d'affaires rusé et retors, incapable de s'émouvoir d'une misère, incapable également de commettre un délit caractérisé.

Loin de nous le vieux sophisme selon lequel le crime est le résultat de l'ignorance ! Il n'en est pas moins vrai que l'instruction, sans améliorer l'homme, transforme la criminalité. Lange concluait de ses nombreuses études statistiques que les crimes de sang sont plus nombreux dans l'Allemagne du Sud et les crimes contre la probité et la bonne foi plus nombreux dans l'Allemagne du Nord. Or, l'Allemagne du Sud est plus illettrée que l'Allemagne du Nord. La statistique criminelle de la France, pendant une période de 10 années, de 1876 à 1886, donne des résultats identiques. Nous y voyons que les particuliers considérés comme « ayant une instruction supérieure » prennent une part faible aux crimes contre la vie (4 pour cent) tandis que leur contribution aux crimes tels que la banqueroute, le faux, la fausse monnaie est beaucoup plus forte (14 0/0). De même les crimes de sang sont plus fréquemment commis par des ruraux (61 0/0) que par des citadins (37 0/0), bien que certaines grandes villes aient la réputation de véritables repaires. Nul doute évidemment que la culture intellectuelle ne soit plus développée dans les villes que dans les campagnes. Ainsi l'instruction, sans améliorer réellement l'homme, sans lui donner un caractère plus ferme et des sentiments plus délicats, lui fait comprendre les lois de la concurrence. Celles-ci, il faut bien le reconnaître, donnent la victoire au plus tempérant, au plus laborieux, au plus économe, au plus exact à s'acquitter de ses dettes. Il faut être ignorant, non comme un maître d'école, mais comme un romancier naturaliste pour méconnaître des vérités aussi élémentaires.

Ce paradoxe (car c'en est un) est pour ainsi dire élevé à la hauteur d'une vérité si on se souvient que la cause de la concurrence vitale est le désir de se conserver et de propager son espèce. Le crime est le pire des moyens de servir une telle fin, puisqu'il soulève la société contre son auteur. L'intelligence des lois de la concurrence apprendrait bien vite à l'observateur que les hommes les plus capables de prospérer et de se multiplier sont précisément les plus dociles, les plus obséquieux envers la société. Elles enseigneraient la servilité, non la révolte ; elles feraient des esclaves du préjugé, non des réfractaires. L'animal qui lutte le mieux pour l'existence n'est pas nécessairement le plus féroce : c'est celui qui s'adapte le mieux aux conditions d'existence. Or, la condition d'existence pour l'homme est précisément la vie en société.

Une thèse aussi excessive ne peut évidemment prendre place dans la science sociale. Le seul intérêt qui s'y attache est de montrer combien est erronée l'opinion contraire. Notre tâche est de chercher une solution modérée et synthétique.

Le but de la société est de réduire la concurrence vitale entre les hommes au minimum. Ce minimum n'est pas fixe et absolu. Il dépend du degré de domination que l'homme exerce sur les forces naturelles, partant, du développement de l'esprit humain. Il ne saurait être le même dans une société productive, scientifique et dans une société sauvage. La société du moyen-âge comportait légitimement un degré de concurrence vitale beaucoup moindre que la société hellénique, bien supérieur à celui que peut supporter la société actuelle. La vie sociale du sauvage n'est pas détruite par les pratiques du cannibalisme ; la vie sociale des sociétés asiatiques et des cités grecques ne fut pas et n'est pas suspendue par l'esclavage et la chasse aux esclaves ; la vie sociale du moyen-âge était compatible avec la spoliation systématique des cultivateurs au profit de la classe militaire et de la classe théocratique. Le cannibalisme, l'esclavage, la spoliation du travailleur sont à n'en pas douter des formes de la concurrence vitale. En se développant, grâce à une domination exercée toujours plus sur les forces naturelles, la société les repousse une à une et les interdit à ses membres. Il n'est pas douteux qu'une société plus parfaite que la nôtre n'incrimine un jour bien des pratiques économiques que nous tolérons aujourd'hui.

A côté de la concurrence vitale compatible avec l'état social actuel, il y a des formes de concurrence devenues incompatibles. Seraient-ce celles-ci qui constitueraient la criminalité ? S'il en était ainsi, il faudrait effacer ce que nous avons écrit plus haut, que le criminel et sa victime ne peuvent sans absurdité être considérés comme deux concurrents. Cependant, à n'en pas douter, la criminalité implique une lutte. Mais la lutte n'est pas entre deux individus : la victime et le délinquant ; elle est entre deux formes d'existence : la forme égoïste et la forme sociable ; pour parler plus clairement, elle est entre le caractère radicalement égoïste, et les conditions générales de la vie sociale.

L'altruisme n'est pas moins propre que l'égoïsme à susciter la concurrence vitale. Il y a lutte pour la vie entre des familles, entre des tribus, des nations, des Églises, des civilisations, aussi bien qu'entre des individus. Il peut également y avoir lutte entre les créations de l'altruisme d'une part et l'égoïsme absolu de l'autre.

Dira-t-on avec Schopenhauer que la vie est radicalement égoïste et que la sympathie est un commencement de renoncement à la vie ? Rien de plus faux à notre avis. Lequel vit le plus, au sens propre du mot, de celui qui concentre sur lui-même, sur le salut de son organisme, la satisfaction de ses besoins, tous ses désirs, toutes ses pensées, toute son activité ou de celui qui, par la science, l'art, le travail, la famille, la guerre, mêle son existence à celle d'un grand être permanent ? La question renferme la réponse.

Il y a dans la langue de la morale des termes auxquels l'usage a malheureusement enlevé toute énergie et tout sens précis. Le mot « égoïsme » est du nombre. Habitués à l'employer dans un usage courant et banal, nous le trouvons sans force et destitué de tout sens philosophique. Cependant peu de termes désignent un objet d'une plus grande importance et méritent d'être plus sévèrement définis. L'égoïsme selon la science et la philosophie n'est pas celui que désigne la langue de la conversation courante. Ici c'est une certaine sécheresse de cœur, une certaine froideur pour les maux et les biens qu'éprouve autrui ; susceptible d'ailleurs de s'allier fort bien avec cette sagesse inférieure qui cherche le bonheur par les voies naturelles les plus sûres. L'égoïste ainsi considéré n'est nullement un malfaiteur. L'égoïsme selon la science et la philosophie est tout autre : selon l'une, c'est l'attachement exclusif, passionné, instinctif à la vie organique ; selon l'autre, c'est l'idée que la réalité de l'univers est renfermée dans les limites de la conscience et de l'existence subjective et que l'existence subjective est liée elle-même aux images qui nous représentent notre propre corps.

Il en résulte que l'égoïsme est surtout négatif. C'est l'absence et même la négation de l'altruisme. La sympathie consiste à se sentir vivre en autrui et partant à aimer la vie d'autrui comme la sienne. L'égoïste parfait renferme toute vie dans les limites de son propre organisme.

De là, la criminalité. Par de là toutes les variations des conceptions sociales nous arrivons à une conception absolue du délit, du mal juridique : le crime radical, la négation du droit, c'est l'égoïsme absolu, la volonté de vivre pour soi seul, de ne connaître que ses fins propres dans l'univers.

Nous avons parlé ailleurs de la théorie spécieuse et plausible de M. Garofalo : elle a cependant besoin d'être complétée. La probité et la pitié ne sont pas les seules dispositions dont l'absence fasse le criminel. Le manque d'honneur, de piété filiale, de pudeur, de patriotisme, ont le même résultat. C'est être altruiste que de ressentir l'honneur, car c'est soumettre sa conduite à l'approbation de la société ; c'est déjà être criminel qu'être étranger à l'honneur, car c'est déjà juger, penser et agir comme si la société n'existait pas. C'est être altruiste que ressentir la pudeur, car c'est tenir compte du sens esthétique d'autrui, et c'est être criminel que d'ignorer toute pudeur, car c'est déjà montrer des dispositions incompatibles avec la vie sociale ; c'est également témoigner d'un caractère criminel qu'ignorer totalement soit la piété filiale, soit le sentiment maternel, car ces émotions sont le point de départ de l'altruisme ; qu'ignorer le patriotisme, car le sentiment national est l'altruisme épanoui. Nous ne voyons pas le jugement public se montrer moins sévère pour l'attentat à la pudeur que pour le meurtre et pour la trahison que pour le vol.

Le droit, nous le savons, ne peut exister sans la garantie des jugements et des sentiments publics. La garantie supprimée, le droit cesse. Le bien garanti, c'est l'activité altruiste. Or, pour le garantir, la société doit avoir la notion de ce qui la menace, c'est-à-dire la notion, ou plus simplement la conscience du délit.

Cette conscience est susceptible de beaucoup de degrés, soit en clarté, soit en étendue. Elle est plus confuse et plus basse chez les peuples sauvages que chez les peuples civilisés ; elle était plus confuse et moins complète chez les anciens qu'elle ne l'est chez nous. Enfin elle est sujette à des obscurcissements. Après avoir progressé, elle peut rétrograder. Mais le droit en subit les vicissitudes. Lorsqu'une société qui, comme la société grecque, comme la plupart des sociétés sauvages, voyait dans l'infanticide un acte licite, commence à y voir un crime, le droit de l'enfant, antérieurement ignoré, commence d'être. Lorsqu'une société primitivement esclavagiste s'aperçoit que la séquestration et l'arrestation arbitraire sont des crimes, la liberté personnelle devient un droit. Qu'on ne dise pas que la société a été éclairée par la lumière du droit abstrait ; la conscience de la criminalité doit son origine à l'altruisme, non à l'intuition d'une idée pure. Là où l'altruisme a disparu, la notion du droit n'est plus qu'une ironie, un *flatus vocis*. Certes, nous voyons dans la Révolution française une mémorable époque du droit. Peut-on dire cependant qu'en 1793 la déclaration des Droits de l'homme correspondît à une réalité, — que la vie, la liberté personnelle, la conscience religieuse et philosophique, la propriété, fussent respectées ? N'était-ce pas la pitié, l'hospitalité, le respect des ancêtres, la mesure dans les passions politiques qui devenaient des crimes, tandis que le meurtre, la dénonciation calomnieuse, la spoliation, l'oppression mutuelle des croyances religieuses ou philosophiques étaient réputées choses licites et méritoires ? Effets de la doctrine du salut public ! dit l'école dont Michelet s'est fait le brûlant interprète. — Erreur ! répondrons-nous. Trois ans de luttes civiles dont la responsabilité n'incombe pas à la Révolution, avaient étouffé les sentiments sociaux accumulés chez les Français par des siècles de civilisation, et telle était la vraie cause de cette ironie historique.

La conscience du droit est corrélative à la notion de la criminalité, et cette dernière est corrélative à l'altruisme. Ces propositions fondamentales en impliquent à leur tour une autre : c'est qu'il n'y aurait ni délit ni droit si la société n'était pas une réalité vivante. Si, comme l'enseigne la théorie du contrat social, la société, pure abstraction, n'est que la juxtaposition de personnes indépendantes dont les libertés se limitent réciproquement, la conscience du droit implique la conscience du délit. Or, si la société n'existe pas pour elle-même, si elle n'est que l'humble instrument des individus qui la composent, l'idée du délit est un non-sens. Il n'y a de délit que si la société peut intervenir comme arbitre dans les conflits individuels et déclarer incompatible avec sa propre fin, sa propre existence l'égoïsme qui a soulevé le conflit. S'il n'y a que des libertés individuelles et point de réalité sociale, le conflit de ces libertés est chose normale, non criminelle. La lutte est la preuve de la liberté ; l'avènement, grâce à la lutte de personnalités toujours plus parfaites, serait toujours une justification suffisante du libre combat des libertés. Entre un libéralisme darwinien, conçu non selon la formule de Darwin, lequel a vu mieux que personne que la prépondérance des sentiments sociaux est le vrai signe de la nature humaine, mais selon la formule des sophistes du *Gorgias*, et un égalitarisme comme celui de Babœuf, il faut choisir. Or le babouvisme, conséquence terrible, mais nécessaire des doctrines qui réduisent le droit à la limitation réciproque des libertés, montre clairement, et par l'absurde, qu'en voulant limiter la liberté de A en sorte qu'elle n'empiète jamais sur la liberté de B on nie et la liberté de A et la liberté de B. Mais si, pour conserver la réalité de liberté, on préfère à l'égalitarisme le libéralisme darwinien, on a supprimé la notion du délit : il n'y aurait pas de délit là où toutes les formes de la lutte pour la vie seraient sans restriction tenues pour normales et légitimes.

Le point de départ du droit, c'est l'intervention de la société dans un conflit entre activités individuelles. Sans conflit initial, pas de droit, car le droit n'est pas la charité. Sans l'arbitrage social qui départage les appétits et les volontés en conflit, pas de droit, car le droit n'est pas la guerre. Mais quelle règle suit la société dans la solution des conflits ? Elle a pour règle la conservation et le développement de la sociabilité : elle ne peut en avoir d'autre. Car pourquoi intervient-elle dans les conflits, sinon parce que les conflits individuels énervent, déchirent, détruisent la sociabilité générale ? Dès lors, quel peut être l'effet de son intervention, sinon de favoriser la prétention qui lui est le moins défavorable, c'est-à-dire la plus conforme aux exigences de l'altruisme ?

Il n'en résulte pas que l'activité individuelle n'ait pas souvent raison contre les institutions sociales. Toutes ces institutions sociales, famille, mariage, filiation, activité, contrat, souveraineté, état, sont des formes, des déterminations de l'activité altruiste ; toutes servent le droit, aucune ne l'enferme. Bref, pour nous servir d'une célèbre distinction scolastique, il y a un droit *antécédent* et un droit *conséquent*.

Le droit antécédent est cette puissance de restauration que la société porte en soi ; le droit conséquent est l'ensemble des institutions qui préviennent les conflits. Le mariage prévient le rapt ; la propriété prévient la guerre pour la consommation des richesses, l'obligation contractuelle prévient le pillage réciproque ; l'État, la souveraineté prévient les guerres privées et les vengeances de familles. Les institutions juridiques, le droit conséquent, ce qu'on appelle à tort le droit positif servent le droit véritable, le droit antécédent, droit bien réel, mais elles ne peuvent lui être opposées, car il se sert d'elles, les adapte, les modifie, les transforme. Que de modifications n'ont pas subi, depuis les sociétés primitives, le mariage, la propriété, le contrat, l'État ! Le mariage a pour fin de prévenir et de régler les conflits qui pourraient résulter de l'union des sexes. Mais si l'une des formes de l'institution matrimoniale vient à susciter des litiges et à compromettre la solidité des liens qu'elle devrait raffermir, le mariage est réformé pour être adapté à sa vraie fin. La propriété a pour fin de faciliter la production, la distribution et la consommation des richesses : mais si la propriété se prend elle-même pour une fin, si elle

devient un obstacle à la production et à l'échange, la propriété
sera transportée, transformée, limitée jusqu'à ce qu'elle soit
rendue à son vrai rôle. L'État a pour fin de maintenir la paix
sociale ; plus peut-être que tout autre institution, il a pour mis-
sion de prévenir, d'apaiser, de régler les conflits. Mais, s'il croit
être la société elle-même, s'il entreprend de diriger toute l'activité
sociale, il suscite tôt ou tard quelque crise, quelque cataclysme
qui l'adapte de nouveau à sa vraie fonction. Aucune institution
sociale n'est le droit, aucune n'est la société. Le droit est le pouvoir conscient qu'a la société de se conserver, de se restaurer
elle-même, de prévenir les causes de destruction avant qu'elles
n'agissent.

Ce pouvoir est conscient. En effet, admettre que la société est
une réalité vivante, ce n'est nullement y voir un organisme, au
sens rigoureux du mot. A notre avis, il n'y a pas deux façons d'entendre le célèbre aphorisme : « La société est un organisme. » Il
consiste à penser que la vie d'une société dépend de causes physiques sur lesquelles les états de conscience de l'homme, ses sentiments, ses passions, ses idées, ses croyances seraient sans
action.

Rien de plus difficile à entendre et à admettre en général que
cette hypothèse : mais ce que nous avons appris sur la nature du
droit nous permet de conclure résolument contre elle. L'idée ne
viendra à aucun médecin de considérer la thérapeutique comme
une condition d'existence rigoureuse pour les organismes. En
revanche le droit, c'est-à-dire l'arbitrage dans les conflits et la
garantie contre les délits, est pour la société une condition rigoureuse d'existence. Sans cesse la société est partiellement détruite
par les conflits et les délits, il faut donc qu'elle soit sans cesse
partiellement restaurée. A cela le droit pourvoit. Le droit est donc
la vraie vie de la société. Or, le droit est une contrainte interne,
un système d'état et de conscience. C'est donc en des sentiments
et des idées que la société a toute sa réalité.

Parmi les états de conscience qui entrent dans la formation de
l'idée de droit, l'élément capital est la notion du délit. C'est elle

qui par voie de constraste éclaire les notions d'arbitrage et de garantie, elle qui transforme l'idée de droit en un motif susceptible de gouverner la conscience individuelle. Grâce à la conscience du délit, nous avons la notion claire du droit d'autrui, c'est-à-dire des atteintes que nous devons nous abstenir de porter à l'activité des membres de notre société ; nous avons en outre la notion claire de ce que nous ne devons pas tolérer de la part d'autrui, des entreprises contre lesquelles nous devons invoquer la garantie sociale. Isolée de l'idée de délit, l'idée de droit, comme on l'a remarqué souvent, est mère de discorde, propre à faire soit des insurgés soit des processifs. L'idée de délit la transforme ; elle en fait un motif de soumission à la société et de confiance en l'ordre social.

Mais en admettant la possibilité d'une conscience du délit fixe, stable et nécessaire, ne nous sommes-nous pas payés de mots et nourris de chimères ? Les faits ne montrent-ils pas que les jugements des sociétés sur le délit sont au plus haut point variables et contingents ? S'il en était ainsi, la notion sociologique du droit, à peine entrevue, nous serait de nouveau dérobée. Il nous faut aborder maintenant un problème capital : la variabilité de l'idée de délit.

CHAPITRE V

La contingence des notions morales et juridiques a été l'un des problèmes les plus débattus et, il faut l'avouer, les plus inutilement débattus par la pensée moderne. Lorsque, sortant de la lecture d'œuvres telles que celles de MM. Letourneau, Lombroso ou Henri Joly (1), on laisse retomber ses yeux sur le second chapitre des *Nouveaux Essais*, de Leibnitz, on se demande si, en vérité, nous sommes condamnés à tourner toujours dans le même cercle d'arguments et de répliques, même sur des questions qui n'ont rien de transcendant. Comme Locke, les évolutionnistes et les positivistes modernes tirent, d'observations faites sur les sociétés sauvages, cette induction peut-être précipitée, que la conscience morale et juridique de l'homme est, à l'origine, vide de tout contenu. Comme Leibnitz, les spiritualistes, les rationalistes répondent ou que le sauvage doit pratiquer quelque morale sociale, puisqu'il vit en société, ou que la conscience morale et juridique existe chez lui, mais assoupie. D'autres se contentent de ce sophisme (pour ne pas dire de cette ânerie) : L'acte n'est rien, l'intention est tout. Le lecteur impartial est également mécontent de toutes ces réponses. Si l'homme primitif est étranger

---

(1) Letourneau, l'*Évolution de la Morale*. — Lombroso, l'*Homme criminel*, trad. fr. — Henry Joly. *Le Crime, Étude sociale*.

à toute idée de droit et de morale, l'apparition ultérieure d'une conscience morale et juridique n'est-elle pas un pur miracle, une violation de l'adage : *Ex nihilo nihil ?* D'un autre côté pourquoi la conscience morale est-elle assoupie chez le sauvage et éveillée chez l'homme civilisé ? La civilisation, c'est-à-dire un certain développement économique, esthétique, scientifique et politique, serait donc une condition de la moralité ? La moralité serait donc un « produit ? » Il semble qu chacune des thèses ne détruise pas seulement l'autre, mais se détruise elle-même.

Certains théoriciens du droit affectent d'ignorer le problème. Il semble, pourtant, qu'à moins d'être une pure chimère le droit doit être réalisé dans la conscience humaine ; or, il y a équation entre la conscience du droit et la conscience du délit. Tenir les crimes pour licites et innocents, c'est nier ou ignorer les droits que ces crimes détruisent. Est-il vrai que telle soit l'attitude de l'humanité primitive ? S'il en est ainsi, le droit n'est donc qu'une habitude acquise ? Quel mobile a pu pousser l'humanité à acquérir cette habitude, sinon la recherche de l'utile ? Mais si le droit se confond avec l'utile, que devient la philosophie du droit ? Quoi qu'on fasse, qu'on feigne ou non d'ignorer qu'il existe des sauvages, que ces sauvages passent pour étrangers à la conscience du délit, que les mœurs et la condition sociale de ces sauvages semblent à beaucoup d'esprits l'image adoucie de celles des hommes primitifs, on est contraint par la logique à l'apprendre et, si l'on ne veut pas faire œuvre ruineuse, à y voir le plus important des sujets d'étude.

Aujourd'hui, c'est l'anthropologie criminelle qui se charge d'attirer bon gré mal gré la philosophie du droit sur le domaine de la critique ethnologique. Le criminel-né, selon elle, n'est que le sauvage primitif, ramené par atavisme dans la société civilisée. Incapable de se plier aux défenses qu'elle lui oppose, il y accomplit les actes qu'accomplissaient librement ses ancêtres et qu'accomplissent encore, avec une liberté relative, les sauvages d'aujourd'hui. C'est à la société à prendre ses défenses contre lui. Cet homme ne serait pas blâmable ; au sens métaphysique du mot, il ne serait pas responsable ; mais il serait punissable, la société ne pouvant se conserver qu'à la condition d'exercer une coercition préventive ou répressive sur lui et ses pareils.

Selon l'anthropologie criminelle, un homme serait délinquant sans avoir la notion ou la conscience du délit. L'hypothèse est étrange ; elle ne tend à rien moins qu'à la subversion du droit pénal, tel qu'il est universellement admis. Nous voulons bien, comme Stuart Mill, comme M. Taine, qu'il n'y ait aucune incompatibilité entre le déterminisme et la responsabilité légale. Encore faut-il, pour que le délinquant trouve dans la pénalité un motif de s'abstenir du délit, qu'il ait la notion du délit et qu'il soit capable d'obéir à des motifs. En serait-il ainsi si le délinquant est un être instinctif? si sa structure mentale ou sentimentale lui faisait une nécessité de considérer comme licite ce que la société considère comme délictueux ? Ou la société le traitera comme un animal dangereux, sans avoir pitié de son infirmité morale, et alors la pénalité n'a plus même la valeur d'une intimidation et n'est qu'un expédient — ou la société le traitera en infirme, c'est-à-dire lui appliquera la même coercition qu'à l'aliéné furieux, et il sera acquis qu'on échappe à la peine par l'ignorance des limites du licite et de l'illicite. De toute façon, l'existence du criminel-né tient en échec le droit pénal, c'est-à-dire le droit tout entier.

Mais le criminel-né existe-t-il ? Cette réapparition du sauvage primitif, n'est-ce pas un roman scientifique ? Cette hypothèse eût-elle jamais été conçue, si l'on n'admettait pas, comme un article de foi, que le sauvage primitif était étranger à la conscience du délit ? Cet article de foi commence à trouver des sceptiques : l'ouvrage de M. Joly en est la preuve. Nous voulons à notre tour le soumettre à la discussion.

Tout d'abord est-il vrai qu'en se développant, les sociétés humaines deviennent plus sévères pour le crime ? Le fait contraire ne s'observe-t-il pas ? Ne peut-on pas citer des catégories d'actes que les civilisations inférieures classent au nombre des faits punissables et que les civilisations supérieures considèrent comme innocents et licites ? Le droit pénal de l'ancienne société française ne traitait-il pas comme un crime capital l'hérésie, c'est-à-dire la liberté de pensée ? Le droit postérieur ne lui assure-t-il pas les garanties les plus expresses ? L'ancien droit pénal ne traitait-il pas le prêt à intérêt comme un fait délictueux, alors que le droit moderne le garantit soigneusement ? Au moyen-âge, le prétendu sorcier n'était-il pas l'objet de pénalités atroces, tandis que chez nous tout au plus risque-t-il d'encourir une légère condamnation correctionnelle pour exercice illégal de la médecine ? Enfin, certains vices étaient et ont cessé d'être des crimes capitaux. Les sociétés civilisées se montrent donc à certains égards plus indulgentes que les sociétés barbares. L'hypothèse d'une société primitive où tous auraient été étrangers à la conscience du délit perd ainsi singulièrement de sa vraisemblance.

Soit : mais si notre indulgence est assurée à des faits que frappait la sévérité des sociétés antérieures, n'est-il pas vrai aussi que les sociétés sauvages ou barbares aient eu, pour des actes punis par nous comme criminels, une indulgence à nos yeux révoltante ? Sans remonter même jusqu'à de telles sociétés, il est avéré que la société hellénique ne punissait pas l'infanticide. Nous avons dit ailleurs que dans une société esclavagiste, ni la séquestration ni l'arrestation arbitraire ne peuvent être des crimes. Ainsi la conscience du délit serait non seulement variable, mais instable. Le mot de Pascal sur les époques du droit se trouverait être rigoureusement juste. Le droit d'hier serait le crime de demain. Les besoins les plus grossiers d'une société régleraient ses jugements sur l'illicite. A-t-elle besoin de l'esclavage ? Séquestrer des êtres humains sera un droit. Pour atteindre à un état économique supérieur, a-t-elle besoin de la liberté du travail ? Tout acte capable de faciliter l'esclavage devient un crime. L'unité des esprits lui est-elle nécessaire pour asseoir l'Etat et former la nationalité ? La liberté de penser sera le plus grand des crimes. L'unité est-elle atteinte et faut-il à la société le ressort de la libre science ? De solennelles déclarations seront faites en faveur de la liberté de penser. Plus creuse qu'un jonc, plus souple qu'un roseau, la conscience individuelle résonnerait et s'inclinerait sous le souffle des besoins sociaux et il ne manquerait jamais de vieilles femmes pour porter leur fagot au bûcher des Jean Huss.

S'il en est ainsi, le droit est un mot pompeux et décevant qu'il faut à tout jamais rayer de la langue philosophique. Nous ne nous résignons cependant pas. Les faits ethnologiques et historiques semblent témoigner en faveur d'une instabilité radicale de l'idée du délit : ce sont ces faits que nous soumettrons à la critique.

Comme on vient de le voir, le problème est double. On peut le formuler ainsi :

1° L'homme primitif était-il, le sauvage actuel est-il étranger à la conscience du délit ?

2° Est-il vrai que le progrès du droit et de la liberté ait d'une façon générale légitimé certaines catégories d'actes tenus antérieurement pour criminels ?

Chacun de ces problèmes mérite un examen propre.

Premier problème. — Faut-il voir dans le sauvage actuel une image exacte de l'ancêtre préhistorique du civilisé ? L'hypothèse de l'évolution nous fait d'ordinaire accepter les yeux fermés une réponse affirmative. Mais il est étrange qu'on ne s'aperçoive pas combien une telle réponse soulève de difficultés ? Si aucune différence initiale ne distinguait l'ancêtre du sauvage de l'ancêtre du civilisé, comment expliquer la différence si profonde qui s'est produite dans la suite des temps ? Si notre ancêtre avait la même structure mentale et sentimentale que l'ancêtre du Fidjien, du Papou, du Tehuelche, pourquoi différons-nous de ces peuples ? Les lois d'hérédité ne seraient-elles pas les mêmes chez eux et chez nous ? Auraient-elles consolidé chez eux la férocité primitive ? Auraient-elles développé et cultivé chez nous le faible germe de sociabilité qui pouvait se trouver chez nos ancêtres ? La question se ramène à celle-ci : Comment le sauvage est-il resté ce qu'il est ? Pourquoi, sous l'action de lois naturelles uniformes, de besoins sociaux uniformes, la civilisation n'a-t-elle pas suivi une marche uniforme ? Pourquoi ces étranges inégalités ? Cette

difficulté, dont l'étude légitimerait à elle seule une philosophie
de l'histoire, risque de tuer dans l'œuf toute sociologie positive.
En effet, une à une, les explications se dérobent. Le milieu ?
Serait-ce autre chose que le climat ? Or, on trouve des populations sauvages aussi bien dans les climats tempérés que dans les
climats tropicaux et arctiques, aussi bien sur le bord des mers
que dans l'intérieur des terres, sur les plateaux aussi bien que
dans les vallées. — Dira-t-on que les populations sauvages sont
celles qui sont restées isolées, en dehors des grandes routes de
l'humanité ? Cette explication, démentie par les faits, renferme
de plus un cercle manifeste. Si l'humanité primitive était unifor-
mément composée de sauvages aussi féroces, aussi stupides les
uns que les autres, en quoi le concours d'un grand nombre de
tribus ainsi composées pouvait-il être favorable à la civilisation ?
Que pouvaient-elles mettre en commun ? En fait, le concours de
nombreuses hordes barbares ne fait que rendre la barbarie plus
hideuse. Le continent noir en est un exemple. Enfin il est faux
que toute population sauvage soit une population isolée. Un seul
fait suffirait à démentir cette assertion. Il est admis que la civilisation égyptienne a été l'une des sources les plus fécondes de la
civilisation occidentale. Il est également prouvé que les rapports
étaient étroits entre l'Egypte et le Soudan. Pourquoi le levain
qui a fait fermenter l'Asie occidentale et l'Europe n'a-t-il pas
fait fermenter l'Afrique, beaucoup plus homogène ? Tentera-t-on
d'expliquer l'inégalité de civilisation par l'inégalité des races ? Ne
voit-on pas que cette théorie, d'une valeur fort douteuse, implique
l'abandon de l'hypothèse d'une identité originelle entre l'homme
préhistorique et le sauvage actuel ? Si les ancêtres des Aryens,
des Sémites, des Chinois, étaient supérieurs, quant à l'intelligence
et à la sociabilité, aux ancêtres des Canaques, des Nègres, des
Peaux-Rouges et des Australiens, il faut renoncer à induire
leurs conceptions sociales d'une étude de ces dernières ? Recourra-
t-on au fameux « Sésame, ouvre-toi ! » des évolutionnistes, à la
sélection naturelle, aidée de la concurrence vitale et de la ségré-
gation ? Etrange théorie ! La sélection n'aurait-elle pas éliminé

les populations les plus douces, et conservé, propagé les plus
féroces, les plus incapables d'acquérir la conscience du délit?
D'ailleurs, comme l'a montré Wallace et comme le reconnaît
Darwin, l'action de la sélection naturelle prend fin là où commence l'action de la sociabilité et de la civilisation. Ne serait-il
pas ridicule de donner précisément la sélection naturelle pour
origine à la civilisation ?

Une seule conclusion est raisonnable : c'est de s'arrêter à une
loi empirique, en formulant les résultats immédiats de l'observation. Elle nous montre les populations sauvages, non seulement
étrangères, mais réfractaires à la civilisation, non seulement incapables de s'en approprier les germes, mais même de le tenter.
Notre ancêtre préhistorique au contraire, aspirait à la civilisation
puisque sous toutes les formes il en semait les germes. Il devient
donc contraire à toute prudence scientifique de chercher une
analogie complète entre deux êtres aussi différents.

Mais quoi? nierez-vous donc que l'ancêtre préhistorique des
peuples civilisés fût un sauvage, et partant qu'il soit légitime d'en
étudier la condition chez les seuls survivants d'un état social analogue au sien ? — Nous ne repoussons que les analogies confuses,
surtout lorsqu'on en prétend tirer précipitamment des conclusions
morales inquiétantes. Si le concept de l'état sauvage présentait
à l'esprit un sens clair, nous comprendrions qu'on en fît usage,
sinon abus ; mais n'est-il pas des plus vagues ? Il nous semble
même présenter deux sens bien distincts : une acception économique et une acception morale. Une population peut être, au sens
économique, qualifiée de sauvage quand elle n'a qu'une subsistance précaire, quand elle ignore l'épargne et qu'elle est dépourvue
d'instruments de travail. Mais cette imperfection industrielle
n'est nullement incompatible avec un état moral et juridique déjà
élevé. Tels semblent être ces habitants de la Sibérie Orientale,
visités et décrits par **Nordenskjold**, les **Tchukschis**, telles sont
aussi ces populations des montagnes de l'Inde, **Santalis**, **Todas**,
Dhimals, **Lepchas**, dont les mœurs et l'état social arrachent à
Spencer cette exclamation, ironiquement admirative : « Quels

malheurs que ces sauvages n'envoient pas de missionnaires chez les Européens ! » L'état sauvage au sens moral est tout autre. Le type en est offert par ces populations des iles Fidji, où les habitants de certains cantons ne s'attribueraient pas d'autres destinées que servir d'aliments aux chefs ; il le serait aussi par ces tribus africaines, chez lesquelles, au dire de M. Letourneau, le chasseur place volontiers son propre enfant comme appât dans le piège qu'il tend aux fauves. Sans doute, l'imperfection de l'organisation économique maintient les incivilisés du premier type dans une infériorité morale relative. Par exemple, en matière d'engagement, ils peuvent ne pas sentir les avantages d'une probité rigoureuse. Nordenskjold, dans son récit du *voyage de la Vega* rapporte que, les Tchukschis n'hésitaient pas à commettre certaines fraudes dans les échanges qu'ils faisaient avec les Suédois. Mais sur ce point diffèrent-ils donc tellement des Européens ! Les mêmes hommes peuvent manquer de probité et de délicatesse esthétique. Mais, ne pas les distinguer des cannibales serait faire preuve d'un manque absolu de sens critique. Cette distinction faite, cherchons à quel type de sauvages pouvaient ressembler nos ancêtres préhistoriques. Est-ce le Tchukschi ? est-ce le Fidjien qui nous en reproduit l'image ? Sauvages si l'on veut, l'étaient-ils seulement par leur organisation économique ? l'étaient-ils encore par leurs mœurs et leurs sentiments ?

On éprouve quelque embarras à répondre. Que sont, selon Spencer, nos sociétés civilisées d'Occident ? Des sociétés militaires en voie de se transformer en sociétés industrielles. L'évolution serait à peu près accomplie aux Etats-Unis, très avancée en Angleterre, plus ou moins complète sur le Continent. Or, le type de la société militaire semble réalisé chez les cannibales ; au contraire, les sauvages bienveillants et pacifiques des montagnes de l'Inde et de Java présentent, si étrange que ceci paraisse, le type le plus parfait de la société industrielle. L'induction nous porterait donc à chercher nos ancêtres chez des sauvages du type cannibale. Spencer n'hésite pas : il n'est pas jusqu'à notre conception ascétique de la vertu, notre disposition à juger défavorable-

ment le plaisir, qui ne lui semble une preuve de notre triste
origine. Nos ancêtres éloignés étaient des **cannibales heureux à**
la vue des tortures. Après avoir adoré leur ombre, nous aurions
conçu la divinité sur leur type ; aujourd'hui encore nous croirions
plaire au Dieu d'amour en répétant symboliquement des actes et
des paroles qui ne trouvent tout leur sens qu'interprétés à la
lumière des institutions des anthropophages. Nous nous montre-
rons plus réservés, sinon plus sceptiques. Admettons que nos
ancêtres aient constitué des sociétés militaires, c'est-à-dire fortement disciplinées en vue de la guerre. Quelle preuve donne-t-on :
1° que cet état social ait été leur état initial ; 2° qu'il exclue tout
altruisme et condamne les hommes à un abject cannibalisme ? De
l'aveu de Spencer, un même groupe ne peut-il pas, selon les circonstances, s'organiser, tantôt selon le type militaire, tantôt selon
le type industriel ? De plus, l'organisation militaire n'implique-
t-elle pas une confiance entière des soldats les uns dans les autres
et des soldats dans les chefs ? La famille patriarcale, ce chef-
d'œuvre de l'altruisme primitif n'était-elle pas en même temps
selon Bagehot et Sumner-Maine une organisation militaire redoutable ? Une société militaire n'est donc pas nécessairement une
horde de cannibales. Allons plus loin : il n'y a aucune raison de
penser que nos ancêtres préhistoriques aient constitué des sociétés
militaires définies. Spencer a soin maintes fois de nous en prévenir : la distinction radicale des deux types sociaux est purement théorique. La plupart des sociétés réelles offrent une combinaison des deux structures ; tantôt un type y prédomine, tantôt
l'autre. Tel le groupe tschukschi : assez redoutable à la guerre
pour avoir maintenu son autonomie contre les Russes eux-mêmes,
il ne présente cependant aux regards, selon Nordenskjold, aucune
autorité politique, aucune organisation militaire définie. Or, interrogeons les vestiges qui nous restent de nos ancêtres préhistoriques : manifestement nous sommes en présence de populations
vouées plutôt à la lutte contre la nature qu'à la lutte contre
l'homme. Les restes de cette civilisation nous présentent moins
d'armes que d'outils ; bien plus, on y trouve les vestiges d'un

art à la fois idéal et vrai. Tout porte à penser que les pasteurs de rennes qui dessinaient sur l'os la silhouette du mammouth et sculptaient sur la corne la tête de l'aurochs ressemblaient par leurs mœurs, leurs conceptions, leurs sentiments, non aux voluptueux et sanguinaires insulaires de la mer du Sud, mais aux douces, naïves et vaillantes populations des régions polaires, aux Eskimaux, aux Tchukschi, aux Ostiaks, aux Lapons.

En précisant la question, ne l'avons-nous pas rétrécie ? N'est-elle pas de savoir si certaines portions de l'humanité sont ou non étrangères à la conscience du délit ? Que nos ancêtres préhistoriques aient différé des populations cannibales, ce n'est là que le moindre côté du problème. Ne suffit-il pas qu'ils aient pu y ressembler ? N'est-ce pas assez qu'aux yeux de nombreux groupes humains certains délits soient des actes licites ? Lombroso écarté, reste Locke. Pour la philosophie du droit, n'est-ce pas trop ? Qu'importe si nos ancêtres ont eu à peu, de chose près, la même idée du délit que nous-mêmes, si à côté d'eux, si à côté de nous des branches entières de l'humanité n'en ont eu aucune ou en ont eu de toutes différentes. Toutes nos conceptions vitales n'en sont-elles pas frappées d'un redoutable caractère de contingence et d'instabilité ?

N'hésitons pas à embrasser toute la difficulté. Cherchons s'il est vrai que la plupart des sociétés sauvages tiennent pour licites le plus grand nombre des actes punis par nous, ignorant même les sentiments d'où résulte l'idée de délit, la pitié, la pudeur, la probité, l'honneur, la sympathie en un mot.

Dès qu'on aborde cette immense question, on est frappé, comme l'a été M. Janet, de l'opposition des témoignages et l'on s'aperçoit que nous jugeons souvent des sentiments et des mœurs des sauvages d'après de véritables légendes. Il y a des populations dont on a rendu fameuse la dégradation morale : tels sont les Mincopi des îles Andaman et les Fuégiens. Des informations ultérieures ont réhabilité ces deux populations. Dans une note devenue célèbre de sa *Coutume primitive*, Sumner-Maine a choisi le cas des Andamènes comme exemple de la légèreté avec

laquelle une prétendue science accrédite les erreurs les plus grossières. « J'imagine, dit le célèbre historien de l'*Ancien Droit*,
que si jamais une communauté, vue à distance, a semblé plus que
tout autre présenter le « lien perdu » entre la brute et l'homme,
c'était la population des îles Andaman. » Lubbock n'avait-il pas
écrit sur elle que « les Andamènes semblent n'avoir aucun sentiment de pudeur » et que « leurs habitudes sont celles des animaux. » Or, aujourd'hui que les îles Andaman sont la principale
station pénitentiaire du gouvernement de l'Inde, des études faites
avec précision par des fonctionnaires anglo-indiens ont renversé
tout cet échafaudage d'assertions outrageantes pour la nature
humaine. Elles insistent surtout sur la modestie des femmes, sur
l'estime dont les Mincopi entourent la pudeur, sur le caractère
nettement défini du mariage et de la parenté parmi eux, sur
l'intensité des affections mutuelles. Bref, la dignité humaine
gagne tout ce que semble perdre le transformisme.

La légende avait encore plus maltraité les Fuégiens que les Mincopi. Darwin n'avait-il pas rapporté que pendant les famines cette
peuplade mange les vieilles femmes et épargne les chiens, donnant
pour raison que le chien prend la loutre ! Et tous les évolutionnistes,
depuis Hubbock jusqu'au docteur Letourneau, n'avaient eu garde
de voir dans cette réponse la formule même de la moralité du
sauvage : « Le chien prend la loutre ! » La réhabilitation est venue
pour les Fuégiens comme pour les Mincopi. « Il faut reléguer
au rang des fables, écrit le docteur Hyades, qui a vécu de longs
mois parmi les Fuégiens, ces récits d'anthropophagie, édités sans
aucune preuve par quelques anciens voyageurs sur la foi desquels
ils ont été reproduits tout récemment encore, parce que le luxe de
détails qui les accompagne semblait garant de leur véracité. *Il
faut renoncer à cette légende, racontée par Fitz-Roy et
Darwin sur l'asphyxie que les Fuégiens feraient subir aux
vieilles femmes pour les manger ensuite par les temps de
famine.* Ces illustres observateurs, prêtant une oreille trop com-
plaisante aux prétendues confidences d'un jeune Fuégien qu'ils
ont mal compris ou qui se moquait d'eux, ajoutent même que

les Fuégiens préfèrent sacrifier les vieilles femmes plutôt que les
chiens, parce que ceux-ci leur servent à prendre des loutres !
Quelles que soient les tortures que la faim leur fasse éprouver,
jamais les Fuégiens ne se mangent entre eux. Ils sont même si
peu cannibales qu'ils ne mangent pas leurs ennemis quand ils
les ont tués, et le fait du massacre des missionnaires protestants
à Woolya en est une preuve entre bien d'autres, car aucun de
ces missionnaires n'a été mangé. Il faut noter aussi l'influence
que les vieillards conservent dans leur famille et l'espèce de vénération que l'on a pour eux. C'est là un sentiment d'un caractère
particulier et qui ne se prête pas très bien à l'analyse. Ce qui
ressort le plus clairement des faits dont nous avons été témoins,
c'est la complète indépendance des chefs de famille très âgés de
l'un ou l'autre sexe. (Il est bien entendu que lorsque le mari est
vivant, la femme n'a pas les prérogatives de chef de famille.) Ils
font ce que bon leur semble, et personne ne songe à les critiquer.
Ils ont toujours pour les aider à exécuter leurs décisions quelques
enfants ou petits-enfants vivant avec eux et qui leur sont très
soumis. Mais en somme ils ne gouvernent pas comme on suppose
que cela se passait dans l'organisation patriarcale de la famille.
Le fils mécontent de son père se décide bien vite à partir avec
quelques amis, ou avec sa femme et ses enfants pour aller s'établir
dans une localité voisine où il ne sera pas gêné par la présence
de ses parents. Le caractère qui domine dans les mœurs de cette
singulière peuplade, c'est l'amour immodéré de la liberté et la
haine de toute contrainte. Ce sentiment n'est réfréné que par
l'institution de la famille dont les membres conservent entre eux
de près ou de loin, des liens d'affection ou de solidarité assez
puissants pour les maintenir unis devant un danger commun ou
pour les faire venir au secours de l'un des leurs, même quand par
goût ils se sont séparés pour ne pas mener la vie commune (1). »

____

(1) *Une année au Cap Horn*, par le docteur Hyades. — *Tour du monde*,
1885, t. I.

S'il en est de tous les sauvages comme des Andamènes ou des Fuégiens, la vieille idée, aujourd'hui si raillée, d'un consentement universel en faveur de la morale, pourrait peut-être reprendre quelque crédit. Malheureusement, si la divergence des témoignages nous permet d'écarter les assertions les plus extrêmes de l'anthropologie évolutionniste, il y a sur un grand nombre d'autres points une unanimité fâcheuse qui nous oblige à reconnaître la variabilité de l'illicite. Qui se refuserait à voir là un problème serait indigne d'écrire sur la philosophie du droit.

Sans parler, ni du sacrifice humain qui n'implique peut-être pas une perversion profonde de la conscience du délit, ni de l'anthropophagie, qui dans l'origine n'est qu'un hommage rendu à la valeur de l'ennemi vaincu, nous pouvons ramener à sept les faits généraux, constatés par des témoignages unanimes, suffisants pour attester les lacunes et les obscurités de l'idée du délit chez les populations sauvages.

Le premier fait est l'universalité de l'infanticide. Le meurtre des filles semble avoir été une institution très générale. Chose étrange ! Ce n'est pas seulement chez des sauvages dégradés comme les Australiens qu'on trouve cette licence, mais chez des populations exemplaires à d'autres égards. Peu de populations ont été l'objet de plus d'éloges que les Todas des Nilgherries, dans l'Inde méridionale. C'est une de ces communautés heureuses que Spencer offre en modèle aux Européens. Cependant un témoin qui n'était pas sans doute préoccupé de fournir un argument aux théories préconçues de l'évolutionnisme, madame Janssen, écrit dans la relation de son voyage (1871) que malgré la surveillance de l'administration anglaise, l'infanticide est en usage parmi les Todas. « Chaque famille ne conserve qu'une fille. Celles qui viennent ensuite sont étouffées dès leur naissance. » Qu'il nous suffise de rapprocher ce témoignage des assertions de Polybe sur la dépopulation de la Grèce par l'infanticide, du ton badin avec lequel Platon parle du même usage : nous arrivons à conclure que sur un point capital la conscience du délit ne s'est formée qu'avec une extrême lenteur.

Le second fait est, pour ne rien dire de la polyandrie, la généralité de la polygamie et du rapt. Nous sommes obligés de tolérer en Algérie la polygamie qu'en France nous frappons de peines criminelles. Pour nos lois et nos mœurs, le rapt est un crime, chez un grand nombre de tribus ce n'est qu'un « *usage* ». L'enlèvement symbolique qui fréquemment accompagne la célébration du mariage, semble prouver que le rapt a été d'un usage universel.

Autre fait : la sympathie pour le meurtre. Lorsqu'on nous disait que chez les Dayaks de Bornéo un jeune homme ne trouve pas de femme s'il n'a au moins coupé une tête, nous étions portés à penser que les Dayaks constituent une lamentable exception dans l'humanité. Mais M. Capus n'a-t-il pas constaté la même opinion dans les vallées de l'Hindou-Kouch, au berceau présumé de la race aryenne, chez les Siah-Pouchi du Kafiristan. « Un Siah-Pouchi qui n'a pas tué un homme n'est pas un homme. » « Chez nous, disait encore à M. Capus un jeune Siah-Pouchi, on ne peut porter de pantalon ni se marier avant d'avoir tué un Afghan (1). »

Si l'on rapproche de ces maximes féroces la coutume de se parer de trophées humains, on n'est pas éloigné de conclure, comme Spencer, que dans l'humanité sauvage, l'homme n'est aux yeux de l'homme, les membres de la tribu exceptés, que la plus redoutable des bêtes féroces.

Faut-il insister sur l'universalité de l'esclavage ? Si l'on songe que l'acquisition, le commerce et la possession d'esclaves sont à nos yeux autant de crimes, si l'on songe en outre que l'effort nécessaire pour réduire en esclavage des hommes libres entraîne avec soi une série d'attentats à la pitié et à la bonne foi, peut-on, en voyant la place immense que l'esclavage a tenue et tient encore dans une foule de sociétés humaines, s'empêcher de penser que la conscience du délit est variable et a commencé au milieu des plus profondes ténèbres ?

---

(1) *Revue scientifique*, 23 février 1889.

Les vengeances privées, perpétrées sans remords et sans hési-
tation, sont une cinquième preuve de la faiblesse originelle de la
conscience du délit. Outre que la vengeance peut châtier une
offense imaginaire et se confondre ainsi avec une véritable
agression, comme dans le cas de cet Australien cité par Darwin,
et qui voulait tuer un homme pour venger sa femme morte de
maladie, elle révèle toujours chez celui qui l'exécute l'insuffisance des sentiments sociaux. C'est une manifestation du caractère insociable et criminel. La société, qui loin de la châtier
l'approuve, montre qu'elle est encore bien loin de l'état juridique.

Il en est de même de la vengeance collective, bien qu'à un
moindre degré. Celle-ci semble être la seule forme de la pénalité
chez un très grand nombre de tribus sauvages. Sans doute la
conscience du délit est inséparable de l'indignation que cause à
la communauté la connaissance de l'acte coupable ; mais on peut
dire qu'une société qui ne sait pas unir à l'horreur du crime les
égards pour l'accusé est encore étrangère aux véritables notions
juridiques. Comparer l'instruction criminelle à une action réflexe,
est une métaphore de mauvais goût.

Enfin un septième fait de nature à confirmer les précédents c'est
l'universalité de la composition en matière d'homicide. Tarifer
le meurtre, c'est non seulement accorder une impunité relative
au riche, c'est encore se montrer incapable de discerner le crime
du dommage ; c'est ne voir dans l'agression coupable qu'un tort
fait à un individu ou à une famille, non une rupture du lien
social.

Comparé au civilisé, le sauvage est donc, quant au droit criminel, ce qu'on pourrait appeler un latitudinaire. Cette constatation
est inquiétante par elle-même : ne l'est-elle pas davantage encore
par le jour qu'elle semble projeter sur la nature humaine primitive ? Devons-nous donc croire Spencer quand il nous peint le
sauvage comme un être livré tout entier aux émotions présentes,
incapable de concevoir un autre bien que le plaisir présent, un
autre mal que la douleur actuelle ? Bref, le sauvage serait-il un

être radicalement égoïste, circonscrivant sa vie morale à ses émotions personnelles ? En ce cas, toutes réserves faites sur l'identité du sauvage et de l'homme primitif, l'anthropologie criminelle n'aurait-elle pas gain de cause ?

L'incivilisé est un être émotionnel ; en cela il ressemble à l'enfant dans les premières années. Telle est l'impression que l'on ressent en lisant les portraits qui nous sont faits non seulement des purs sauvages, mais encore des demi-civilisés de l'Afrique musulmane. Dès que l'incivilisé peut s'analyser et se distinguer de l'Européen, c'est ce point qu'il met en lumière. Rien n'est plus instructif à cet égard que les *Mémoires* d'Emilie Ruete, princesse arabe qui, née dans le harem du sultan de Zanzibar, eut la singulière fortune d'épouser un négociant allemand et de passer la maturité de sa vie à Hambourg. « Les harems de Sedji-Saïd étaient des fournaises de haine et d'amour. Les passions y avaient une violence grandiose, inconnue à nos sociétés policées où chacun est dressé de longue main à se maîtriser. La princesse Salmé fut frappée du contraste à son arrivée en Europe. Elle crut que nos sentiments étaient pâles et froids comme notre ciel. Depuis vingt ans elle cherche une Allemande qui cherche le sens des mots *aimer* et *haïr* comme le savait la dernière de ces filles incultes que nous méprisons dans notre orgueil de civilisés, et elle ne l'a pas trop trouvée..... Elle garde l'impression persistante d'une diminution de vie qui date du jour où elle a quitté son pays » (1).

Mais un être émotionnel n'est pas nécessairement un être égoïste. L'altruisme est au moins aussi fécond que l'égoïsme en émotions extrêmes. Si la psychologie de l'incivilisé nous étonne, c'est plutôt par l'extraordinaire disposition de cet être à s'infliger des tortures pour manifester ses émotions sympathiques. Ce n'est pas seulement pour plaire à ses dieux ou honorer les ombres de

---

(1) *Revue des Deux-Mondes,* tome 91*, p. 822.

ses parents que se torture le sauvage ; ce peut être encore pour manifester la part qu'il prend au bonheur d'un des siens. Le docteur Luhmoltz nous rapporte que dans son voyage chez les Cannibales de l'Australie du Nord (1), il vit un jour une femme qui avec un caillou tranchant s'était lacéré tout le corps, et naturellement sanglotait, mêlant ses larmes à son sang. « Ignorant la raison de ses gémissements, j'entrai et trouvai étendue sur le sol une autre femme jeune et bien faite, qui jouait avec son enfant... Cette jeune femme était fille de la vieille, laquelle n'avait pas vu son enfant depuis longtemps et manifestait ainsi sa joie de la retrouver. Je leur exprimai mon étonnement de ne pas lire le bonheur sur les traits de la vieille ; mes observations leur causèrent une véritable stupéfaction : pour ces êtres naïfs et sans art, tout sentiment fort, violent, doit être accompagné de souffrance. »

Le sauvage semble, moins que l'Européen, capable de soumettre sa vie à la discipline de ce calcul utilitaire que l'on a pu appeler la dogmatique de l'égoïsme. Il se montre réfractaire à l'épargne. Spencer reconnaît qu'il a plus souci des plaisirs esthétiques que de la satisfaction des besoins matériels. De son côté, Darwin concède que le sauvage est un être altruiste, n'estimant que les qualités utiles à la tribu (2). S'il en est ainsi, est-il admissible de n'y voir qu'un égoïste passionné ? Qu'il cède plus souvent que le civilisé aux impulsions immédiates de la colère, on ne saurait le nier. Mais cette colère peut avoir à l'occasion un mobile altruiste. Plus semblable à l'enfant qu'à l'animal, le sauvage a au moins deux des éléments de la moralité : la sociabilité, le sentiment esthétique.

Nous sommes donc amenés à un véritable paradoxe : les sociétés sauvages présenteraient toutes les conditions de la formation de l'idée de délit ; elles seraient composées d'êtres ayant la même

____

(1) *Tour du Monde*, 11 mai 1889.
(2) *Descendance de l'homme. — Sentiment moral.*

structure mentale et sentimentale que les membres des sociétés civilisées, et cependant la conscience du délit ne se produirait pas chez elles. Les mêmes causes ne produiraient pas les mêmes effets.

Il faut donc admettre que certaines circonstances propres aux sociétés sauvages y font obstacle à l'épanouissement de la conscience du délit.

Autre chose est celle-ci, autre chose l'existence d'institutions pénales régulières. Nous avons abandonné l'hypothèse par trop simple selon laquelle les hommes, las de vivre dans la violence, auraient à un certain moment, constitué, grâce à un contrat social, un pouvoir souverain chargé de châtier les crimes. Nous savons aujourd'hui combien le Léviathan est long à croître, prompt à périr ; nous savons aussi que de toutes les institutions les plus lentes à se former sont les institutions judiciaires, et principalement les institutions pénales. Action publique, police judiciaire, instruction préparatoire, distinction des juridictions, classification des peines et des faits punissables, ce sont là autant de lentes et précieuses acquisitions d'une civilisation avancée. Elle suppose d'abord l'existence d'un Etat souverain, assez fort pour avoir pulvérisé toutes les résistances privées. Il est puéril de supposer qu'il ait suffi de vouloir les posséder pour avoir pu les acquérir. Mais si ce sont là les organes de l'idée de délit, celle-ci, à la rigueur, a pu exister sans eux, puisqu'elle a dû les précéder. L'antiquité classique eut, quoique à un moindre degré que nous, la conscience du délit, et cependant ses institutions pénales étaient à peine à l'état d'ébauche. Cependant, de la tribu australienne à la cité grecque, la distance, au point de vue qui nous occupe, est incomparablement moindre que de la cité grecque à nous. En réalité, le sauvage n'a pas d'institutions pénales propres. De là résulte la coutume des vengeances collectives ; de là aussi la complaisance pour les vengeances privées, de là enfin la composition de l'homicide. « Quand un meurtre a été commis, la famille de la victime, usant de représailles, a le droit d'exercer sa vengeance sur les parents du meurtrier. » C'est ainsi qu'un ethnologiste,

M. Paul Viguié (1), nous décrit le droit pénal d'une peuplade de la Sénégambie, les Ballantes. Plus lumineuse encore est cette peinture que le célèbre historien canadien Garneau nous fait des institutions des Iroquois. « L'absence de tribunaux laissait à chacun le soin de venger ses injures. Si le sang avait été versé, l'ombre de la victime ne pouvait être apaisée que par des représailles ou un dédommagement proportionnel à la renommée du mort. Un parent, un ami se chargeait de ce devoir sacré. Il traversait des contrées entières, souffrait la faim et la soif, endurait toutes les fatigues pour satisfaire l'ombre sanglante qui demandait vengeance. La tribu n'intervenait que quand le crime lui avait porté directement un préjudice grave ; alors le coupable, livré à la vindicte publique, périssait sous les coups de la multitude. »

La première circonstance qui paralyse la conscience du délit et en entrave les effets, c'est donc l'absence d'institutions répressives. Il y a aussi un ensemble de causes psychologiques qui paralysent la notion du délit elle-même. Celle-ci, nous le savons, est corrélative aux sentiments altruistes. Or, si fort que soient, *naturellement*, ces sentiments chez les sauvages, ils ne peuvent pas ne pas être émoussés par les conditions d'existence. Trois causes, selon nous, tendent à les réduire au minimum :

1° La dureté de la vie, la difficulté de subvenir aux besoins matériels, cause inévitable d'affaiblissement pour la pitié ;

2° L'exiguïté du groupe social ;

3° La permanence des guerres et les associations d'idées qui en résultent.

L'état sauvage est avant tout un état économique. On peut l'exprimer par un mot : c'est l'absence de capital, c'est-à-dire du moyen d'agir sur la nature ; et, comme il est malaisé de désirer ce qu'on ignore, c'est l'absence des mobiles qui poussent les civilisés à créer, à acquérir, à conserver le capital. Pénurie,

____

(1) *Revue scientifique*, 1888.

détresse, pression implacable des besoins, voilà donc les termes qui peignent la condition économique des sociétés sauvages. Une grande fermeté contre la souffrance y est donc rigoureusement nécessaire. On s'y exercera même artificiellement à endurer les maux. C'est même peut-être là qu'il faut chercher l'explication, au moins partielle de cet ascétisme auquel Spencer assigne une origine exclusivement religieuse. Mais celui que l'habitude et l'exercice ont rendu indifférent à ses propres maux, compàtit malaisément aux maux d'autrui. Pitié lui semble faiblesse. Ceci est assez aisé à concevoir. La pitié comme tout sentiment est une énergie de l'âme ; pour durer et se développer, il faut qu'elle se réalise par des actes. Si la condition de celui qui la ressent est telle qu'il soit dans l'impuissance absolue de donner un libre cours à sa pitié, celle-ci deviendra une cause de souffrances, et celui qui la ressent cherchera inévitablement à s'en affranchir. La culture de la pitié, relativement facile dans nos sociétés, est impossible dans les sociétés sauvages, proies naturelles de la misère. Or, la pitié est l'élément capital de la conscience du délit ; plus elle est faible, plus large est la tolérance accordée au crime. Cette seule circonstance expliquerait en grande partie le latitudinarisme des sauvages.

L'exiguïté du groupe social vient renforcer les effets de la dureté de l'existence et du joug des besoins. Un agrégat de quelques centaines d'êtres humains ; au dehors, des étrangers, c'est-à-dire des ennemis dont on n'a rien à attendre qu'une guerre d'extermination : telle est la société sauvage. A quel point cette situation doit étouffer la sociabilité dans les âmes, nous modernes, citoyens de nations qui comptent entre trente et cinquante millions d'âmes, habitués à voir dans les étrangers moins des ennemis que des demi-compatriotes sur les œuvres desquels nous comptons, nous ne pouvons évidemment réussir à le concevoir. Déjà en effet, il nous est impossible d'imaginer l'isolement et l'hostilité réciproque des cités antiques et des républiques italiennes, de nous représenter Saint-Germain partant en guerre contre Versailles.

La sociabilité, nous dit-on, gagne en intensité ce qu'elle perd en étendue. Cette assertion ne peut être accueillie qu'avec réserve. Il en est de la sociabilité en général comme de la pitié : c'est une énergie de l'âme qui doit se déployer, faute de quoi, elle devient douloureuse. A la sociabilité, il faut une activité sociale qui l'exerce. Celle-ci est d'autant plus intense que le groupe social est plus large. C'est pourquoi les nations morcelées tendent vers l'unité et les états fédératifs vers la centralisation. Que peut-être l'activité sociale chez une tribu de sauvages ?

Elle ne peut guère revêtir qu'une seule forme, et celle-ci est mortelle à l'altruisme : nous voulons parler de la guerre. La guerre est la vie des sociétés sauvages. On ne saurait s'en étonner. Les nécessités économiques l'imposent. Le sauvage ignore le travail, et, s'il le soupçonne, il y voit une souffrance intolérable à laquelle il faut à tout prix se soustraire. Mais comme les lois démographiques agissent sur lui non moins que sur les peuples civilisés, comme nonobstant même la pratique de l'infanticide, sa race se multiplie, il se trouve placé dans l'alternative de produire ou de périr. Il travaillera donc à rejeter sur autrui ce fardeau du travail que l'amour de la liberté et du jeu lui rendent si odieux. Il guerroiera contre les autres tribus pour les asservir et les faire travailler pour lui. Un sociologue allemand, Gumplowicz, prétend que la loi de développement des sociétés est l'exploitation des étrangers : si cette assertion n'est pas vraie des sociétés civilisées, elle est vraie des sociétés sauvages. Il leur faut des esclaves et la victoire seule peut leur en donner. On sait quel tableau on nous faisait récemment de l'intérieur de l'Afrique : la moitié de la tribu composée d'esclaves ; les guerriers libres sans cesse sur le chemin de la guerre pour augmenter leur cheptel humain. Aux Fidji, en Tasmanie, dans les prairies de l'Amérique du Nord, dans les steppes de Turkestan, il en était de même. Or, les habitudes belliqueuses ne peuvent que refouler l'altruisme. Non seulement elles achèvent d'émousser la pitié ; non seulement elles ajoutent aux effets de l'exiguïté du groupe social, mais elles contribuent à former une association d'idées, mortelle à la conscience du délit, et partant à l'idée du droit : nous avons en vue la confusion faite entre l'ennemi et le coupable. Une guerre, qui n'offre aux vaincus d'autre alternative que l'extermination ou l'esclavage, ne peut offrir qu'une effroyable complication de surprises, d'embûches, de ruses et de guets-apens. Elle doit allumer entre les belligérants des haines inexpiables, un besoin inextinguible de vengeance. Pleinement formées, nettement conçues, la conscience du délit et la notion du droit auraient peine à survivre à cette épreuve. Que doit-il en advenir lorsqu'elles sont rudimentaires ? Comment distinguera-t-on le coupable de l'ennemi, quand la vengeance collective qu'il encourt est pour ainsi dire le seul signe qui dénote le coupable. L'association des sentiments entraîne inévitablement l'association des idées. Le criminel ne se distingue de l'ennemi ni par la nature des sentiments qu'il inspire, ni par le caractère des traitements qu'il est exposé à subir.

Aucune confusion n'est plus dangereuse. En s'efforçant de vaincre et de n'être pas vaincu, l'ennemi manifeste ces vertus guerrières que le sauvage estime entre toutes. A la haine qu'il inspire, un peu d'admiration se joint involontairement. Cette approbation involontaire ne va-t-elle pas bénéficier au coupable ? Il ne peut en être autrement. Le bandit, le brigand, le Klephte héroïque seront des personnages presque sympathiques. Plus ils déploieront d'audace, plus ils tiendront le groupe en échec, plus ils conquerront la faveur populaire. Longtemps après que l'état sauvage a disparu, les populations qui retiennent quelque chose des idées primitives professent encore cette étrange admiration du brigand. On sait que les brigands ont parfois constitué des pouvoirs réguliers et obtenu de l'admiration populaire une adhésion jusque-là refusée à toute autorité forte. L'association de l'idée qui représente le criminel à l'idée qui représente l'ennemi, a donc pour effet de couvrir les crimes de cette excuse qui couvre nécessairement les faits de guerre.

La conscience ne rencontre donc dans la société sauvage que des causes qui s'opposent à son développement. Mais les germes en existent. Sans doute, le sauvage n'incrimine pas toutes les manifestations de l'égoïsme. N'oublions pas que la notion du délit a pour point de départ la douleur infligée à nos sentiments sociaux par la manifestation d'un égoïsme brutal. Or, chez le sauvage, l'altruisme, toujours refoulé, ne peut être bien sensible à une telle souffrance. Cependant, le sauvage juge criminels et traite comme des crimes les actes qui révoltent le genre d'altruisme compatible avec son existence. L'amour de la tribu, l'orgueil de lui appartenir, la soumission religieuse au chef militaire, bref, le patriotisme uni au loyalisme, voilà l'altruisme du sauvage. Tout acte qui offense ces sentiments et révèle un caractère incompatible avec eux le trouve impitoyable. Dès que l'habitude de la guerre rend au civilisé quelque chose de l'âme du sauvage, ces crimes sont ceux qu'il flétrit par-dessus tous les autres.

Plus obscure, plus confuse, plus étroite que chez le civilisé, la conscience du délit est, chez le sauvage, de même nature : Que des circonstances heureuses viennent à écarter les obstacles précédemment énumérés ou seulement l'un d'eux, et la société sauvage pourra faire l'admiration du philosophe. Telles sont ces tribus des montagnes de l'Inde que nous décrit Spencer : les Santalis, les Lepchas, les Dhîmals. Refoulés dans des régions peu accessibles par des nations douces elles-mêmes, elles ont été soustraites à la loi de guerre ; une nature clémente a diminué pour eux la rigueur des conditions d'existence. La sociabilité s'y est épanouie au point que si elles ignorent le crime, ce n'est point par indulgence, c'est que chez elles l'égoïsme agressif ne se rencontre pas.

Deuxième problème. — Si la notion du délit, pauvre à l'origine des sociétés, était toujours allée s'enrichissant, si passant du simple au complexe, elle avait obéi à une évolution régulière, la variabilité de la conscience du délit cesserait d'être un problème inquiétant. Elle s'expliquerait par l'imperfection originelle de la sociabilité, et celle-ci à son tour se ramènerait à un certain nombre de circonstances contingentes et destinées à disparaître : la détresse économique, l'exiguïté du groupe social, la permanence des guerres. Malheureusement, il semble que l'idée de délit soit soumise à des variations plus considérables. Si nous incriminons des actes que permettaient les idées, les sentiments, les mœurs, les institutions de nos ancêtres, nous approuvons, ou tout au moins nous tolérons d'autres actes qu'ils réprimaient avec une rigoureuse sévérité. Notre nouveau latitudinarisme nous semble un progrès juridique au même titre que notre sévérité. S'il nous paraît que la conscience du droit a progressé lorsque la séquestration, le rapt, l'infanticide sont devenus des faits punissables, il nous semble qu'elle n'a pas moins progressé le jour où ont disparu les crimes d'hérésie, de lèse-majesté, de sorcellerie, où la libre critique des gouvernants, la libre critique des dogmes, la libre recherche scientifique sont devenues des droits. Il a fallu que la conscience du délit crût avec les sentiments altruistes et le droit avec la conscience du délit. Il nous semblait que la société juridique était celle qui définissait et frappait le plus grand nombre de faits criminels. Ce critère serait-il en défaut ?

Il n'en est rien. L'altruisme est la source infaillible de la conscience du délit. Or, quand l'altruisme progresse et s'épure, il peut arriver que ce soient certaines institutions pénales et certaines lois elles-mêmes qui deviennent criminelles.

L'altruisme peut se développer en profondeur aussi bien qu'en étendue. Il se développe en étendue quand il associe l'individu aux émotions d'un plus grand nombre d'hommes, quand il substitue par exemple le patriotisme national au patriotisme municipal. Il se développe en profondeur quand il embrasse un plus grand nombre de manifestations humaines, quand il exprime plus complètement le consensus social.

L'altruisme est l'expression sentimentale des liens sociaux. Considérons-le un instant comme une perception confuse du consensus social : nous comprendrons qu'il soit susceptible de progresser en degrés. Le consensus social peut être considéré à un point de vue superficiel comme une harmonie de fonctions ; à un point de vue plus profond comme l'accord d'aptitudes diverses ; à un point de vue plus profond encore, comme un libre accord de caractères bienveillants, incapables de se renfermer dans un stérile égoïsme. L'altruisme doit suivre ces phases : il peut sympathiser d'abord avec une stricte unité sociale où les fonctions sont tout, les personnes rien ; alors une divergence individuelle semble un déchirement de la société, partant un crime. Plus parfait, l'altruisme sympathise avec la liberté, à la condition qu'elle se propose une fin sociale, d'abord avec la liberté des aptitudes, puis avec la liberté des caractères.

On conçoit aisément que la conscience du délit varie avec les formes de l'altruisme qui animent l'état social.

Concevons une société composée de petits groupes hétérogènes, familles, clans, municipalités, castes, corporations, aspirant chacun à l'autonomie, où rien ne prévient le retour de la guerre originelle, si ce n'est, d'un côté, la participation de tous à un même culte, de l'autre la commune allégeance de tous à une une même autorité despotique, — une société dont la France, au sortir de la guerre de Cent Ans et à certains égards la Russie actuelle avec ses communes patriarcales et ses corporations d'artisans pourraient donner l'idée. Peut-on douter que dans cette société précaire, où, hors des limites de sa famille, de sa commune, de sa corporation, de sa province, chacun ne voit que des étrangers, les seules formes connues de l'altruisme général ne soient d'un côté le sentiment confessionnel, de l'autre le loyalisme monarchique ?

N'est-il pas évident, dès lors, que toute manifestation de la pensée, du sentiment religieux, du sentiment civique capable de blesser le sentiment confessionnel ou le loyalisme monarchique doive constituer un délit ? Ne s'explique-t-on pas aisément qu'il y ait eu des crimes d'hérésie, de sorcellerie, de lèse-majesté ?

L'esclavagisme, sous toutes ses formes, est le crime en soi ; car il atteste la prédominance d'un caractère incompatible avec l'altruisme élémentaire. Il y a cependant des périodes équivoques où les institutions esclavagistes semblent inséparables de la vie sociale elle-même en sorte qu'un altruisme peu éclairé les consacre. Tel fut en Europe le moyen-âge et l'ère de la monarchie absolue. Comment eût-on pu y distinguer la propriété du régime domanial et la nationalité du despotisme royal ? L'Europe a connu certaines formes de propriété indiscernable du vol, certaines formes de gouvernement indiscernables du brigandage. De là de fatales obscurités. Que dire de la sorcellerie et de l'hérésie ? A certains égards, la sorcellerie est déjà la révolte de la science contre les prétentions du sacerdoce : c'est aussi l'insupportable abus d'un pouvoir occulte, présenté, non comme le résultat de l'observation, mais comme l'effet de qualités personnelles et propres au sorcier (1). Quoi d'étonnant qu'elle revête le caractère d'un crime, puisqu'incontestablement elle conduit souvent à en commettre ? Quant à l'hérésie, les aberrations du sentiment religieux sont si redoutables, que la proscription de l'illuminisme individuel a pu souvent être approuvée par l'altruisme élémentaire. Le jour où l'hérésiarque cessa d'être un sombre perturbateur pour devenir un pionnier de la culture humaine et un tribun du droit populaire, l'altruisme amnistia l'hérésie.

Ce problème, le plus redoutable qui puisse être proposé à la critique, est donc susceptible d'une solution. Le crime est l'acte qui inflige aux sentiments altruistes une souffrance intolérable et immédiate. La conscience du délit est ainsi corrélative aux sentiments altruistes. Ceux-ci, fort nombreux d'ailleurs, sont susceptibles d'un développement très inégal selon les différents états sociaux. Il existe sans doute, en dépit des assertions d'un certain pessimisme, une bienveillance universelle, mais elle peut être, en un groupe humain, paralysée, refoulée, réduite au minimum par les conditions d'existence. Dans les sociétés où elle subit cette crise, la notion du délit ne peut être qu'obscurcie. Ainsi s'explique la tolérance du sauvage comparée à la sévérité de l'homme civilisé. Les causes qui mettent à la torture les sentiments altruistes relativement délicats de celui-ci ne peuvent encore émouvoir la sociabilité rudimentaire du premier. — De plus, la sociabilité peut se développer en qualité comme en étendue. La plus haute forme connue qu'elle puisse revêtir, est la disposition à placer son

---

(1) Voir Lyall, *Mœurs sociales de l'Extrême-Orient.*

plaisir dans la conscience d'être membre d'une société fondée sur l'harmonie des caractères et des aptitudes originales. Les institutions, jadis légitimes, qui viennent paralyser l'essor de cette sociabilité, tombent à leur tour au rang des crimes.

Ceci n'est pas une solution, mais le germe d'une solution. Si la conception du droit est corrélative à la conception du délit et si celle-ci varie elle-même avec le niveau des sentiments sociaux, le droit n'aurait donc aucune universalité ? Un droit n'existerait pas lorsque la société n'a pas la notion du caractère délictueux de l'acte qui l'annule ? Par exemple, il faudrait conclure non seulement que l'hérésiarque du moyen-âge n'avait pas droit à la liberté de conscience, mais que le sauvage membre d'une société de cannibales n'a pas droit à la vie, que l'esclave n'a pas droit à la liberté dans une société esclavagiste ! Mais s'il en est ainsi, la notion d'un droit distinct de celui que consacrent les lois et les coutumes s'éclipse une fois de plus et pour toujours. La philosophie du droit cesse d'avoir un objet.

Gardons-nous également et de l'empirisme et de l'idéalisme. L'un et l'autre nous feraient négliger quelque élément de la question. — Il n'y a pas de droit sans garanties ; ce point ne doit pas être oublié, si l'on veut se garder d'un idéalisme qui ôte au terme *droit* tout sens précis. Il y a d'autres garanties que celles qui découlent des lois, de la religion et des institutions primitives : Il y a la sympathie, les sentiments, les jugements sociaux. De cette garantie réelle, bien qu'immatérielle, dérive un droit distinct de celui qu'on est convenu d'appeler positif.

Ceci admis, il semble que le doute ne puisse subsister un instant. Un droit n'existe pas là où, à défaut des institutions et des coutumes, la conscience générale ne le garantit pas. Que personne ne proteste au nom de la morale contre la brutalité de cette conclusion. Il n'y a rien d'inique en cela. De l'aveu de tous les idéalistes, « droit » implique « réciprocité des libertés ». L'hérésiarque du moyen-âge et du xvi⁰ siècle ne voyait rien de criminel à la persécution religieuse. Avait-il la force de persécuter ? il persécutait. Les sociniens furent traités par les protestants comme ceux-ci étaient traités par les catholiques : le sort de Servet et de Gentilis l'atteste. Pourquoi l'hérésiarque eût-il joui de la liberté de conscience ? Ses maximes absolvaient la violence que subissait sa personne. Le guerrier antique fait prisonnier et astreint à l'esclavage n'était pas lésé dans ses droits. Lui-même tenait l'esclavage pour licite, et il eût vu un crime dans l'effort tenté pour l'abolir. L'adage *Patere legem* n'a rien qui choque, je ne dis pas l'expérience, mais la raison. N'est-ce pas sur cet adage que l'idéalisme juridique fait reposer le principe du droit pénal (1) ? Il serait étrange qu'un anthropophage invoquât le respect dû à la vie humaine ou le vît invoquer en sa faveur.

En résulte-t-il que le droit varie avec le degré de développement de chaque groupe social, comme il varie avec chaque moment de l'histoire ? Cette conclusion serait hâtive et peu légitime.

« Société » est un mot qui comporte divers sens. Il peut désigner un groupe déterminé ; il peut désigner aussi la pluralité des groupes qui entretiennent des relations habituelles. Dans le premier sens, la Chine, l'Inde, l'Europe, l'Amérique, en Europe la France, l'Angleterre, l'Allemagne, la Russie, constituent chacune une société ; dans le second sens, les rapports de ces divers groupes constituent une société unique. On voit aisément que la variabilité du droit, qui est complète si on adopte le premier sens, cesse, au moins pour chaque période historique, si on adopte le second.

Considérons une question qui, périodiquement, vient allumer les sympathies et les convoitises de l'Europe : celle de l'esclavage des noirs. Supposons que la société nègre existât seule : le nègre n'aurait évidemment aucun droit à la liberté, puisque le nègre esclave est en même temps esclavagiste, qu'il n'est esclave que dans l'impossibilité d'être propriétaire d'esclaves, et que la chasse aux esclaves n'est nullement un crime à ses yeux. Il en serait de

---

(1) Franck, *Philosophie du droit pénal.*

même si la société nègre n'était en rapport qu'avec des groupes où la légitimité de l'esclavage ne ferait de doute pour personne : avec la société musulmane, par exemple. La chasse aux esclaves et l'appropriation d'esclaves n'étant nulle part, nous ne disons pas punies, mais senties et conçues comme des crimes, le droit du nègre à la liberté n'aurait nulle part de fondement.

Introduisons au contraire la société nègre et la société musulmane à titre de membres dans une société plus étendue dont font partie l'Amérique et l'Europe : tout change. L'asservissement du nègre devient un crime, non aux yeux du nègre, mais aux yeux de l'Européen. L'image de la traite émeut sa pitié à un degré insupportable. Il a senti qu'un crime se commettait à mille lieues de lui, et dans la mesure du possible, devait être réprimé. Par là même il a ébauché le droit du nègre ; il l'a ébauché, disons-nous, et non fondé ; car il faudrait pour y réussir que ses sentiments et ses jugements fussent partagés par les intéressés. Le droit de l'esclave nègre à la liberté est tout au moins un droit idéal, un droit dont la conception existe mais existe seule.

De là résulte une conséquence d'une grande portée : c'est que le droit individuel est solidaire du droit international et y trouve sa garantie avec sa condition.

Or, le droit international implique la conscience d'un contraste entre la guerre et le crime, contraste qu'il nous faut maintenant étudier.

CHAPITRE VI

En énumérant les causes qui peuvent dans certaines sociétés
obscurcir la conscience du délit, nous avons énoncé sans nous y
arrêter une association d'idées : la confusion de l'ennemi et du
coupable. Nous avons montré que cette association semble invincible. Cependant cette confusion est subversive de tout droit
pénal, de toute relation sociale régulière, de cette notion élémentaire de justice qu'en dépit de l'évidence nous nous sentons
portés à attribuer à tous les hommes. On sera donc porté à nier
ou qu'elle existe ou qu'elle influe sur la conduite. Il nous faut
donc montrer que cette fâcheuse association d'idées n'est que
trop réelle, que trop générale, et qu'elle est au fond si naturelle
qu'elle se produit chez nous-mêmes dès que nous n'y prenons pas
garde. Par là nous fortifierons les résultats acquis et nous verrons
s'ouvrir des horizons nouveaux ; nous découvrirons de nouvelles
conditions psychologiques de la conscience du droit, conditions
aussi fondamentales que généralement méconnues.

Nombreux sont les faits qui prouvent la généralité de cette
association d'idées. Citons d'abord, avec Spencer, la similitude
des traitements appliqués aux coupables et aux ennemis vaincus.

« Au moyen-âge, les têtes des ennemis de la famille (assassins des membres de cette famille ou voleurs de sa propriété) étaient exposées comme trophées. » La loi salique nous apprend « qu'il y avait auprès de chaque manoir un gibet comme il y en avait auprès des tribunaux publics. » Mais comme au même temps on rapportait du champ de bataille les têtes des ennemis tués et qu'on les exposait, comme au dire de Lehuérou sur l'autorité de Strabon, on clouait quelquefois ces têtes sur la principale porte du logis à côté de celle des ennemis privés, nous voyons que la confusion de l'ennemi public et de l'ennemi privé se trouvait associée à l'usage de prendre des trophées sur l'un et sur l'autre. On peut retrouver une association analogue dans les coutumes des Juifs. Judas ordonne de couper la tête et la main de Nicanor et de les porter à Jérusalem comme trophées : c'était la main que le vaincu avait étendue quand il prononçait ses orgueilleux blasphèmes. Le traitement infligé au criminel étranger trouve un pendant dans celui que David fait subir à des criminels non étrangers ; il ne se contenta pas de faire pendre le cadavre des meurtriers d'Isboseth, « mais il leur fit couper les mains et les pieds. » On peut donc conclure avec raison que l'usage d'exposer sur des gibets les criminels exécutés a pour origine l'usage de prendre des trophées sur les ennemis tués (1) ».

De notre temps, le patriotisme de chaque peuple sait se reconnaître et s'estimer dans le patriotisme des autres peuples, celui du peuple vainqueur dans celui du peuple vaincu. Lorsqu'il arrive à un chef d'armée de rendre son épée, on sait l'accueillir avec courtoisie et lui donner pour prison quelque palais. Mais les Romains qui, cependant, n'étaient pas dépourvus de tout souci du droit international, se montraient étrangers à de tels sentiments ; on sait quel fut le sort de Pontius Herennius, de Jugurtha, de Vercingétorix : la peine de mort (et quelle mort !) les frappa comme elle ne frappait même plus à Rome les criminels de condition libre. De notre temps, la garnison d'une ville assiégée obtient

---

(1) Spencer, *Sociologie* (*Revue philosophique*, t. V., p. 125).

souvent les honneurs de la guerre ; épuisàt-on sur elle toutes les
rigueurs de la victoire, on n'a jamais l'idée d'en mutiler les
soldats, encore moins de les vendre à l'encan. Or, César vante sa
clémence quand il raconte le traitement que subirent, d'après ses
ordres, les soldats de la garnison d'Uxellodunum : il leur avait
fait couper à tous le poignet droit « *propter singularem lenita-
tem.* » N'eût-il pas pu, en effet, les faire vendre à l'encan comme
les Aduatikes, ou les massacrer jusqu'au dernier comme les Ner-
viens ? Cet esprit, si supérieur cependant à ses contemporains,
n'avait donc pas encore su faire la distinction de l'ennemi et du
coupable.

Quant aux modernes, on ferait preuve de trop d'estime à leur
endroit en supposant cette confusion entièrement disparue de
leur esprit. Outre que dans les guerres civiles (sauf aux États-
Unis), chacun des partis ne veut voir dans l'autre qu'une horde de
parricides, outre que l'insurrection d'une nationalité asservie est
toujours réprimée avec plus de rigueur que la piraterie et le brigandage, on voit les armées européennes restreindre autant que
possible le cercle des belligérants dont la résistance pourrait être
jugée licite ; on voit la politique européenne priver totalement le
belligérant des droits de la guerre, dès qu'il appartient à une race
ou à une civilisation réputée inférieure. Nous savons que d'après
les usages de la guerre, toute fraction de la population qui prend
part à la lutte s'expose à voir ses habitations incendiées, sinon à
être elle-même passée par les armes. Quand les officiers allemands
brûlaient le village de Fontenoy *en punition* de la destruction
d'un pont, ils montraient que dans leur pensée la résistance d'un
ennemi n'est pas un acte bien clairement distinct d'un attentat
criminel. Lorsque dans la guerre d'Espagne, le maréchal Bessières
édictait les féroces ordonnances que nous ont fait connaître les
Mémoires de Victor de Broglie, lorsqu'il faisait prendre des otages
dans chaque famille comptant un guerillero parmi ses membres,
lorsqu'il ordonnait de faire fusiller plusieurs otages quand un seul
soldat français aurait été trouvé mort, il montrait qu'à son sens
tout ennemi qui se défend avec trop d'âpreté est un coupable. Ses

idées étaient même en un autre point analogues à celles des sauvages les plus dégradés : comme eux, il semblait admettre que
l'ombre d'un compatriote tué à la guerre doit être apaisée par le
sacrifice sanglant de plusieurs ennemis. Lorsque Napoléon faisait
fusiller Palmer et André Hofer, ne montrait-il pas qu'il obéissait
à des associations d'idées analogues ? Que dire de ces guerres
qui mettent aux prises les Européens avec quelqu'une de ces
populations asiatiques ou nord-africaines qui cependant appartiennent déjà, par un faible lien, à la civilisation ? On sait quelles
fictions permettent de les traiter comme des coupables, dès qu'elles
déploient contre les Européens ce patriotisme qu'on célèbre en
Europe avec tant de lyrisme. Leurs défenseurs deviennent des
criminels que le patriotisme de l'Européen, démocrate, libéral,
moralisateur et civilisateur prescrit de massacrer, en accompa-
gnant la tuerie de philanthropiques calomnies. L'Européen a toujours un crime à imputer aux victimes de ses crimes.

Voulons-nous une autre preuve de la confusion que nous étudions ? Nous la trouverons dans l'identité frappante et fréquente
de la fonction qui est de réprimer les coupables et de celle qui
est de frapper les ennemis. On sait ce qu'était le juge d'Israël :
il nous est toujours présenté comme un chef militaire temporaire.
Les Othoniel, les Gédéon, les Samson, ne semblent point passer
leur temps à trancher des questions de propriété et d'obligation,
ni même à frapper des Israélites criminels : ils combattent le Cha-
nanéen et le Philistin. Or, nous voyons ailleurs, notamment dans
le livre de Josué, que ces populations étaient réputées criminelles,
qu'il était défendu d'épargner même leur bétail et que le grand
crime pour l'Israélite était l'alliance avec la femme étrangère :
nous comprenons dès lors que la guerre fût aux yeux des Juifs
l'opération judiciaire par excellence. Ces populations étaient
cependant les propriétaires légitimes du sol ; leurs agressions
contre les Juifs étaient la revendication du peuple conquis, un
acte interrompant la prescription. Partant, la coutume juive de
considérer le chef militaire comme un juge atteste une fois de
plus l'universelle confusion de l'ennemi et du coupable. Il en était
de même, à certains égards, du préteur romain.

Cette association étant bien constatée, il est aisé d'induire quelle action elle a pu exercer sur la conscience du droit. Si comme nous pensons l'avoir démontré la notion du droit dépend de la conscience du délit, une association d'idées qui rend confuse la distinction entre les actes licites et les actes délictueux ne peut manquer d'obscurcir dans la même mesure l'idée de droit.

Si tout ennemi est un coupable, il n'y a pas de différence entre le crime et la guerre ; la guerre excuse toute offense aux sentiments sympathiques ; bref, il n'y a pas de crime en temps de guerre.

Supposons cette idée combinée avec cette donnée générale de l'expérience : la guerre est la loi de l'humanité, une forme permanente et universelle de son activité : le résultat est évidemment qu'il ne saurait y avoir aucune démarcation entre la classe des actes criminels et la classe des actes licites, entre les actes qui offensent la sympathie élémentaire et les actes qui y satisfont, bref qu'il n'y a ni crime ni droit.

Rappellerons-nous que dans les légendes de maint peuple, en Sicile, en Espagne, aux Carpathes, en Ecosse, dans l'Inde, en Grèce, le brigand est assimilé au héros, que le terme de voleur, de klephte, peut devenir un titre honorable ? S'il en est ainsi, distinguer le héros du bandit a été sans doute une des acquisitions les plus précieuses qu'ait faites la conscience juridique de l'humanité. Or, c'est distinguer la guerre du crime.

Mais la découverte d'un contraste entre le délit et la guerre implique la notion d'une guerre susceptible de s'accorder avec les sentiments sociaux élémentaires. Il n'est pas de guerre qui n'offense la pitié. Or, la pitié a plus part que tout autre sentiment social à l'apparition de la conscience du délit. Une pitié exigeante ne permet pas de discerner la guerre du crime. L'origine même de la conscience du délit semble donner naissance à l'association d'idées qui l'obscurcit et l'efface. Est-il quelque moyen de sortir de ce cercle ?

Si nous nous rappelons que selon M. Garofalo la conscience du crime a pour élément principal non pas la pitié la plus élevée, mais la pitié moyenne, celle qui anime et dirige la grande majorité du corps social, nous commençons à concevoir que la guerre puisse ne pas révolter cette pitié moyenne alors qu'elle révolterait un sentiment plus délicat.

Ajouterons-nous que la pitié n'est pas le seul sentiment social qui ait le privilége de donner naissance à la conscience du délit ? L'honneur, la pudeur, le sentiment filial ou fraternel y ont chacun leur part. Nous comprenons mieux encore que tout en offensant la pitié, la guerre puisse ne pas offenser l'ensemble des sentiments sociaux élémentaires et partant, ne pas être considérée comme un système d'actes criminels.

Selon les idées morales qui dirigent nos sociétés, l'homicide où nous voyons hors de la guerre le plus grand et le plus honteux des crimes, devient en temps de guerre, sous des conditions déterminées, un acte, non seulement méritoire, mais obligatoire, un acte dont l'exécution honore et dont l'omission déshonore. Pourquoi cette énigme ? Ne serait-ce pas que, tandis que l'homicide militaire est commis au milieu de circonstances telles que la victime y était préparée et se trouvait, à l'égard du meurtrier, dans une égalité relative, l'homicide privé revêt presque toujours le caractère de la surprise et se commet dans des conditions où la victime est inégale à l'agresseur ? Pourquoi le guet-apens est-il la caractéristique de l'assassinat, c'est-à-dire d'un crime considéré universellement comme plus odieux que le simple meurtre ? N'est-ce pas parce que l'agression inopinée, en donnant à l'agresseur une incontestable supériorité dans la lutte, froisse en nous un sentiment fort différent de la pitié, mais qui nous semble être identique à l'honneur ? La lâcheté n'est donc pas moins que la cruauté un élément de l'acte criminel par excellence.

Enfin, il convient de ne pas oublier que le délit réside moins dans l'acte que dans les dispositions du caractère dont l'acte est la manifestation. La criminalité est l'incompatibilité d'un caractère radicalement égoïste et d'autres caractères altruistes ou partiellement altruistes. Or, et c'est ici que nous arrivons à la solution de la question : l'homicide militaire et

l'ensemble des actes attristants que la guerre autorise ou prescrit, peuvent révéler un caractère radicalement opposé à celui
que manifeste l'homicide privé ou tout autre acte antisocial
considéré comme criminel. Les actes de violence, incendies,
meurtres, déprédations, que commet l'homme de guerre, peuvent
révéler un caractère dominé par les sentiments sociaux les plus
élevés, l'honneur et le sentiment national. Au contraire les actes
non-punissables auxquels conduit soit la galanterie, soit l'abus de
la spéculation commerciale ou financière attestent bien souvent
la brutalité tout animale d'un caractère égoïste.

L'intelligence claire et complète de cette vérité, le cortège de
preuves qui en feront autre chose qu'une indication à la fois ba-
nale et paradoxale nous demande une étude plus approfondie de
la nature et des formes de la guerre.

Considérée sous sa forme primitive et en son essence, la guerre
n'est autre chose que la concurrence vitale, la lutte pour la possession des moyens d'existence. Mais l'intelligence humaine contribue à donner à cette lutte un caractère qu'elle ne présente
pas chez les animaux. L'homme comprend qu'il ne peut pas vivre
sans produire ni produire sans s'asteindre au travail. Or, la loi du
travail lui paraît odieuse. Ce n'est pas que l'homme soit un être
inerte, mais c'est un être esthéticien. L'activité libre de tout but
utile et intéressé, le jeu, l'art, voilà celle qu'il lui convient de
déployer. L'homme a été artiste avant de devenir agriculteur :
témoins les dessins trouvés dans les grottes de la Madeleine. Or,
le travail agricole et industriel sous toutes ses formes est difficilement compatible avec de telles dispositions, car le partage et la
répétition monotone des occupations arrêtent et répriment l'élan
des facultés vers la liberté et la variété du jeu. Cette intelligence
de la dure loi du travail combinée avec la conscience de la pression des besoins qu'aggrave sans cesse la multiplication naturelle
du nombre des concurrents, pousse chaque être humain à vouloir
et que la loi du travail soit obéie et que lui-même y soit soustrait.
Donnons à cette disposition le nom d'*esclavagisme*. Nous pouvons affirmer que l'esclavagisme est la forme que revêt parmi les
hommes la concurrence vitale.

Est-il besoin de dire que l'esclavagisme pose la guerre comme sa conséquence ? Chacun repoussant la loi du travail, la force décidera qui doit y obéir. L'asservissement du vaincu, réduit à la condition d'un être astreint violemment à subvenir par son travail aux besoins de maîtres oisifs, voilà le but et en même temps l'explication primitive de la guerre.

Est-ce là une théorie que les faits se refusent à vérifier ? Nous présumons qu'aucun historien, qu'aucun ethnographe sérieux ne le soutiendra. Notons d'ailleurs que scientifiquement l'esclavage comporte plus d'extension que l'on n'en attache ordinairement à ce terme. Pour être esclave, comme l'a vu Spencer, il suffit d'être contraint de donner gratuitement une partie de son travail à autrui ; il n'est pas nécessaire d'être tombé au rang de chose ou de marchandise. De ce biais, on aperçoit que la guerre esclavagiste est le centre de l'histoire.

Entre ces guerres coloniales modernes, dont la guerre dite de l'opium nous semble être le type achevé, et la chasse aux esclaves telle que Barberousse la pratiquait dans la Méditerranée, telle qu'avant la conquête russe les chefs turcomans la pratiquaient sur la frontière de Perse, ou telle que les Arabes du Zanguebar la pratiquent à l'intérieur de l'Afrique, il semble que seule la rhétorique de publicistes malintentionnés puisse trouver quelque analogie. Cependant, la sociologie peut intercaler une foule de nuances entre ces couleurs extrêmes. Voici les conquistadores espagnols, les compagnons de Bovadilla, de Cortez, de Pizarre : ils se répartissent les habitants d'un continent, les enferment à coups de fouet dans les mines au risque d'anéantir, comme à Haïti, une race entière. Voici Guillaume, l'auteur du *Domesday Book :* d'un trait de plume, il dépouille la population saxonne de ses terres ; il la distribue avec le sol aux chefs et aux soldats de son armée ; un bouvier normand devient seigneur terrien de l'autre côté de la Manche. Voici encore les chevaliers teutoniques et les chevaliers porte-glaives, croisés les uns et les autres contre les Sarrasins du Nord ; ils ont exterminé les Prussiens ; ils réduisent pour des siècles les Lives, les Lettons, les Esthoniens à la condition de serfs. Négligeons les Turcs ; des chrétiens conquis des Balkans et du Danube, ils n'**exigent** qu'un tribut annuel ; mais gardons-nous d'oublier les Hollandais : le travail, habilement exploité des Javanais, sera pendant des années, la principale ressource de leur fisc. Ne sont-ce pas là autant d'anneaux d'une chaîne qui relie les **ravisseurs** turkmènes, les pirates algériens, les esclavagistes du **Zanguebar** aux marchands d'opium dont la flotte incendia Canton ?

La guerre esclavagiste a donc exercé largement l'activité de l'Europe chrétienne. Que dire des guerres de l'antiquité ? Que dire de celles dont l'Asie et plus encore l'Afrique noire et l'Océanie sont le théâtre ? Les inscriptions égyptiennes des dynasties les plus reculées nous font de la chasse aux esclaves dans le Soudan une peinture identique à celle qu'ont présentée à l'émotion de l'Europe les récits des Binger et des Wissmann. D'autre part, M. Wallon (1) nous apprend que la pacification de l'Empire romain tarit les sources de l'esclavage au point que les empereurs crurent nécessaire d'imposer par contrainte le travail industriel aux citoyens libres et d'écrire ce monument idéal du socialisme d'Etat que l'on nomme le Code théodosien. Preuve évidente que les guerres antérieures étaient surtout des chasses à l'esclave.

La guerre est donc la solution primitive du problème de l'organisation du travail. Ayant pour fin l'asservissement et l'exploitation du vaincu, elle est radicalement identique au crime. Quelle est, en effet, cette disposition que nous avons nommée l'esclavagisme ? N'est-ce pas l'égoïsme indifférent à la misère, à l'abjection, au désespoir d'autrui ? Nous avons peine à supporter la peinture de l'esclavagisme africain : le village surpris pendant la nuit ; les hommes froidement mis à mort devant leurs proches ; les femmes, les enfants, les adolescents enchaînés deux à deux sans souci de la parenté ; puis la caravane cheminant épuisée dans le désert sous le soleil de l'équateur ; les malades abandonnés ou tués à

------

(1) *Histoire de l'esclavage*, t. III.

coups de barre de fer. Que penser du caractère et de l'état d'âme qui exige l'accomplissement de telles actions et y voit la condition de la vie courante ? Ce que nous pensons du crime lui-même. Mais si la guerre esclavagiste est l'objet constant de l'activité humaine comme elle le fut dans maintes sociétés historiques, que peut devenir la conscience du crime, c'est-à-dire la conscience du droit ?

Les auteurs des œuvres morales les plus élevées que l'antiquité nous ait transmises, l'auteur du *De officiis* comme celui de l'*Ethique à Nicomaque* sont d'accord pour placer la guerre au nombre des sources légitimes de la propriété et pour en exclure le travail. Exposer ou même soupçonner sur ce point la vérité juridique, c'eût été bouleverser la société tout entière, à tel point l'esclavagisme et la guerre esclavagiste détruisaient l'idée de droit.

Ainsi la confusion de l'ennemi et du coupable se complique de deux autres associations d'idées aussi contraires à l'idée de droit : la confusion de la guerre et du crime, la confusion du travail et de la peine. Que ces trois associations d'idées se combinent, se fortifient l'une l'autre et l'idée de droit sera étouffée par cette végétation mentale parasite.

A quelle condition se dissoudront-elles ? Faut-il attendre que le travail soit mieux jugé et considéré comme un bien ? Bien longue en ce cas sera l'attente. Ne voyons-nous pas la doctrine morale qui a le plus contribué à réformer les conceptions erronées sur le travail et à en faire une loi morale imposée par Dieu même, ne voyons-nous pas cette doctrine paralyser elle-même ses propres effets en maintenant corrigée, atténuée, expliquée, mais plus énergiquement liée que jamais l'association de l'idée de travail à l'idée de châtiment ? Bien des moralistes ont écrit sur la destinée humaine, les relations de l'individu et de la société, etc. Combien ont daigné traiter philosophiquement du travail ? Quand au fond des doctrines socialistes révolutionnaires, si l'on écarte la rhétorique qui le recouvre, n'est-ce pas encore le mépris du travail, l'idée que l'homme voué au travail industriel est un être déshérité dont il faut relever la condition en la rapprochant de celle de l'oisif ? Transformer définitivement les opinions sur la valeur du travail sera, souhaitons-le, l'œuvre de l'avenir. Le progrès de la conscience juridique est venu d'ailleurs. La guerre a pu se réhabiliter elle-même et aux yeux de la conscience humaine se distinguer du crime.

La guerre originelle manifestait la concurrence vitale, le déchaînement de l'égoïsme animal. La guerre compatible avec la conscience du droit manifestera la sociabilité. Nous sommes amenés à ce qu'on peut appeler la dialectique de la guerre.

La lutte pour la vie a pour conséquence, chez des êtres capables de sympathie physique, l'association pour la lutte. Forme aiguë entre toutes de la lutte pour la vie, la guerre resserre l'association pour la lutte. Avant d'être un atelier, un marché, un chœur, une école, une académie, une fête, l'association humaine est une armée. L'hommage, la recommandation du combattant le moins habile au combattant le plus brave et le plus habile, voilà le seul contrat social que constate l'observation historique. La lutte commune, la discipline acceptée resserre le lien social ; la confraternité des armes apparaît. L'individu apprend à se subordonner au groupe, représenté, symbolisé par le chef. La guerre tout à l'heure nous apparaissait comme l'expansion tragique et hideuse de l'égoïsme ; grâce à elle, l'égoïsme, la méconnaissance des fins d'autrui, la volonté de subordonner l'univers entier à sa propre conservation, va être dompté.

C'est un fait que la guerre développe la conscience du groupe et provoque universellement l'apparition de trois sentiments sociaux.

Le premier de ces sentiments est celui de l'honneur. Ailleurs nous avons montré en lui un fruit de la sociabilité, non un don de la moralité individuelle à l'ordre social. Sentiment tout militaire quant à l'origine, l'honneur consiste dans l'émotion douloureuse que la personne éprouve à l'idée que sa bravoure puisse être mise en doute. Il faut même à notre sens attacher peu d'importance à la célèbre distinction de l'honneur chevaleresque et de l'honneur

bourgeois : elle ne convient qu'aux sages négociants et aux pacifiques écrivains à l'usage desquels elle a été inventée. Otez le
désir d'obtenir par des actes de valeur la sympathie d'autrui, ôtez
l'idée que l'approbation du groupe sera infailliblement refusée
aux lâches, vous avez supprimé l'honneur. Remarquez que le
courage exalte l'individu et, dans une certaine mesure, l'affranchit du joug de la société. Vous comprendrez dès lors que le souci
d'obtenir par sa valeur l'approbation du groupe soit la transition
naturelle de l'égoïsme à la sympathie.

De là résulte la confraternité des armes. Les preuves de ce
sentiment remplissent l'histoire. Grâce à lui, un rayon d'amour
éclaire la nuit sanglante des batailles. De l'*Iliade* à la *Chanson de
Roland*, des *soldurii* peints par César aux féodaux, des féodaux
à l'esprit régimentaire, le même sentiment élève jusqu'à la haute
moralité la vie militaire.

A l'honneur vient s'ajouter le sentiment patriotique. Lisez
l'hymne que Schiller place dans la bouche des soldats de Wallenstein. Il célèbre cette vie guerrière qui, en un temps de bassesse
universelle, fait d'un camp le refuge de la noblesse humaine :

> Der dem Tod in's Angesicht schauen Kann
> Der Soldat allein ist der freie Mann (1).

Rien de plus ; rien hors de l'hommage qui lie chaque soldat au
chef et à l'armée. La confraternité des armes, en effet, n'exige
rien de plus. Mais supposez que le camp soit une horde, qu'on y
naisse et qu'on y meure, que les armes, les étendards, les trophées
soient légués par chaque génération à la suivante, que les tombes
des héros morts soient connues et vénérées, le soldat concevra
son camp comme un être vivant qui le domine de toute la hauteur
du passé et de l'avenir, toujours capable de lui redemander la
vie qu'il en a reçue. Le patriotisme aura pris naissance.

---

(1) Wallenstein's Lager. *Elfter Auftritt.*

L'égoïsme, racine de la guerre, sera refoulé plus encore que par l'honneur.

Le patriotisme présente les mêmes caractères, qu'on l'étudie chez une tribu d'Indiens, une cité grecque, une commune italienne, une nation moderne. Partout, c'est un sentiment militant, impliquant l'agression contre l'étranger, la subordination de l'individu au groupe. Le sentiment national peut s'y superposer et le compléter. Que la conscience d'une vague parenté anime dans leurs rapports mutuels les membres du groupe ; que l'amour intersexuel soit à son tour subordonné aux fins du corps social, en sorte que le mariage ne soit jamais contracté qu'entre membres du même Etat, ou, pour mieux dire, que les familles accoutumées à s'allier trouvent intolérable l'idée d'être partagées en groupes militaires hostiles, le sentiment national apparaîtra, faisant reculer encore les frontières de l'égoïsme.

Il serait trop long de songer à passer en revue, à discuter, à nommer seulement les hypothèses émises sur la nationalité. Selon nous, elle est corrélative à l'institution matrimoniale. Tout ce qui affecte la facile conclusion des unions matrimoniales, diversité des langues, des religions, des races, l'affecte. Qu'il nous suffise de rappeler que la nationalité ne coexiste nulle part avec le système des castes, avec le régime de l'enlèvement, de l'achat des femmes par le mari ; que l'agnation, c'est-à-dire la négation de la parenté par les femmes lui est contraire, qu'enfin elle ne s'est épanouie que là où existent avec toutes leurs conséquences la cognation et l'affinité. Rappelons aussi que le problème juridique de la nationalité est inséparable du problème de la condition des femmes mariées, qu'il est acquis à l'observation la plus simple qu'entre deux personnes de nationalité distincte le mariage est extrêmement rare et que la multiplication des unions entre deux nations indépendantes les obligerait à identifier leur législation civile, c'est-à-dire à répudier leur autonomie.

Le sentiment national implique donc quelque chose de plus que le patriotisme avec lequel on le confond souvent. En pénétrant le patriotisme, il en atténue le caractère militant et agressif. Le patriotisme est inséparable de l'amour de la gloire ; or l'amour de la gloire a au fond une origine tout utilitaire que les études de Spencer nous ont fait connaitre, savoir, le désir de conquérir des trophées, tantôt des crânes et des chevelures, tantôt des drapeaux et des canons ; ce désir n'est autre que celui de symboliser sa force, d'en contempler les preuves, de les présenter aux autres, de répandre ainsi la terreur de son nom en décourageant les adversaires. Les inscriptions des monarques assyriens, égyptiens, persans, respirent partout ces sentiments, et d'ailleurs il n'est pas nécessaire de remonter aussi haut dans l'histoire, il suffit de regarder les places publiques des capitales de l'Europe. Le sentiment national n'a pas pour origines des dispositions aussi agressives. Sans doute il implique et la conscience que les hommes sont fatalement séparés en groupes étrangers les uns aux autres, et la conviction que cette séparation est bonne et utile ; mais il ne recommande pas nécessairement l'agression contre les groupes étrangers. Aussi le patriotisme national des temps modernes est-il plus compatible avec l'humanité et la pitié que n'était le patriotisme municipal de l'antiquité et du moyen-âge.

Honneur militaire, patriotisme, sentiment national, ces trois états de conscience peuvent se combiner et se confondre en un seul : le sentiment de l'honneur national, la conscience du sacrifice éventuel de l'individu comme condition de la sécurité et de l'expansion de l'être collectif. L'honneur national a la guerre pour manifestation naturelle ; c'est-à-dire qu'il crée un type de guerre dont la notion contraste clairement avec la représentation de la guerre esclavagiste.

La guerre esclavagiste est indiscernable du crime. Comme lui, en effet, elle manifeste l'égoïsme agressif sévissant dans la lutte pour l'existence et la conquête du bien-être (avec une différence cependant : le guerrier esclavagiste ou même cannibale ignore les sentiments sociaux élémentaires, tandis que le criminel les viole tout en les connaissant, en les éprouvant même dans une certaine mesure). La guerre nationale, au contraire, manifeste un caractère hautement altruiste.

La guerre esclavagiste frappe la population entière, et non pas seulement la partie belligérante de la population. Au Soudan, depuis les Pharaons jusqu'à l'époque actuelle, le vainqueur tue les hommes et emmène en captivité les femmes, les enfants et le bétail. Dans l'antiquité classique, dès que le bélier avait touché les murailles d'une ville assiégée, la population devenait la propriété de l'assiégeant et était distribuée aux soldats. En second lieu, la conquête n'a jamais pour effet d'enfermer deux populations dans un seul et même Etat. Le vainqueur exploite le vaincu ; celui-ci travaille et paie. Pour ne considérer que les temps modernes, le Hollandais n'est pas plus concitoyen du Javanais que l'Anglais ne l'est de l'Hindou, le Turc de l'Arménien ou du Rouméliote, le Magyar du Slovaque ou du Roumain. Dans le monde antique, le Romain seul sut ouvrir au vaincu les portes de la Cité. Mais avec quelle précaution et quelle lenteur ! Le vaincu n'est pas toujours esclave. Il peut obtenir la condition du déditice *(pessima libertas)*; le déditice peut, par faveur, obtenir la condition du Latin *(latinus coloniarius)*; mais il reste exclu des droits de famille et des droits politiques. Enfin, sa propriété grevée d'impôts n'est en maints endroits que *bonitaire*, c'est-à-dire laissée à titre gracieux. Cependant ces quelques fictions frappèrent au cœur, sinon la guerre esclavagiste, au moins l'esclavage proprement dit. A la fin de l'époque impériale, les sources de cette institution étaient taries.

Toute autre est la guerre nationale (1). Elle ne sévit qu'entre

---

(1) Est-ce en vertu d'une pure coïncidence que les lois de la guerre juridique ont trouvé leur formule à l'occasion de la plus grande lutte armée qu'ait soulevée dans les temps modernes l'abolition de l'esclavage ? La guerre de la Sécession peut être considérée comme une guerre nationale, puisqu'elle avait pour objet de maintenir l'unité d'une nation. Or, selon Bluntschli (*Droit international codifié*, Introduction, trad. fr., p. 3), la première codification des lois de la guerre continentale doit être cherchée dans « les Instructions pour les armées en campagne de l'union américaine », rédigées par le professeur Lieber, revues par une commission d'officiers et ratifiées par le président Lincoln. Bluntschli (*loco citato*) y voit un des progrès les plus importants du droit international moderne.

les hommes qui composent les armées, et si la population non
militaire en subit la conséquence, c'est dans la solidarité qui
l'unit à sa propre armée qu'il faut en chercher la cause (1). Le

---

(1) Art. 568. — Les nations civilisées ne reconnaissent point aujourd'hui
aux autorités militaires le droit de disposer arbitrairement du sort des
habitants paisibles du territoire ennemi ou des citoyens qui font partie
de l'armée ennemie.

Art. 569. — Sont ennemis dans le sens propre et actif du mot, les personnes qui prennent part à la lutte, font régulièrement partie de l'armée
et sont placées sous les ordres d'une puissance ennemie.

Art. 571. — Les personnes qui, à leurs risques et périls, entreprennent
des expéditions militaires sans autorisation de l'Etat et cachent ensuite
leur qualité de soldats en déclarant être des citoyens paisibles, n'ont
pas droit à être traitées en ennemis et peuvent, suivant les circonstances,
être considérées comme brigands.

Art. 572. — On considère de même comme criminels les corsaires et les
corps francs qui entreprennent des expéditions armées sans autorisation
de l'Etat et dans le but de faire du gain.

Art. 573. — Les habitants paisibles du territoire ennemi, lorsqu'ils ne
prennent pas une part active à la lutte, doivent subir les conséquences
nécessaires de la guerre et se soumettre aux décisions du vainqueur ;
mais ils ne sont pas des ennemis proprement dits et ne peuvent être traités
comme tels.

Art. 574. — Ni les autorités militaires, ni les soldats isolés n'ont le droit
de mettre à mort les êtres humains sans but et sans utilité, de les blesser,
torturer, maltraiter, vendre ou réduire en esclavage, d'abuser des femmes
ou d'attenter à leur pudeur.

Art. 575. — Les autorités militaires sont tenues d'agir avec humanité
envers les ennemis, d'user de tout leur pouvoir pour faire respecter les
lois de la guerre, et en cas d'abus de punir les coupables.

Art. 576. — Il est contraire au droit international de forcer les ressortissants de l'Etat ennemi à entrer au service du vainqueur tant que la
conquête n'est pas achevée et que la prise de possession du pays conquis
n'est pas stable et définitive.

Art. 577. — On doit, autant que les circonstances le permettent, protéger
contre toute attaque violente la religion et la langue, la culture intellectuelle et l'honneur des vaincus.

Art. 579. — La guerre chez les nations civilisées ne peut avoir pour but
la destruction et le carnage, mais seulement le rétablissement et le main-
tien du droit. — Bluntschli (*Droit international codifié*).

choc en retour n'est d'ailleurs qu'accidentel. La guerre nationale, en effet, n'ayant pas le but odieux d'enrichir les vainqueurs,
ne foule pas les vaincus comme le blé sur l'aire. Elle n'étouffe
pas les sentiments humains ; la pitié, la probité, l'honneur, trouvent leur place dans l'âme des combattants. Ne nous arrêtons pas
à certains souvenirs récents qui sembleraient infliger à notre optimisme un démenti trop cruellement ironique. Nos guerres nationales du XIXe siècle offensent la pitié, sans doute. L'offensent-elles
au même degré que les guerres de l'antiquité ? Un Vercingétorix
eût reçu de notre temps l'hommage unanime et respectueux des
vainqueurs. On sait quel sort fut le sien au temps de Cicéron et
de Lucrèce, en une cité où chacun se piquait de philosophie. Dans
nos guerres, le blessé est sacré et le même hôpital enferme le
vainqueur et le vaincu. Les chefs militaires se croient le devoir
de protéger contre les appétits de leurs soldats l'honneur des
femmes et les biens des vaincus. Les prisonniers doivent souffrir
des privations parfois-cruelles ; mais ils rencontrent chez la population victorieuse de la compassion plutôt que de la haine. Les
promesses faites à l'ennemi sont sacrées : l'officier qui y faillit est
à jamais déshonoré auprès de ses propres compatriotes. L'issue
de la guerre est-il d'incorporer à l'Etat victorieux une partie de
la population vaincue ? Celle-ci obtient aussitôt l'égalité des
droits. Le vaincu n'est plus ni un esclave, ni un sujet, c'est un
citoyen. S'il pend sa harpe aux saules et repousse la participation à la vie du vainqueur, elle lui est néanmoins offerte.

Dès lors l'antique association de la représentation de l'ennemi
à la représentation du coupable ne peut subsister. En effet, l'honneur national inspire la sympathie pour les actes de l'ennemi
qui le manifestent. Le spectacle du sacrifice héroïque d'une
armée arrachera à l'adversaire le plus acharné un cri d'admiration. Qu'on médise tant que l'on voudra des guerres modernes,
elles sont pleines de traits de ce genre. Rendre au vaincu les
honneurs de la guerre en raison de l'énergie de sa résistance,
voilà une conduite qu'ignorèrent les sociétés de l'Europe antique
et qu'ignorent encore celles de l'Asie et de l'Afrique modernes.

Quel immense progrès cependant elle suppose ! Si en l'ennemi on honore publiquement la persistance du patriotisme, il devient impossible de profiter de sa défaite pour le transformer en instrument de production pour le compte du vainqueur. Ni l'esclavage ni ses transformations ne sauraient plus être le but de la guerre. Bien mieux : le succès cesse d'être la fin unique soit de l'agression, soit de la défense. En effet, on ne cherche pas seulement à vaincre l'ennemi ; on veut conserver son estime et surtout celle des autres peuples témoins de la lutte. Toutes les armes, toutes les ruses, tous les stratagèmes ne seront pas également licites. Bref, la guerre deviendra une *procédure* et à ce titre aura ses lois. Procédure bien imparfaite, dira-t-on ! soit, mais que fut la procédure primitive, dans les litiges entre familles et entre individus, sinon un combat judiciaire, une lutte armée dont les arbitres réglaient les conditions ? On a maintes fois montré que l'arbitrage international n'exclurait nullement les guerres. Si l'énoncé de cette vérité a pour but d'opposer une fin de non-recevoir à l'idée de l'arbitrage international, l'argument nous semble dénué de valeur. Il serait aussi judicieux de dire que la justice criminelle n'excluant pas les luttes du gendarme contre le malfaiteur n'est en rien préférable aux guerres privées. La guerre juridique, limitée par l'arbitrage des neutres, est précisément le terme vers lequel a tendu la civilisation moderne : étape nécessaire sans doute avant qu'on arrive à l'arbitrage sanctionné par une guerre pénale.

L'association de l'idée de travail à l'idée de châtiment tend à disparaître en même temps que la confusion de l'ennemi et du coupable. En effet le travail, c'est-à-dire l'ensemble des douleurs dont l'égoïsme se décharge sur autrui grâce à la guerre esclavagiste est primitivement la condition de l'ennemi vaincu, c'est-à-dire du coupable par excellence. Mais quand la guerre esclavagiste a fait place à la guerre nationale, le vaincu cesse d'être un corvéable à merci ; l'esclavage ne peut plus être le but de la guerre ; il faut bien que le vainqueur se résigne à ne pas retirer de la victoire une utilité matérielle. Sans doute la classe plus particulièrement guerrière tendra à se décharger du travail sur la classe étrangère au métier des armes. Mais pour échapper à l'oppression, les classes vouées au travail industriel et agricole tendront à leur tour à s'armer ; le même individu pourra réunir en lui un travailleur manuel et un soldat victorieux ; dès lors l'antique association d'idées aura vécu.

La guerre présente donc une contradiction vivante ; ses propres œuvres la détruisent. Issue de l'égoïsme individuel, elle contribue à développer la vie collective. C'est qu'au fond elle met en jeu l'énergie humaine tout entière et par conséquent appelle à la vie l'altruisme comme l'égoïsme. Si l'homme, comme certains animaux carnassiers, n'était qu'égoïste, la guerre n'eût jamais donné les résultats que l'observation historique lui voit produire.

Une telle conclusion pourra trouver des sceptiques : nous sommes si habitués à voir dans la guerre la subversion du droit que nous ne pouvons guère nous résigner à avouer la relation de l'idée de droit et d'une conception déterminée de la guerre. Prouvons donc : 1° que là où la guerre nationale ne s'est pas substituée à la guerre esclavagiste, la notion du droit n'a pu sortir de ses limbes ; 2° que les formes du droit qui consacrent la guerre nationale sont les conditions de toutes les autres.

Est-il constaté par l'observation et l'histoire que l'obscurité de la notion du délit est et a été dans l'humanité en raison directe de la prédominance de la guerre esclavagiste sur la guerre nationale ou politique ? est-il exact que cette prédominance soit en raison inverse du rôle du sentiment national ? Nous pensons que nul ethnologiste, nul historien ne répondra négativement à ces deux questions ?

Considérons tout d'abord ces tribus océaniennes et africaines dont les pratiques apportent un argument malheureusement si fort à l'appui du scepticisme juridique. Nous les trouverons toutes étrangères au sentiment national, tandis que la guerre esclavagiste ou cannibale est la forme la plus ordinaire de leur activité. Comment d'ailleurs pourraient-elles reconnaître et ressentir le sentiment national ? A peine ont-elles conscience des liens de parenté. La famille patriarcale et monogame est inconnue à la plupart d'entre elles. La filiation y est d'ordinaire purement matriarcale ; les plus dégradées pratiquent même la polyandrie.

Passons à une société relativement plus civilisée. Voici l'Inde, ses races superposées, ses castes innombrables. A quel point le sentiment national y est inconnu, ses destinées historiques en font foi : de Mahmoud le Ghaznévide à nos jours, tous ses gouvernements lui sont venus de l'étranger. Comme l'a montré M. Seeley, ce ne sont pas les Anglais qui ont conquis l'Inde : ce sont des Indous qui en ont soumis d'autres pour le compte d'une compagnie anglaise, comme ils l'eussent fait pour le compte d'une compagnie française, voire d'une compagnie parsie (1). Ce n'est pas une armée anglaise qui contraint l'Inde à l'obéissance, c'est une armée indoue, recrutée volontairement, qui assure le gouvernement anglais de l'obéissance de 250 millions d'hommes. L'Inde existe pour l'Européen ; elle n'existe pas pour l'Indou. Musulman, il ne connaît que l'Islam ; rajpoute, brehmaniste il ne connaît que son clan, sa communauté domestique ou sa caste. Les liens de parenté le gouvernent et l'étreignent, mais la religion les empêche de se ramifier et de donner lieu à la nationalité. Or, qu'est la guerre aux yeux de l'Indou ? Une entreprise de pillage. Un mouvement en apparence national et religieux comme le soulèvement des Mahrattes contre les Mongols n'aboutit au xviiie siècle qu'à une vaste organisation du brigandage dans la péninsule (2).

Interrogeons l'histoire de l'Europe antique : les résultats sont les mêmes. La guerre esclavagiste y correspond à l'absence du sentiment national. La guerre de Sparte contre la Messénie est au plus haut point une guerre esclavagiste. L'apparente fédération des cités maritimes sous la direction d'Athènes aboutit à la spoliation des premières. La guerre du Péloponèse n'a d'autre mobile que le déplacement des richesses. L'absence du sentiment

---

(1) Seeley, *L'Expansion de l'Angleterre*, trad. fr., 2e partie.
(2) *Id., Ibid.*

national chez les Grecs a selon nous deux preuves : la première
est que, malgré la conscience assez claire d'une origine commune, malgré l'existence d'une littérature et de cérémonies
panhelléniques, ils ne tendirent jamais au fédéralisme politique,
si ce n'est sous l'empire d'un danger imminent ; le second est que
le souvenir de ce danger ne pouvait corriger longtemps les effets
du morcellement municipal. Evidemment Eschyle, Démosthène.
Aristote, éprouvèrent le sentiment national et eurent la conception d'une Hellas supérieure à Athènes, à Sparte, à Thèbes :
mais ceux qui sentaient et pensaient comme eux furent bien rares.
Ne voyons-nous pas Aristote exprimer le vœu que la guerre entre
cités grecques n'eût plus l'asservissement du vaincu pour conséquence ? n'est-ce pas la preuve manifeste que le Grec consi-
dérait le Grec d'une autre cité comme un ennemi héréditaire ?

Dans les temps modernes, certaines sociétés dont le sentiment
national est le principe et l'âme n'ont pas craint de donner pour
fin à quelques-unes de leurs guerres l'asservissement et la spoliation du vaincu : nous voulons parler des expéditions dites coloniales. Mais cette anomalie apparente vérifie la loi posée plus
haut. En effet, la guerre nationale implique la lutte de deux
nations définies. Or, aux colonies les Européens ne trouvaient pas
devant eux de nations constituées. Tout au moins les armées de
ces nations semblaient-elles étrangères à l'honneur national tel
que l'entend l'Européen. Enfin, il n'est pas douteux que les guerres
coloniales aient contribué par une réaction naturelle à obscurcir
en Europe la conscience du droit.

La corrélation du droit international et de la notion du droit
criminel n'est pas moins susceptible d'être vérifiée par l'expérience.

Nous s'avons que les obscurités et les lacunes de la conscience
du délit dépendent en grande partie de l'imperfection des institutions pénales. Là où la vengeance exercée par les parents de la
victime est le seul châtiment dont le crime puisse être frappé, la
notion du délit est obscurcie, sinon étouffée, par l'association des
idées de peine et de vengeance. Lorsque les sentiments vindicatifs,

qu'a allumés le délit, peuvent être apaisés par une composition en argent, la conscience du délit n'est guère moins affectée. Au contraire, la distribution d'une inflexible et exacte justice pénale, est, comme semble le prouver l'expérience de la politique coloniale, le plus sûr moyen d'élever le niveau moral d'une civilisation inférieure. Lyall nous a même montré les conceptions religieuses de certaines tribus se transformant sous cette influence.

Or, une législation ou même une coutume pénale régulière a pour condition rigoureuse l'existence d'un droit international défini. La philosophie classique du droit semble ignorer cette dépendance. Tout l'atteste cependant, et il est aisé d'en rendre compte.

Si nous quittons l'Europe et les États issus des colonies européennes, nous quittons brusquement le domaine du droit international. Nous savons par expérience que les mots négociations, traités, ambassades, n'ont pas le même sens entre Européens et Chinois qu'entre Européens et Européens, bien que la Chine soit celui des États non européens dont la structure et le gouvernement soit le plus intelligible aux intelligences européennes. L'absence de relations juridiques régulières est même la cause qui pousse invinciblement les puissances européennes à reculer les frontières de leurs possessions coloniales. Or, le droit pénal régulier ne disparaît pas moins brusquement que le droit international. Sans doute, on trouve des magistrats ayant pouvoir d'ordonner des supplices. Mais leur juridiction ressemble plus à celle d'un chef militaire en temps de guerre qu'à celle d'un magistrat investi d'attributions régulières et limitées. Ces quatre conditions de toute institution pénale vraiment juridique, l'action publique, l'instruction criminelle, la classification des faits punissables, l'échelle des peines, semblent faire universellement défaut à l'Asie et à l'Afrique indépendante ; on n'en trouverait pas la trace chez les tribus sauvages.

N'en était-il pas de même dans l'Europe ancienne ? Quoique le droit civil des cités grecques et de la primitive Rome présentât bien des lacunes, il était relativement développé si on le compare au droit pénal d'alors. Sumner-Maine a montré que l'assemblée populaire punissait le crime par une sorte de *tolle* ; qu'elle en frappait l'auteur par une loi privée (*vrivilegium*); que d'ailleurs nombre de faits punissables étaient châtiés comme infractions aux lois religieuses ou encore comme *torts* faits à des particuliers (1). Bref, la société ne s'élève pas à l'idée de frapper certains faits par une loi générale, indépendamment de l'intérêt privé ou de l'intervention de la religion. Rappellerons-nous que l'action publique était ignorée et que les délateurs du Sénat impérial en furent les premiers organes ? Or, sans l'action publique, l'instruction criminelle ne saurait avoir de règles. On peut donc conclure que le droit pénal hellénique et romain n'était guère supérieur à celui de l'Orient moderne.

Or, du droit international, il n'existait que des germes ou des apparences. Le *jus gentium*, suivi par le préteur romain, n'était que l'ensemble des coutumes communes aux Romains et aux cités voisines. Le droit fécial était un cérémonial religieux destiné, semble-t-il, à rendre les dieux de l'ennemi propices à la cité belligérante. Sans doute, les cités helléniques et italiennes concluaient des traités, nouaient des alliances, envoyaient des ambassadeurs, parfois même recouraient à l'arbitrage ; mais ce n'était point là encore la mise en œuvre d'un droit international reconnu (2).

Quelle est, en effet, chez les modernes, l'hypothèse, l'âme du droit international ? C'est que les différentes nations sont les membres d'une même cité ; que si chacune d'elles est maîtresse sur son territoire et capable de régler sa destinée comme il lui convient, toutes cependant ont des principes communs à reconnaître, des intérêts communs à poursuivre ; bref que la vie de chacune est inséparable de la vie des autres.

Ce système d'idées, qui n'est que l'application des principes stoïciens, était radicalement étranger à la vie de l'antiquité. S'y

---

(1) Summer-Maine, *L'Ancien Droit*, trad. *Courcelle-Seneuil, ch. X.*
(2) Voir Cauchy, *Histoire du Droit international maritime, t. I.*

fût-il développé, il n'aurait pu y recevoir d'applications. Le monde antique passa de l'isolement municipal à l'unité romaine. Sur ses frontières, l'empire romain ne rencontrait que des tribus sauvages, ou ces Etats de l'Orient qui, aujourd'hui encore, sont réfractaires au droit des gens.

Le moyen-âge nous présente deux périodes bien distinctes : l'une antérieure, l'autre postérieure à l'établissement de l'empire romain germanique. Il ne saurait être question d'un droit international pendant la première. Pendant la seconde, au contraire, les Etats ont un double arbitre commun : le Pape et l'Empereur ; les nations sont absorbées par la République chrétienne. Les variations du droit pénal correspondent à ces variations du droit des gens. Pendant la première période règnent les lois barbares dont la composition est l'âme. La seconde période voit apparaître et se développer un droit pénal fondé sur l'idée d'expiation, un droit pénal qui frappe avant tout les révoltes contre la loi religieuse, mais qui, cependant, défend à peu près la société contre la criminalité.

La corrélation existe donc entre le droit international et les institutions pénales. Serait-elle accidentelle ? Une coïncidence aussi générale des phénomènes n'a-t-elle pas quelques raisons profondes ? On peut en indiquer deux à notre sens, l'une interne, l'autre externe.

Le droit international a pour fondement l'idée que, entre deux nations, la guerre est une procédure. Les deux belligérants restent membres de la même cité. Quelque ennemis qu'ils semblent être, ils ont toujours la perspective de se retrouver amis. La procédure guerrière a donc ses règles ; elle comporte des ruses, des artifices ; soit : cependant elle exclut certains procédés. Par exemple, aucune des sociétés belligérantes ne verra des alliés, même éventuels, dans les criminels dont l'autre subit les entreprises. Or, remarquons que si le but visé était la destruction de l'adversaire ou même son asservissement, ce scrupule n'aurait pas sa raison d'être. Quelle conséquence en résulte cependant ? C'est que le crime ne peut se confondre avec l'acte d'un ennemi temporaire. On y voit une agression, non contre une société déterminée, mais contre la sociabilité elle-même. La répression, voire la dénonciation du crime, cesse d'être conçue comme la satisfaction d'une vengeance privée : elle devient au premier chef une fonction sociale. L'idée fondamentale du droit international est inséparable de l'idée fondamentale du droit pénal.

La cause externe de la corrélation étudiée plus haut n'est autre que l'extradition des criminels. Il ne saurait y avoir d'institutions pénales efficaces si les frontières de chaque Etat peuvent servir d'asile aux criminels des pays voisins. Un exemple tiré du spectacle de l'Europe contemporaine peut nous servir de preuve. On sait que les crimes politiques ne donnent pas lieu à l'extradition de leurs auteurs. Quel est le résultat de cette pratique internationale ? C'est que les articles du code qui frappent l'attentat ou le complot contre la sûreté de l'Etat ne peuvent être appliqués aux coupables et que tout condamné politique peut se croire autorisé par l'histoire à nourrir les plus hautes espérances. Un seul Etat bien décidé à servir d'asile à tous les proscrits peut ainsi contribuer efficacement à la métamorphose politique de tout un monde. Supposons ce phénomène généralisé : les lois pénales seraient évidemment frappées d'impuissance. Il est donc visible que sans l'extradition, le droit pénal n'est qu'un *pium desiderium*. Or, l'extradition est le fruit du droit international : elle résulte, non des lois, mais des traités. Elle est la preuve visible de cette communauté sociale qui plane au-dessus de la pluralité des nations.

Ainsi le droit pénal est solidaire du droit international et il en est dépendant. Comme le législateur ne mérite son nom que dans la mesure où il dispose de la contrainte pénale, le droit international, forme visible du droit naturel, se trouve être la clef de voûte du droit positif tout entier. Or, le droit international résulte d'une subordination de la guerre aux sentiments sociaux ; il est le fruit d'un contraste entre la représentation de la guerre et la représentation du crime.

CHAPITRE VII

L'IDÉE DE LA DETTE. — LA COMPOSITION, L'OBLIGATION
CONVENTIONNELLE ET LA PEINE.

L'idée de délit nous suggère invinciblement l'idée de dette ou
d'obligation, le plus clair et le plus intelligible des éléments de
l'idée de droit.

Cette association est si intime que dans un grand nombre de
langues une même famille de mots désigne les deux idées. La
langue allemande est incapable de distinguer la dette de la faute
(schuld), le coupable du débiteur *(schuldig)*, le complice du
débiteur solidaire *(mitschuldig, mitschuldner)*. — Des traces
de la même confusion se retrouvent en grec. Ποινή y signifie à la
fois prix, composition et peine. Enfin les diverses acceptions du
mot *reus* nous montrent que l'esprit romain fut longtemps aussi
incapable de distinguer la responsabilité civile de la responsabilité
pénale que le fut l'esprit germanique lui-même.

Dans la pensée d'un homme des temps modernes, l'idée de délit
s'associe par contiguïté à l'idée de peine ; elle ne semble pas s'associer à l'idée de dette. Sans doute, il nous arrive de dire qu'un
condamné a payé sa dette à la société ; mais bien que le langage
atteste ici l'antique confusion, nous n'en sommes pas dupes ; nous
ne le sommes pas davantage quand après avoir dit que nous
acquittons une obligation (voire une facture), nous ajoutons que

tel accusé a été *acquitté* par le jury. Mais dans la pensée des hommes primitifs dont nous tenons l'idée de droit, il n'en était pas ainsi. Sans doute l'idée de délit y suggérait l'idée de peine, mais l'idée de peine n'exprimait nullement une garantie sociale contre le retour du délit ; elle désignait explicitement une composition, un dédommagement matériel payé soit en argent, soit en esclaves, soit en bestiaux, par la famille de l'offenseur à la famille de l'offensé.

L'institution universelle de la composition a été récemment soumise, par l'illustre Fustel de Coulanges, à une étude approfondie dont les conclusions sembleraient de nature à modifier l'idée qu'on s'en était généralement faite. Le profond sociologue pose comme prouvé qu'on retrouve la composition chez tous les peuples anciens, qu'elle est « non le caractère d'une race, mais le caractère d'un état social, de celui où l'autorité publique n'est pas assez forte pour punir elle-même les crimes. » « Plus vous approchez de l'anarchie, écrit-il, moins l'Etat poursuivra les crimes, surtout ceux qui ne l'intéressent pas directement ; alors, de deux choses l'une, ou la famille se vengera elle-même, ou bien elle s'accordera avec le meurtrier, et l'on verra se produire ou la guerre privée ou la composition (1). »

Il dissipe la confusion classique de la composition et du wehrgeld ; il montre que la composition avait ses racines dans les usages romains et qu'elle eut la faveur de l'Eglise, hostile alors à la peine de mort. Mais où l'auteur des *Institutions politiques de l'ancienne France* s'écarte des jugements reçus, c'est quand il voit dans la composition, le rachat non du tort, mais de la peine. S'il en était ainsi, nous devrions renoncer à rechercher dans l'idée de composition la forme originelle de l'idée de dette et l'explication de l'association qui l'unit à l'idée de délit.

Fustel de Coulanges semble avoir surabondamment prouvé par la discussion des textes que dans la Gaule franque la composition

____

(1) *Monarchie franque*, p. 475.

était effectivement le rachat de la peine. C'est qu'il existait dans cette société, comme il en donne aussi la preuve, un véritable droit criminel ; c'est qu'un pouvoir, relativement fort et conscient de ses fonctions, y poursuivait les coupables. La composition franque n'est donc nullement le type de la composition primitive ; c'est une institution bâtarde déjà visiblement en décadence.

Mais l'auteur de la *Monarchie franque* a soin de définir lui-même l'idée primitive dont la composition est l'effet. « Il n'est pas douteux, écrit-il, qu'un intérêt très matériel n'ait contribué à vulgariser le système des compositions. Un homme avait été tué ; ses parents pouvaient calculer que la mort du coupable ne leur servirait à rien et que la composition les enrichirait » (1). Bref, la composition est la compensation d'un tort. Il est aisé de retracer l'évolution psychologique d'où elle est sortie.

En effet, l'agression, qui est la matière du délit, donne lieu à deux idées différentes, selon qu'elle est considérée par la société ou par la victime et ses proches. Aux yeux de la société, elle est réellement un *crime*, autorisant le groupe assemblée à en traiter l'auteur en ennemi ; aux yeux de la victime et de sa famille, c'est principalement une douleur, un dommage. Ce que ceux-ci attendent de la pénalité, ce n'est pas seulement une garantie contre le retour d'une semblable agression dans l'avenir, c'est une réparation du dommage éprouvé dans le présent. La preuve en est que dans l'esprit de la famille autonome l'idée de dommage s'associe toujours à l'idée de composition ; or, en perdant son autonomie, le groupe familial ne perd ni ses passions ni ses idées ; elles subissent seulement une transformation et une atténuation. Devenue solidaire d'une fédération de familles, l'ancienne famille autonome cesse de poursuivre directement la réparation de son propre grief : elle se transforme en demandeur. Pour obtenir de l'offenseur et de ses parents le paiement de la composition, elle ne comptera plus sur une contrainte armée,

---

(1) Cf. Littré, Origine de l'idée de justice (*La Science au point de vue philosophique*).

mais sur une sentence arbitrale rendue par l'assemblée même qui prononce la peine contre le crime.

Lorsque la coutume spontanée se transforme en législation écrite, l'importance de l'idée primitive de compensation, liée inséparablement à l'institution de la composition, est attestée par la place même qu'elle occupe dans les nouveaux Codes. A Rome les deux formes du vol, le vol clandestin (*furtum*) et le vol à main armée (*rapina*) sont des sources d'obligations ; dans une législation beaucoup moins avancée, celle dont la loi salique est pour nous le parfait spécimen, le tarif des compositions remplit la plus grande partie du Code.

Chez nous-mêmes, malgré toutes les transformations que les législations artificielles ont fait subir au droit spontané, il subsiste des souvenirs de ces institutions primitives. Nous faisons allusion à l'intervention de la partie civile dans les poursuites criminelles ; d'ordinaire le but est moins d'obtenir des dommages-intérêts que d'appuyer l'accusation. Mais il est à remarquer que le plus souvent la valeur des dommages-intérêts réclamés augmente à mesure que diminue l'importance du délit poursuivi. Nos mœurs sont telles qu'on rougit, et avec raison, de demander aux tribunaux une compensation pécuniaire de la mort d'un proche, sauf quand elle a été donnée involontairement, mais qu'on ne rougit nullement de demander une réparation pécuniaire pour une offense à la propriété, par exemple à la propriété littéraire. Bref, l'action privée subsiste encore à côté de l'action publique ; elle poursuit non le châtiment du crime, mais la réparation du dommage ; elle le poursuit d'autant plus que le fait qui le motive a moins les caractères du crime et davantage les caractères d'un dommage.

L'idée de compensation perdrait donc de son importance à mesure que le droit étend son empire si à cette idée ne s'associait la notion de l'obligation, source d'une institution juridique de premier ordre, le contrat.

Ici nous prenons la liberté de nous adresser au lecteur et de le prier d'oublier un instant les théories individualistes qui ont cours sur l'origine du contrat. Nous avons conscience d'être sur ce point en opposition avec les théories classiques et du droit positif, et du droit naturel. Selon les premières, le contrat n'est sans doute qu'une source d'obligation entre plusieurs, mais c'est la source ordinaire et normale et la notion de l'obligation contractuelle semble être un concept spontané de l'esprit humain. — Selon le droit naturel, le contrat précède l'association ; il est l'acte de deux libertés qui consentent à se limiter réciproquement, l'une en faveur de l'autre. Notre hypothèse semble être à la fois incorrecte et inintelligible.

Cependant si nous avons appris quelque chose de cette science, que l'on a proposé de nommer l'archéologie juridique, c'est que notre notion du contrat et de l'obligation contractuelle est toute moderne, c'est qu'elle apparaît dans un état social déjà ancien, en voie de passer de l'*homogène* à l'*hétérogène ;* c'est qu'elle est la conséquence, non le principe de la sociabilité ; c'est qu'elle est incompatible avec l'état des sociétés primitives. Là où l'individu est absorbé, non par l'État, mais par la famille, tout contrat est un traité entre deux États autonomes : il reçoit son autorité des formes solennelles qui l'accompagnent. Ce n'est pas encore, pour employer les termes de notre Code, une convention librement formée tenant lieu de lois à ceux qui l'ont faite.

Chacun sait qu'il y a d'autres sources d'obligations que les contrats : délits, quasi-délits, quasi-contrats ; chacun sait, en outre, qu'à la différence de l'obligation contractuelle, celle qui naît d'une des trois autres sources n'a pas pour origine la volonté de celui qui en est créancier. Les idées d'obligation et de contrat ne sont donc pas adéquates l'une à l'autres. L'esprit humain conçoit donc des obligations non contractuelles, des obligations dont on est créancier ou débiteur sans un acte propre ou exprès de sa volonté. Le problème est de savoir si l'obligation typique est celle qui résulte d'un fait involontaire ou celle qui résulte d'une libre convention.

Chacun admettra que l'obligation qui naît d'un délit ou d'un quasi-délit est une compensation accordée à la victime du fait dommageable. Dans les dommages-intérêts qu'un tribunal, une cour d'arbitre ou un jury accorde à une personne lésée, on peut sans trop d'effort retrouver, bien que fort transformée par un état social régulier, la *composition* que, pour éviter une guerre, la famille de l'agresseur payait à la famille de la victime. Composition, compensation, les termes ont une vague analogie, les idées sont identiques. La composition est le résultat d'une confusion faite entre le crime et le dommage. Le clan auquel appartient l'agresseur paie la composition au même titre que le propriétaire d'une voiture ou d'une machine paie des dommages-intérêts aux parents de la personne qu'il a tuée.

L'idée de compensation joue-t-elle un rôle dans le processus de l'obligation contractuelle ?

Posons d'abord en principe que l'obligation conventionnelle a pour matière la richesse, soit qu'il faille la créer, soit qu'il faille la distribuer. En dépit des assertions de M. Fouillée, l'idéal moral et juridique ne réclame nullement l'extension du contrat à toutes les institutions civiles et politiques, sinon il faudrait appeler de ses vœux le jour où des relations innomables remplaceraient le mariage, où la justice criminelle ferait place au duel, des soldats mercenaires aux armées nationales. Le contrat n'a de place, ni dans la constitution profonde de la famille, ni dans celle de la nation. En revanche, son domaine est égal à celui de la production et de l'échange.

L'idée d'obligation est juridiquement associée à celle de paiement ; or, on sait que la compensation est un mode naturel d'extinction des obligations (1). Le problème est de savoir : 1º si la compensation est le mode le plus naturel et le plus normal de paiement ; 2º si la compensation qui éteint une dette et met fin à une créance est du même genre que celle qui répare un fait illicite et dommageable.

Sur le premier point, la science économique répond et répond

(1) Voir Savigny, *Droit des obligations.*
(2) *Ibid.*

affirmativement (2). La compensation est le mode normal de paiement : sans témérité on peut prédire que c'est celui qui remplacera tous les autres le jour où chacun sachant que dans la société
il est à la fois créancier de tous et débiteur de tous, l'argent ne
sera plus qu'un dénominateur des valeurs et aura cessé d'être
l'instrument des échanges. On peut penser que nous n'avons pas
l'intention d'exposer ici la théorie de la banque ni celle du change.
Contentons-nous de rappeler que dans l'organisme commercial,
les obligations s'éteignent par échange de titres de créance et
que l'argent n'y sert qu'à payer des différences. Donc, sur le premier point, aucun doute n'est possible ; la compensation n'est pas
seulement pour les obligations un mode d'extinction entre plusieurs autres ; c'est le mode normal, naturel, celui qui répond le
mieux à la division du travail et à la nécessité de l'échange.
Ajoutons que ce mode d'extinction échappe aux fictions et aux
entraves de la législation civile. Il est visible que sans la compensation le commerce international ne serait jamais né. Déjà c'était
elle qui, dans l'antiquité romaine, selon Savigny, donnait à la
naturalis obligatio, issue d'un simple pacte, toute la force que la
civilis obligatio recevait d'un contrat solennel et de l'action
dont elle était pourvue (1).

Mais peut-on assimiler à la compensation qui met fin à une
créance (et que seul le droit appelle ainsi) la réparation d'un
dommage ? Là, deux dettes s'éteignent par échange des titres de
créance ; ici une seule dette, involontairement contractée, vient
donner satisfaction à la victime d'un tort. Quoi de commun ?

Rien, sinon ceci qui est tout : le paiement est la cause de toute
obligation ; la compensation est le mode normal de paiement, si
bien que la compensation ne sort de l'obligation que parce qu'elle
y est immanente.

Objectera-t-on que la compensation n'a aucunement le caractère pénal, tandis que la réparation d'un dommage, l'obligation
qui naît d'un délit a au plus haut point ce caractère ?

—————————

(1) *Ibid.*

Il est aisé de répondre. Nous n'avons cité l'exemple du droit commercial que pour manifester la loi naturelle et profonde qui partout où il y a obligation tend à faire réapparaître la compensation. Nous n'avons pas prétendu que la compensation usitée en droit commercial soit identique de tout point à celle qui met fin à la dette issue d'un délit. Celle-là est une transformation assez lointaine de celle-ci. En revanche, la psychologie et la science sociale peuvent affirmer que les idées de compensation et d'obligation sont inséparablement associées.

Toute compensation est un fait involontaire, le résultat d'une contrainte. La victime d'un dommage, volontairement infligé ou non, n'a pas voulu acquérir une créance sur l'auteur de celui-ci. Cependant elle l'a acquise. L'auteur du dommage, surtout si ce dernier résulte d'un quasi délit, n'a pas voulu contracter une dette envers la victime ; c'est involontairement que l'un et l'autre sont devenus créancier et débiteur. De même le vendeur n'a pas voulu devenir débiteur de l'acheteur qui comme paiement lui présente un titre portant sa signature ; la vente qu'il a effectuée avait précisément pour fin de le rendre créancier. Sa dette annule sa créance et le place dans une situation analogue, au fond, à celle de l'auteur d'un fait illicite et dommageable.

Une conclusion s'impose, c'est que le droit contractuel est un aspect ou une transformation du droit pénal ou du droit coercitif, c'est que, entre le contrat et la contrainte, il y a plus qu'une analogie verbale et une identité racines (*contrahere*) : il y a une analogie réelle et une identité originelle.

Si nous consultons l'histoire des institutions, nous sommes étonnés de voir combien est rigide et étroit le lien forgé par le contrat entre le créancier et le débiteur.

Tandis que, si nous en croyions la métaphysique du droit, le contrat serait l'institution originelle, le seul moyen de créer une société sans porter atteinte à l'égalité ou à la liberté, nous constatons qu'il exclut des relations de ceux qui le forment l'égalité encore plus que la liberté ; bref, pour l'un des contractants c'est un demiesclavage, souvent la préface d'un esclavage réel (1). Le débiteur est esclave de sa dette. La raison est que tout contrat ayant alors pour matière une translation de propriété, le fait de contracter une dette est assimilé à une atteinte à la propriété d'autrui. Le contrat se confond avec un transfert de propriété. Si A transfère à B une part de son patrimoine et que B ne donne à A que la promesse de lui livrer une somme équivalente de richesse, B, s'il n'acquitte pas la dette à l'heure dite a devant la société une situation comparable à celle de l'homme qui par la force aurait dépouillé A d'un de ses biens. N'oublions pas que les idées concrètes correspondent à des faits visibles tandis qu'une idée abstraite, correspondant à un fait non perceptible, comme le libre consentement, est sans action sur la pensée, ou tout au moins n'y laisse pas de trace.

« Les spéculations du dernier siècle sur l'état de nature où se serait trouvé le genre humain peuvent être résumées dans la proposition que « dans la société primitive, la propriété n'était rien et que l'obligation était tout », et on voit maintenant que si on renverse la proposition, on s'approchera beaucoup plus de la réalité des faits. D'un autre côté, considérée historiquement, l'association primitive des idées de transfert et de contrat explique quelque chose qui frappe souvent l'érudit et le juriste comme une énigme singulière, je veux dire la sévérité extraordinaire et uniforme des régimes de droit très ancien, et les pouvoirs extravagants qu'ils confèrent au créancier (2). »

Rappelons-nous, dans le même ordre de faits et d'idées, la sévérité du traitement qui dans un état social voisin du nôtre frappait le commerçant en faillite, et l'effort considérable qu'il a fallu réaliser pour distinguer la faillite de la banqueroute, nous comprendrons que la dette soit à l'origine identifiée à un tort, à un dommage causé. Ceci nous permet de concevoir que, l'obligation

---

(1) Sumner-Maine, *Ancien droit*, chap. IX.
(2) *Id., Ibid.*

étant un dommage, le moyen de le réparer soit assimilé à une compensation.

L'analyse de quelques notions juridiques jouant un grand rôle dans le droit des obligations va rendre ce point plus clair : elle montrera que l'idée d'obligation est inséparable de l'idée de dommage compensé.

La première notion à considérer est celle de la *clause pénale* introduite dans un contrat pour assurer l'exécution de l'obligation. Toute obligation contractuelle est future et contingente : l'exécution dépend d'une volonté toujours sujette au changement. De là l'idée d'amener le débiteur de l'obligation à se condamner lui-même par avance en cas de non exécution. L'obligation non exécutée ou simplement différée est un dommage infligé à l'autre contractant et la clause pénale en est la compensation. Sur ce point notre Code civil (art. 129), écho en cela d'idées très anciennes est parfaitement explicite. « La clause pénale est la compensation des dommages et intérêts que le créancier souffre de l'exécution de l'obligation principale. » Essayons-nous de concevoir l'origine de cette institution ? Si nous professons sur la nature du contrat les théories de la métaphysique du droit, nous ne pouvons sortir d'un abîme d'obscurité. Si le contrat est une limitation réciproque et volontaire des libertés, si l'obligation conventionnelle est une loi que se donne à elle-même la volonté autonome, on peut concevoir que l'un des contractants s'abstenant d'exécuter l'obligation, l'autre soit délié de ses engagements ; on peut concevoir encore qu'au cas où le service promis conditionnellement aurait déjà été rendu, le contractant lésé poursuive la restitution de la valeur du service : mais l'idée d'une clause pénale venant corroborer l'obligation principale serait inadmissible ; elle serait même injurieuse pour l'être autonome. Invoquer l'aphorisme « *volenti non fit injuria* » ne suffit pas à écarter la difficulté. L'être autonome subit une injure quand sa qualité de législateur est lésée ou diminuée. Demander à la volonté autonome de se lier elle-même par une peine, par la crainte d'une souffrance, c'est lui demander d'abdiquer son autonomie. Admettez, au contraire, que le droit

11 *

contractuel ait la même racine que le droit pénal, et toute obscurité
se dissipe. Si toute obligation est une dette, toute **dette un dommage auquel on se résigne** temporairement, l'exécution de l'obligation est assimilée à la compensation d'un dommage proprement
dit. Dès lors, il n'est pas étonnant que les parties contractantes,
pour mieux s'assuror contre les risques résultant de la non exécution ou de l'exécution tardive de l'obligation, ajoutent à la dette
principale une compensation qui le cas échéant y suppléera.

Nous trouvons une seconde preuve de la dépendance originelle
du droit contractuel à l'égard du droit pénal, ou pour mieux dire
une nouvelle preuve de l'association de l'idée d'obligation à l'idée
de dommage compensé dans ce principe fondamental. « Toute
**obligation de faire est convertible en dommages-intérêts ou en
obligation de payer.** » Sans doute on tente ordinairement de faire
de ce principe un simple corollaire du principe de la liberté personnelle. « Nul n'est tenu de faire », dit-on, parce que toute
autre règle aliènerait la liberté de la personne ; si nul n'est tenu
de faire, l'obligation de faire est convertible en l'obligation de
donner. — Cette explication, si classique qu'elle soit, nous semble
purement spécieuse. En effet, la conversion de l'obligation de
faire en obligation de donner ne sauvegarde nullement l'absolue
liberté de la personne. L'annulation réciproque des obligations
aurait seule cet effet. Car, lorsque A et B se lient par une convention, l'obligation de B commence au moment où A a exécuté la
convention. En ce cas, de deux choses l'une ; ou A n'exécute pas la
convention et en ce cas B est déchargé de toute obligation ; ou A
ayant exécuté sa promesse, B n'exécute pas la sienne. En ce cas
A a droit à la restitution de la valeur du service rendu par lui à B.
Le respect de la liberté prescrirait de ne pas aller plus loin.
L'utilité sociale peut seule rendre l'obligation plus étroite ; or,
rien n'est plus contraire à l'idée d'autonomie individuelle que ce
sacrifice de la liberté à l'utilité. Remarquons, d'ailleurs, qu'une
explication proprement utilitaire de l'obligation n'aurait ni profondeur ni vérité. Lorsqu'une institution commence, on est incapable
de se faire une idée exacte des conséquences utiles qui pourront en

résulter. Imaginer que le souci de favoriser la circulation des richesses a été l'origine du contrat serait la plus superficielle des théories : ce serait imaginer que les hommes aient pu avoir une idée de l'activité industrielle avant que les conditions élémentaires de celle-ci aient apparu.

Si l'on admet qu'à toute obligation s'attache l'idée de dommage et que le débiteur, même volontaire, d'une prestation, est toujours assimilé au malfaiteur, on concevra aisément que toute obligation de faire soit, en cas de non exécution, convertie en obligation de payer, c'est-à-dire en compensation de dommage. Sans doute, cette conversion est au fond favorable à la liberté de l'individu. Mais il est si peu exact que ce soit le souci de la liberté qui l'ait institué que l'esprit individualiste a eu précisément pour effet de soustraire les ouvriers à cette conversion de l'obligation en leur permettant de rompre, par une entente concertée, une convention en cours d'exécution.

L'existence d'obligations résultant soit de quasi-délits, soit de quasi-contrats, nous est une autre preuve que l'exécution d'une obligation a pu être considérée comme la compensation d'un tort réel ou éventuel. Le quasi-délit et le quasi-contrat se ressemblent en un point : ils rendent un particulier créancier d'un autre nonobstant sa volonté : ils diffèrent en ce que le quasi-contrat est un fait licite, tandis que le quasi-délit est un fait illicite et dommageable ; ils diffèrent aussi en ce que le débiteur d'une obligation née d'un quasi-délit n'a jamais concouru volontairement à la formation de l'obligation, tandis que le débiteur d'une obigation quasi-contractuelle est quelquefois lié par un acte en partie volontaire. Mais la principale différence est que le dommage causé par un quasi-délit est réel, tandis que celui qui résulte d'un quasi-contrat est éventuel. Or, l'éventualité du dommage suffit à créer une obligation. Le principe d'où découle l'obligation quasi-contractuelle est que nul ne peut s'enrichir aux dépens d'autrui. De là l'obligation du tuteur et celle du *negotiorum gestor*. L'obligation a pour source l'enrichissement involontaire de l'un et de l'autre, enrichissement qui serait un dommage pour quelqu'un s'il n'était promptement compensé.

Ici nous prenons la liberté de poser encore une fois une question aux théoriciens individualistes. Comment leur hypothèse rend-elle compte de l'obligation quasi-contractuelle ? Rejeter la légitimité de cette obligation serait admettre implicitement la légitimité de ce qu'elle a pour fin d'empêcher, à savoir, la faculté de s'enrichir aux dépens d'autrui. Mais comment la justifier ? L'idée même d'un quasi-contrat n'est-elle pas inintelligible à l'individualiste ? Comment admettre qu'un acte involontaire, même licite, puisse créer à son auteur la même obligation qu'un acte volontaire ? Que devient ici l'autonomie de la personne ? Si je professe l'individualisme métaphysique, je puis admettre qu'un tort volontairement causé par moi à autrui me crée une obligation. Mais je ne puis concevoir que ma liberté soit sauvegardée si un fait accidentel peut m'imposer une obligation aussi étroite que le ferait un contrat formel. Le quasi-contrat comme d'ailleurs le quasi-délit, surtout quand j'ai à répondre du fait d'autrui, subordonne mon activité aux fins de la société : l'ordre social, j'en conviens, est intéressé à ce qu'on reconnaisse les obligations qui en découlent ; mais si on les reconnaît, il n'y a plus d'autonomie pour la personne.

Ainsi raisonnera l'individualiste, et si on lui a préalablement accordé que nulle obligation ne peut se former sans un consentement antécédent, on ne saurait lui opposer aucune raison. En revanche, toute cette argumentation s'écroule si l'on reconnaît que toute obligation a pour origine un dommage infligé à autrui. Dès lors, l'obligation conçue comme typique est celle qui résulte d'un délit, car ici la série des idées, *dommage, obligation, compensation*, est complète et claire ; visiblement, l'obligation n'est que la compensation d'un dommage. Vient ensuite celle qui résulte d'un quasi-délit : elle diffère de la précédente seulement en ce que le dommage causé a été indépendant de la volonté de celui qui est appelé à le réparer. Enfin, l'obligation quasi-contractuelle nous fait assister à une nouvelle transformation de la même idée. Gérer la chose d'autrui sans son consentement, jouir des fruits de son avoir, c'est évidemment lui infliger un commencement de dommage, car c'est s'enrichir à ses dépens. Ce dommage appelle une compensation et se transforme par conséquent en obligation pour son auteur. Imaginons maintenant que chaque particulier estime que la compensation vaille mieux que l'absence de dommage, qu'il est utile de pâtir de la part d'autrui si l'on acquiert ainsi la faculté de le rendre passif à son égard, qu'il est bon de donner son consentement à un certain dommage, à la condition d'obtenir une sérieuse promesse de compensation, et la notion de l'obligation apparaît.

Un des sociologues qui accordent le plus au contrat et dont le langage pourrait parfois, faute d'attention, être confondu avec celui d'un adepte de la métaphysique individualiste, Herbert Spencer constate dans son *Etude sur le gouvernement cérémonial*, que la notion du contrat et l'idée de valeur, qui nous semble en être inséparable, sont étrangères l'une et l'autre à l'intelligence rudimentaire des populations sauvages. Selon lui, tout échange ne serait d'abord qu'une offre mutuelle de présents, sans aucun souci de l'équivalence : c'est l'idée du cérémonial qui obligerait le donataire des présents à en offrir à son tour au donateur. Cette explication de l'origine du contrat a un point commun avec la nôtre : elle élimine l'hypothèse qui voit dans le contrat une institution destinée à sauvegarder dans la vie sociale l'autonomie de la personne ; quant au reste, elle paraît différer radicalement de notre conclusion. Mais cette opposition n'est qu'apparente. En effet, Spencer rattache la coutume d'offrir des présents à l'ensemble des coutumes propitiatoires. La propitiation consisterait à éviter l'agression en exécutant sur soi-même les intentions de l'agresseur. Offrir des présents, ce serait d'abord se soustraire à la spoliation, au moindre prix ; ce serait ensuite témoigner d'intentions sociables et pacifiques. Donc, en assimilant l'obligation du créancier à un dommage consenti et celle du débiteur à une compensation, nous ne nous écartons pas bien sensiblement des idées de Spencer ; car la spoliation volontaire qui aboutit à l'offre de présents n'est, au fond, qu'un dommage consenti. Cependant les faits constatés par Spencer ne rendent

pas compte de l'obligation que le fait de l'échange impose à celuj
entre les mains de qui est faite la tradition. Il faut pour cela que
le dommage résultant de la privation d'une richesse possédée ne
soit accepté qu'en vue de l'avantage supérieur que doit procurer
la compensation. Bref, le contrat véritable, source d'une obligation définie, ne se conçoit que dans un état social déjà constitué,
pourvu d'un droit pénal régulièrement appliqué et ordinairement
respecté. La fiction du contrat social est la plus monstrueuse et la
plus puérile des pétitions de principes. La professer, la déguiser,
s'efforcer d'en sauver quelque chose, c'est se déclarer indigne
d'être lu et discuté.

L'idée d'obligation n'est donc d'une façon générale qu'une
transformation des idées de délit et de compensation. L'obligation
qui naît d'un délit ou d'un quasi-délit nous montre le point de
départ de cette évolution ; l'idée d'obligation conventionnelle en est
le terme extrême. Le dommage involontairement subi, mais volontairement causé et compensé, devient un dommage volontairement subi, volontairement compensé. C'est que la compensation
réparatrice du dommage a été conçue dans l'intervalle comme la
cause d'un bien-être supérieur à l'état qui précédait le dommage.
L'état d'esprit du propriétaire qui souhaite l'expropriation en
vue de l'indemnité à recevoir nous aide à comprendre cette transition. Le sergent des *Plaideurs,* qui suppute la valeur de chacun
des coups qu'il reçoit, nous permet aussi de concevoir que l'infliction d'un dommage puisse être désirée comme une source de
bienfaits.

. Mais l'idée de dommage ne serait pas associée inséparablement
à l'idée de compensation si elle n'était pas associée inséparablement à l'idée de garantie. Nous sommes amenés à concevoir que
de l'idée de composition soit sortie une autre forme de l'idée de
dette, associée à l'idée de garantie aussi étroitement que l'idée
d'obligation contractuelle, nous voulons parler de l'idée de pénalité.

Notre morale, en dépit des formes de langage, répugne à
admettre que la *peine* soit une dette de l'individu coupable envers

la société. Cependant, elle ne répugne pas moins et à l'idée d'expiation et à l'idée pure et simple d'intimidation. Que serait donc la peine ? Théoriquement, le refus de garantir la personne de celui qui a lésé le droit d'autrui. Qui a détruit la vie ne pourrait réclamer la garantie de sa propre vie. Qui a violé la propriété ne saurait prétendre qu'on lui assurât la jouissance paisible des fruits de son travail. La mise hors la loi, partielle ou totale, serait donc l'essence même de la peine. Mais comme l'individu, qui ne fait plus partie de la société juridique, est nécessairement en guerre avec elle, la société substituerait une contrainte directe à la privation des garanties ; par exemple la mort, au refus de garantir la vie du coupable, l'emprisonnement, la réclusion, les travaux forcés au refus de lui garantir la liberté, l'amende (sinon la confiscation) au refus de lui garantir la propriété. Puis, l'idée d'équivalence intervenant, les peines seraient fréquemment substituées les unes aux autres ; en particulier, les peines les plus faibles seraient fréquemment substituées aux peines les plus fortes.

Soumettons cette théorie à une analyse quelque peu approfondie ; nous allons en voir ressortir l'identité de l'idée de peine et de dette en même temps que l'association étroite qui unit cette dernière à l'idée de garantie.

L'idée de la composition contraste avec l'idée du délit, mais elle ne contraste pas moins avec l'idée de la vengeance, ou plutôt, dès que la composition est conçue et instituée, la vengeance exercée contre l'auteur du délit devient elle-même délictueuse. L'idée de composition réagit donc sur l'idée de garantie, l'éclaire, la précise. L'idée de garantie représente l'obligation pour la société d'interdire les vengeances privées, non moins que le règlement de conflit par le recours à la guerre privée.

Or, de là résulte inévitablement l'idée de peine. La notion du délit a, en effet, sur la conscience du groupe social, un tout autre effet que la notion du dommage privé : le dommage privé peut, à un haut degré, allumer contre son auteur le ressentiment de celui qui l'a souffert ; mais, s'il a été involontaire, il laisse indifférent le groupe social ; aux yeux de celui-ci, il n'en résulte qu'une dette de l'auteur envers la victime. Tout au contraire, le délit, le crime allume le ressentiment de toute la communauté contre son auteur. Si l'acte délictueux a blessé profondément les sentiments les plus puissants, pitié, honneur, probité, pudeur, patriotisme, la communauté pourra sans doute imposer au coupable l'obligation de dédommager la victime ; mais cette satisfaction matérielle ne sera pas, à ses yeux, une compensation. C'est pourquoi la conscience du délit, dès qu'elle a acquis quelque clarté et quelque force, tend à exclure la composition pour les grands crimes. (On sait que selon Fustel de Coulanges ce sont des circonstances accidentelles, comme la répugnance provisoire de l'Eglise catholique pour la peine de mort, qui l'ont maintenue tardivement chez les Germains). C'est pourquoi on remarque avec surprise que les peuples barbares passent sans transition de l'absence d'institutions pénales à des pénalités draconiennes. C'est que l'idée du délit, en saisissant la conscience populaire, y développe un immense besoin de vengeance collective.

Or, la vengeance collective n'est guère moins que la vengeance individuelle contraire à l'idée de garantie. Là est le grave problème de la justice criminelle : la société est obligée de garantir le criminel présumé contre ses propres ressentiments. Tâche redoutable autant que difficile, dans laquelle la société n'a qu'une auxiliaire : la supposition que l'accusé est innocent du délit qu'on lui impute.

La vengeance collective ne peut s'exercer sans se confondre bientôt avec la vengeance individuelle ; car, dans l'œuvre sanglante de l'anéantissement des criminels, la société tout entière ne serait pas là, portant les coups : la foule, c'est-à-dire quelques individus plus grossiers, plus cruels que les autres, se substituerait à elle pour l'accomplissement de ce triste ministère. On sait ce qui arrive lorsque le soupçon de la trahison ou de l'espionnage travaille une population investie ou simplement envahie. Autoriser la vengeance collective, c'est donc, au fond, autoriser de degré en degré la vengeance individuelle : ce qu'exclut l'idée de garantie.

Le délit imposerait donc à la société la tâche de protéger contre elle-même celui dont les actes l'ont atteinte et dont le caractère la menace : qui ne voit que cette tâche est impossible à remplir parce qu'elle est contradictoire ? Comment, en effet, la société ferait-elle taire les passions vindicatives que le délit a allumées chez la victime ou ses proches? Si elle n'a aucune contrainte à exercer sur le délinquant, comment en pourrait-elle exercer une sur ceux qu'il a offensés ?

Admettons que le délit étant bien constaté et son auteur bien connu la société se borne à ôter à celui-ci toute garantie, qu'elle le frappe d'interdit, le mette au ban de l'opinion, lui défende l'accès de ses cours d'arbitrage : ne le livre-t-elle pas aux vengeances? N'agit-elle pas comme si elle introduisait un ennemi armé chez elle ? Ne rétablit-elle pas la guerre privée ? Car ce banni, cet interdit, ne se laissera pas sans résistance ôter la vie ou les moyens de subsistance : la guerre continuera entre lui, ses victimes, les parents et les amis de ses victimes.

Or, envers tous ses membres non délinquants, la société a une dette de sécurité ; elle ne peut s'en acquitter si elle ne les préserve de la guerre intestine qu'un seul délit allumera infailliblement. De là, la contrainte exercée sur la personne et les biens du délinquant convaincu; de là, la peine.

La peine est une dette, non de l'accusé envers la société, mais de la société envers ses membres. L'idée de peine résulte de l'association de l'idée de garantie à l'idée de dette. De même que la garantie consiste à ôter aux parties en litige la faculté de préférer la guerre privée à l'arbitrage, la pénalité consiste à soustraire, d'une part, le délinquant à la vengeance publique ; d'autre part, la société aux agressions du délinquant. Bref, la pénalité consiste à préserver la société des guerres privées que la vengeance n'allumerait pas moins que ne font les litiges.

On a cherché longtemps quels peuvent être les fondements du droit de punir : on semble admettre par là que la faculté de punir est une sorte de prérogative à laquelle la société pourrait renoncer et qu'elle ne peut réclamer qu'à de certaines conditions. Des théologiens ont soutenu que la société humaine ne peut punir qu'en s'appuyant sur une loi divine révélée. Chose plus étrange, ce sont les socialistes qui ont mis le plus d'âpreté à nier le droit de punir. Proudhon n'hésite pas à le rejeter totalement. Cependant un code pénal draconien serait une condition préalable à toute réalisation du socialisme, car il faudrait aiguillonner la paresse et défendre le domaine commun contre les appétits. Rien de plus vain que ces discussions. Elles impliquent contradiction. La société ne pourrait pas en s'abstenant de punir rester une société, Le fondement du droit de punir est la nécessité de contenir en leur donnant satisfaction : 1° le sentiment vindicatif, très légitime en soi, dont la victime et ses proches sont animés ; 2° la sympathie de la société pour la victime, sympathie qui l'associe dans une certaine mesure aux dispositions vindicatives de celle-ci ; 3° l'aversion désintéressée que la société ressent pour le délit, aversion assez forte pour la porter à vouloir détruire le coupable ou tout au moins l'écarter. Si ces sentiments n'existaient pas, on peut dire qu'il n'y aurait ni société ni humanité viable. Le sentiment vindicatif est une forme de cette réaction de l'être vivant contre les causes de destruction, réaction sans laquelle il n'y aurait pas de vie possible. Sans la sympathie et sans l'indignation désintéressée pour les actes qui blessent profondément les sentiments sociaux élémentaires, il n'y aurait pas de société. Puisque ces sentiments existent, il faut qu'ils soient satisfaits sans que la vie sociale soit suspendue. C'est à quoi répond la pénalité. Si le législateur avait la fantaisie de cesser de punir une catégorie de crimes, la sécurité des auteurs de ces actes en serait plutôt diminuée qu'accrue ; car il n'est pas douteux qu'ils succomberaient aux vengeances populaires. De plus, en bien des cas l'innocent serait frappé à la place du coupable ; car si la police judiciaire est faillible, la foule l'est encore bien davantage.

On pourra nous objecter qu'il serait plus simple d'assigner pour fondement au droit de punir la sécurité générale. Nous répondrons qu'une formule simple n'est pas nécessairement une

formule claire. Contenir en leur donnant satisfaction les sentiments de vengeance et d'indignation éprouvés par les particuliers et le groupe est une idée fort claire. Punir les délinquants
pour assurer la sécurité générale est une idée des plus obscures.
Dans le premier cas le rôle de la peine est de dériver la vengeance et d'apaiser l'indignation ; dans le second cas, le rôle de
la peine serait de calmer la terreur et, si l'expression n'est pas
trop forte, de rassurer la couardise. Autre chose est vouloir punir
l'homicide ou le faux parce que de tels actes révoltent tous les
sentiments qui nous rattachent à la société et qu'il nous est
insupportable de concevoir le meurtrier ou le faussaire protégé
par cette sociabilité qu'il a méconnue, autre chose, les vouloir
punir parceque nous redoutons d'être victimes de l'homicide ou
du faux. Dans le premier cas, la peine répond à une aspiration
généreuse, favorable au développement de la sociabilité, dans le
deuxième cas elle répond à la disposition la plus antisociale, au
souci égoïste de la conservation. Le droit de punir fondé sur la
nécessité de l'intimidation n'est pas seulement hideux et à certains égards presque aussi blessant pour nos dispositions sympathiques et esthétiques que le délit lui-même ; il est absurde. Il
suppose que les hommes chargés par la société de réprimer les
délinquants resteront aussi étrangers au souci de la sécurité que le
reste de la société serait dominé par lui. En effet, si le désir de la
conservation était le mobile principal de notre conduite, qui
voudrait, même au prix de grandes récompenses et de grands
honneurs, se désigner soi-même aux coups des malfaiteurs ? On
l'oublie trop, pour pouvoir réprimer les criminels, il faut avoir le
courage de ne pas les craindre. Une société de couards n'aurait
pas la virilité nécessaire pour instituer des tribunaux criminels
et leur livrer les délinquants présumés. Elle préférerait composer
aveceu x, et leur payer la redevance qu'il plairait à ceux-ci de
fixer.

Si le but de la peine est l'intimidation des criminels, rien n'est
plus humiliant pour la société que les constatations de la statistique criminelle. Tous les ans, de l'Oural aux côtes de la Califor-

nie, les cours d'assises s'assemblent plusieurs fois, et envoient, à quelques unités près, le même nombre de condamnés dans les maisons de force, les pénitenciers, voire à l'échafaud. Cependant le budget de la criminalité reste aussi constant que celui des naissances, plus constant que celui des recettes et des dépenses. Quelle preuve d'impuissance ! Aurions-nous le triste courage de recourir aux moyens d'intimidation qu'employaient les hommes du passé, le résultat resterait vraisemblablement le même. Pendant trois siècles on roua en place publique les voleurs et assassins de grand chemin sans que le brigandage disparût. L'invention des chemins de fer y a mis fin dans tout le monde civilisé, car elle en a supprimé la raison d'être : l'espoir de saisir par un coup de main heureux de grandes richesses. — Au contraire, si le rôle de la pénalité est de rendre les vengeances inutiles, alors le spectacle de la justice criminelle est plein de grandeur et son efficacité ne saurait être mise en doute. Le récit des crimes nous afflige, nous indigne : mais aucun désordre ne s'ensuit, car chacun sait que satisfaction sera donnée à son animosité désintéressée. La vie sociale n'est pas interrompue. Seule la petite presse, cette mouche du coche de la civilisation, bourdonne autour des parquets et des tribunaux, symbole effacé de la vindicte primitive. Si l'on donne le nom de justice à la volonté arrêtée d'empêcher le délinquant, non seulement de goûter les fruits de son crime, mais encore de continuer à jouir de la garantie sociale, on peut dire que la pénalité assure la sécurité précisément parce qu'elle donne satisfaction à la justice. En effet, l'explosion des vengeances légitimes troublerait la sécurité incomparablement plus que ne font les délits eux-mêmes.

L'idée de peine, avons-nous dit, résulte de l'association de l'idée de garantie à l'idée de dette. C'est en quoi, de même que l'idée d'obligation, elle n'est qu'un développement de l'idée de composition. La composition est, si l'expression n'est trop moderne, une prime d'assurance contre la vengeance. C'est une satisfaction donnée à un sentiment vindicatif de nature encore grossière (nous exceptons, on le sait, les cas où, la composition s'étant survécue à elle-même, a été la rançon, non du crime, mais de la peine). Lorsque les sentiments vindicatifs sont dominés et purifiés par l'action de sentiments sociaux véritables, l'idée de la composition n'est plus tolérée, mais celle de la vengeance ne l'est pas davantage. Les biens du délinquant ne suffisent plus : il faut sa personne, il faut qu'il soit privé des garanties qu'il a méconnues, et que cependant la sécurité générale ne soit pas diminuée. A cela répond l'idée de la peine : elle n'est pas tellement différente de l'idée de la composition qu'un même mot ne puisse les exprimer l'une et l'autre (*pœna*, ποινή).

L'idée de composition, source commune de l'idée d'obligation et de l'idée de peine en marque le lien ; elle les associe l'une et l'autre aux idées de garantie et de délit.

CHAPITRE VIII

COMPLEXITÉ DE L'IDÉE DE DROIT. — ASSOCIATION DES ÉLÉMENTS
QUI LA CONSTITUENT.

Si notre étude précédente nous a conduits à des résultats quelque peu exacts, l'idée de droit est une des plus complexes que puisse embrasser l'intelligence humaine. Loin d'être une idée simple, comme l'idée de la liberté humaine, ou de l'inviolabilité de la personne, ou de la limitation réciproque des libertés, l'idée de droit est une association d'idées associées. Non seulement elle disparaît avec l'idée d'obligation, avec l'idée de délit, avec l'idée de garantie, avec l'idée d'arbitrage ; mais elle ne survit pas à la rupture du lien qui unit l'idée de garantie à l'idée d'arbitrage, l'idée de délit à l'idée de garantie, l'idée de dette ou d'obligation à l'idée de délit ou à l'idée de garantie.

Il y a plus : chacun des éléments de l'idée de droit varie avec les éléments qui y sont le moins directement associés : c'est ainsi que toutes les causes qui rendent plus claire et plus présente l'idée d'arbitrage contribuent à rendre plus claire et plus présente la conscience du délit ; c'est ainsi que les causes qui ajoutent à la force de l'idée de dette, comme l'endossement d'une obligation, ajoutent à la force de l'idée de garantie.

L'élément le plus récent, le plus intelligible de l'idée de droit est évidemment l'idée de l'obligation contractuelle ; l'élément le

plus lointain, le plus effacé, est évidemment l'idée d'arbitrage.
C'est pourquoi le psychologue qui analyse l'idée de droit sans
recourir aux lumières de l'histoire est porté à identifier l'idée de
droit à l'idée d'obligation, à voir dans le droit une dette exigible
à priori. — Cependant l'idée d'obligation contractuelle n'est
qu'une conséquence, l'idée d'arbitrage est une cause. L'importance prépondérante de cette dernière idée redevient visible dès
que nous pouvons considérer l'idée de droit à l'état embryonnaire,
par exemple dans les relations internationales. L'idée de délit et
l'idée de garantie réagissant sur l'idée d'arbitrage font de l'arbitre
un juge : seule la décision du juge rend la dette exigible sans
violence ; en regardant comme une idée *à priori* l'idée de justice, la métaphysique commet une grosse erreur ; l'idée de justice
est d'abord une idée concrète ; elle n'est que le développement de
l'idée d'arbitrage. La justice, c'est la société réglant avec autorité
les conflits qui peuvent séparer ses membres.

La représentation d'une solution des litiges sans violence, voilà
l'idée de droit. L'idée d'arbitrage, en est le point de départ nécessaire, l'ancre sur laquelle on ne chasse pas. L'idée de garantie est
la représentation de l'arbitrage imposé par la volonté publique
aux parties en litige. L'association des idées de délit et de dette
est la représentation de la règle de l'arbitre.

De là deux aspects également nécessaires de l'idée de droit ; elle
représente la garantie contre le délit et la garantie de l'acquittement de la dette. — Quand nous disons que la vie est un droit,
nous voulons dire que la société régulière garantit la vie de ses
membres et que l'attentat à la vie est un crime qui doit être
poursuivi. — Quand nous parlons du droit du propriétaire sur le
fermier, nous voulons dire que le propriétaire a sur le fermier
une créance garantie par l'opinion et la force publique, et que la
faillite à cette dette expose le fermier à une poursuite.

Mais « la garantie contre le délit » désigne au fond le procès
criminel et la garantie de la dette désigne le procès civil. Otez
l'idée du procès, et la garantie contre le délit n'est plus que la
vengeance collective ; la garantie du paiement de la dette n'est
plus que la saisie arbitraire.

Or, l'idée d'arbitrage est le pivot de l'idée du procès. L'idée du procès est la représentation d'un litige soumis à un arbitre. Dans le procès civil, le demandeur est un individu, tandis que dans le procès criminel la demanderesse est la société, ou plutôt la sociabilité.

La psychologie doit rendre compte, et de cette agrégation d'idées en apparence si dissemblables, et de l'effacement apparent de certains membres de l'association.

Si nous analysons notre pensée d'hommes civilisés, l'idée de droit est la représentation de quelque chose *qui nous est dû* par autrui, non seulement par cacun des particuliers, mais par le corps de la société. L'idée о ette est donc l'anneau par lequel notre pensée appréhende l'idée ue droit.

Mais qu'est-ce qui nous est dû ? La métaphysique nous répond que c'est le respect de la personne. Termes vagues ! Car qu'est-ce exactement que le respect ? Est-ce la déférence, l'hommage extérieur ? Impossible, puisque selon la métaphysique, le droit est égal pour toutes les personnes tandis que le respect extérieur est l'attestation de l'inégalité. Est-ce une admiration intérieure ? Mais pourrait-elle faire l'objet d'une dette ?

Ou le raisonnement est muet, l'association des idées répond. A l'idée de dette s'associe par constraste l'idée de délit. La dette est l'envers du délit. Ce qui m'est dû, c'est l'abstention de délits, commis soit contre ma personne, soit contre mes biens. Par là les termes si vagues de respect de la personne, d'inviolabilité de la personne reçoivent un sens très clair : ils désignent la non perpétration de délits contre la personne ou ses biens.

Mais, dira-t-on, mon droit s'oppose non pas seulement aux particuliers, mais encore à la société, à l'Etat, au législateur. Le particulier me doit de s'abstenir de délit contre ma sûreté. Mais l'Etat me doit la liberté. — Pourquoi ne pas dire que l'Etat me doit, lui aussi, l'abstention de tout délit contre ma personne ou mes biens ? Serait-ce que l'Etat est impeccable et que par définition il ne peut commettre de délits ? Sans doute, si le délit était exclusivement l'acte que la loi prohibe, il serait difficile, sinon

contradictoire d'admettre que l'Etat pût commettre des délits
contre les particuliers. Mais outre que l'Etat actif peut outre-
passer les lois, l'Etat législateur lui-même peut par ses prescriptions ou ses défenses offenser la pitié, la probité, l'honneur, la
pudeur, la fidélité, la sociabilité tout entière. Or, avant d'être
l'acte que prohibe la loi, le délit est l'acte qu'interdisent les sentiments sociaux élémentaires. L'Etat peut donc commettre des
délits, et à cet égard, la dette de l'Etat envers chaque particulier
est de même nature que la dette de chaque particulier envers les
autres.

L'idée de dette, entraînant par contraste l'idée de délit, voilà
les deux premiers anneaux de la chaîne de représentations qui
constitue l'idée de droit. Un troisième chaînon suit, attiré invinciblement : c'est l'idée de garantie. L'idée de délit contraste dou-
blement avec l'idée de garantie, d'une part parce que le délit est
une diminution de la sûreté attendue de la vie en société,
d'autre part parce que le délit est une offense à la sociabilité et
à la solidarité sociale. — Associé à l'idée de délit, elle réagit sur
l'idée de dette : ce qui m'est dû, c'est la garantie sociale contre
le délit, ou d'une façon plus générale la garantie : la sûreté de la
part de l'Etat, et de la part des particuliers, la solidarité contre
la violence.

Partant, le quatrième anneau réapparaît devant la conscience.
L'idée d'arbitrage s'associe à l'idée de garantie et achève d'éclairer
l'idée de dette. Ce qui m'est dû, c'est la justice : c'est-à-dire
la solution, par un arbitrage impartial, des conflits dans lesquels
je puis être engagé, involontairement ou volontairement, et l'arbitrage ne sera impartial que s'il m'accorde satisfaction contre
le délit et protection contre son retour ; ce qui m'est dû, c'est
la poursuite du délinquant qui m'a lésé et du débiteur qui ne
s'acquitte pas ; ce qui est dû au délinquant, c'est une juridiction
devant laquelle il puisse se justifier s'il y a lieu. Là est le droit,
tout le droit. Rien de moins transcendant, rien de plus compatible
avec les exigences de la société, rien de plus contraire à l'individualisme et cependant rien de plus favorable à l'individu que le
droit.　　　　　　　　　　　　　　　　　　　　　　　　　　12*

A certains égards l'idée de garantie peut paraître associée à l'idée d'arbitrage par contiguïté ; au fond cependant le lien est un contraste. L'idée de garantie est la représentation d'un arbitrage imposé aux parties et obéi par elles ; elle contraste donc avec l'idée pure de l'arbitrage, celle de l'arbitrage librement accepté, librement repoussé, tel que le conçoit le droit international actuel.

Pourquoi l'idée de droit, qui en réalité est une chaîne de quatre représentations, associées par contraste, semble-t-elle se présenter à l'esprit comme une idée simple ? L'analyse psychologique en découvre deux explications : la première est que l'idée de dette forme avec l'idée de garantie une association indissoluble ; la seconde que l'idée d'arbitrage libre, s'efface devant l'idée de délit. Des quatres anneaux de la chaîne, deux seulement. sont retenus par la conscience claire, le droit et le délit. Dès lors, un travail d'abstraction peut nous permettre de penser le droit à part du délit ; l'idée du droit est formée et livrée à l'arbitraire de la spéculation métaphysique.

Un double contraste associant l'idée de délit à l'idée de dette et à l'idée de garantie, l'idée de garantie réagit sur l'idée de dette ; par là se forme l'idée d'obligation ou de dette garantie. La dette n'est rien sans la sûreté de la dette, sans la garantie, et la garantie elle-même n'a de sens que si elle assure l'acquittement de la dette.

Nous avons dit que cette association est due à la contiguïté dans la durée. Les psychologues les plus récents tendent, on le sait, à repousser les lois de *contiguïté* et de *similarité*, et à ne retenir des lois assignées par Bain au phénomène de l'association que la loi du contraste. En revanche, M. Paulhan pense que la loi la plus générale de l'association est la loi de finalité. Quant à nous, pour des raisons dont l'énumération, le développement et la justification seraient trop longs, nous pensons que l'école anglaise ne s'est pas trompée en reconnaissant des associations déterminées, soit par la similarité, soit par la contiguïté, dans le temps ou dans l'espace. Cependant, l'hypothèse de M. Paulhan rendrait un compte satisfaisant de la relation des idées de dette et de garantie : ces deux termes représenteraient une finalité réciproque. Au point de vue civil, la dette serait la fin, la garantie le moyen ; au point de vue pénal, la dette (ou la pénalité) serait le moyen, la garantie (contre le délit), la fin.

L'association de ces deux termes est indissoluble, au moins pour le civilisé des temps modernes. Au temps où le droit romain distinguait encore les pactes des contrats, l'idée de dette n'aurait sans doute pas été liée invinciblement à l'idée de garantie. Notre expérience sociale, au contraire, nous montre : 1° toute dette garantie au créancier, sinon par les tribunaux, au moins par la notion de l'honneur au point que les dettes non reconnues, comme les dettes de jeu, sont tenues pour les plus sacrées ; 2° toute garantie aboutissant à une dette exigible, c'est-à-dire soit à une indemnité, soit à une pénalité. L'indissolubilité de cette association est le ressort le plus énergique de notre croyance au droit pur.

La notion de l'arbitrage libre s'est effacée en proportion même des progrès de l'idée de garantie. Si l'état stationnaire du droit international ne nous aidait à concevoir le rôle nécessaire de l'idée d'arbitrage dans l'idée de droit, nous ne pourrions réussir à comprendre la relation de la procédure primitive avec nos idées juridiques contemporaines. Si nous exceptons les jurys d'honneur usités en matière de duel, rien dans notre expérience sociale ne peut nous aider à concevoir un arbitrage libre qui trancherait les procès privés. Le compromis, en effet, a déjà l'autorité de la chose jugée. En réalité, le tribunal et la loi ont tué l'arbitrage primitif. Là où la procédure légale est trop rigide et trop lente, nous recourons à la transaction, voire au pari. Mais seul, le fléau social des coalitions industrielles pourrait nous rapprendre le rôle de l'arbitrage dans le droit privé.

Qu'on se garde cependant de conclure que si l'idée d'arbitrage a été un élément constitutif de la conscience du droit, elle y est devenue étrangère. D'une part, l'idée d'arbitrage est en quelque sorte sous-jacente à l'idée de garantie, car ôtez l'arbitrage et la garantie ne sera que la protection de soi-même *(Faustrecht, Selbsthülfe)*. D'autre part, l'idée d'arbitrage continue à éclairer les régions obscures du droit : au droit international, elle s'impose comme un idéal, c'est pourquoi elle réagit sur l'idée de délit, car pas de droit international, pas de délit universellement reconnu par la conscience.

Stuart Mill a écrit quelque part que l'oubli est le facteur ordinaire des idées abstraites. Comme psychologue, nous ferions à cette loi prétendue d'expresses réserves. Mais on ne saurait nier que l'oubli concoure avec l'attention à la formation des idées abstraites. L'idée abstraite du droit est de ce nombre : il a fallu oublier l'idée de délit pour la former. Sous sa forme la plus simple, l'idée de droit ne peut être complétement conçue que comme une relation : dette garantie d'une part, délit de l'autre. Soit la proposition : j'ai droit de dire ce que je pense. On peut en donner les quatre variantes suivantes, dont chacune en énonce le sens explicite :

1° En disant ce que je pense, je ne commets pas de délit ;

2° En disant ce que je pense, je n'assume aucune obligation ;

3° En m'ôtant la faculté de dire ce que je pense, on commet un délit et on contracte une dette envers moi ;

4° On doit me garantir la faculté de dire ce que je pense.

Cette dernière formule, plus complète sans doute que les précédentes, n'est claire que si l'on admet celles-ci. S'il était vrai en effet, qu'en m'ôtant la faculté de dire ce que je pense on ne commît aucun délit, et que de mon côté en disant ce que je pense je puisse commettre un délit, il ne serait pas vrai que j'eusse le droit de dire ce que je pense. C'est ce que presque toujours la métaphysique du droit a oublié ; elle ne prouve jamais le droit par le délit. Même quand elle semble entrer dans cette voie, elle en est encore bien loin. Les disciples de Kant les plus fidèles à son esprit fondent le droit sur le devoir. « Je ne dois pas mentir ; nul ne peut me contraindre à mentir sans léser la loi morale ; donc j'ai le droit de dire ce que je pense. » Rien de mieux, mais à une double condition : la première, c'est que le devoir soit énoncé par une autorité

spirituelle extérieure, la seconde est que toute atteinte à la loi
morale soit considérée comme un délit punissable. Il reste à savoir
si la réalisation de cette double condition ne détruit pas jusqu'à
la racine du droit individuel. Mais si le devoir n'est qu'une loi de
la conscience individuelle, si de plus l'autorité de la loi morale est
compromise par toute sanction physique qui s'y ajoute, nous ne
voyons pas comment le devoir pourrait fonder le droit. Votre
devoir, mesuré par votre conscience, est de dire ce que vous pensez,
c'est-à-dire peut-être d'exprimer tout haut votre démence ; mon
devoir, mesuré par ma conscience est peut-être aussi de vous
empêcher de nier publiquement des vérités jugées par moi nécessaires et éternelles.

Nous entendons l'objection : le droit, tel que vous le définissez,
n'est que le droit positif. Ne consiste-t-il pas de votre propre
aveu dans une poursuite, une action, une sanction ? Or, le droit
que contemple et qu'énonce la philosophie, c'est le droit idéal, le
droit qui existerait et s'imposerait à la conscience humaine quand
bien même la société ne le sanctionnerait pas.

Erreur ! répondrons-nous. Le droit dit positif est celui qui est
sanctionné par un texte législatif et présenté à l'obéissance des
hommes comme le commandement d'un souverain, peuple ou
monarque. Il a donc un caractère contingent et arbitraire. Le
droit dont nous avons analysé l'idée est celui qu'organise spontanément la conscience vivante d'une société progressive. Ce serait
abuser des te.mes métaphysiques que de le qualifier de nécessaire, puisqu'il est conditionnel et susceptible de développement.
Mais si les conditions en sont posées, il en résulte nécessairement :
or, ces conditions sont les sentiments sociaux et les lois de l'intelligence, en un mot, la nature humaine elle-même, telle qu'elle
se développe dans la durée quand le conflit des forces naturelles
n'y met pas obstacle.

Le droit positif n'est pas caractérisé seulement par l'idée de
souveraineté ; il l'est encore par l'idée de prescription. Il n'est
pas de droit, d'obligation, de sanction positive, qui ne soit pres-
criptible. — Au contraire, le droit social spontané est impres-

criptible : Tout membre de la société est créancier d'une garantie
sociale contre le délit. La société fait-elle faillite à sa dette ? La
dette subsiste. Le délit reste le délit tant que les sentiments sociaux
qu'il blesse et torture sont éprouvés par la communauté. Le droit
positif, ou pour mieux dire la législation, a tenté souvent de
convertir le délit en droit, par exemple, la spoliation en propriété
légitime. Le législateur n'a jamais pu réussir en de telles tentatives qu'à la condition de corrompre les sentiments sociaux : mais
les sentiments sociaux une fois corrompus, le droit n'a plus
d'autre assise qu'une force illusoire et éphémère, la violence. La
vraie force elle-même, celle qui sourd des profondeurs de la vie
sociale lui est refusée.

L'écueil et l'erreur de la vieille école historique semblent avoir
été de croire que tout droit se forme et s'éteint par prescription.
C'est pourquoi l'école métaphysique a si aisément triomphé de ses
thèses. Cette école n'était historique que de nom. La prescription
est une fiction que l'histoire tout entière condamne. L'objet
même de la science historique, c'est la solidarité des générations,
c'est la survivance éternelle du passé dans le présent. A ses yeux,
il n'est pas de faute qui s'efface, pas de dette qui ne se paie.
L'histoire la plus sévèrement scientifique nous montre partout
des Euménides à la poursuite du crime ; ce qui sort pour la France
de la révocation de l'édit de Nantes, c'est la grandeur de la Prusse ;
l'histoire moderne de l'Espagne n'est que le récit des conséquences
issues de ses attentats contre la pensée et l'activité humaine. La
question tchèque sort du tombeau des hussites pour châtier la
monarchie de Ferdinand II. Que dire de la question irlandaise ?
Ce sont là des faits saillants, des faits proprement historiques.
Que dire de l'action des lois, des institutions artificielles, sur le
tempérament des peuples ? Au nom d'une croyance réputée
infaillible, on a attenté un jour à une croyance sincèrement professée ; pour y attenter on a violé une promesse solennelle : on a
triomphé. De quoi ? de la sincérité des croyances. On a créé des
foules prêtes à applaudir à toute violence contre la conscience
humaine, à ne mépriser que l'homme qui sait souffrir pour une

idée. Le résultat est que chaque cause succombe après l'autre, le
janséniste est frappé après le protestant, le jésuite après le janséniste, le philosophe après le jésuite. Dans une heure de fièvre
on a méconnu des titres de propriété légitime : le résultat est
qu'on a détruit la foi à la propriété : le nouveau possesseur sent
s'agiter autour de lui des convoitises analogues à celles qu'il a
satisfaites. Il se sent menacé par une Euménide : la dépossession
possible.

Circumretit enim vis atque injuria quemque
Atque unde exorta est ad eum plerumque revertit.

On ne prescrit contre les sentiments sociaux qu'en les détrui-
sant : dès lors plus de garantie naturelle. Ce qui contenait naturellement l'appétit brutal a disparu : or, ce dernier est plus fort que
toute force artificielle. On n'annule un droit que par un délit :
mais aucun délit ne peut créer un droit. Le châtiment du délit est
d'en provoquer un nouveau qui détruit les fruits du premier.

Allons plus loin. Ou le droit naturel est une garantie que les
sentiments sociaux assurent spontanément aux membres de la
société, ou il se confond avec ses contraires, la charité et la
guerre. Faute d'avoir analysé à la lumière de l'histoire les
conceptions juridiques élémentaires, les métaphysiciens ont incliné
selon leur tempérament le droit naturel vers la charité ou vers
la guerre. Les stoïciens confondent la loi naturelle et la fraternité.
Hobbes identifie la liberté naturelle et la guerre de tous contre
tous. Spinosa et Locke prennent une position intermédiaire, mais
tombent dans l'équivoque. Spinosa écrit que l'homme est un dieu
pour l'homme, mais lorsqu'il emprunte un exemple au monde
animal, c'est pour nous dire qu'il est de droit naturel que les
gros poissons mangent les petits. Locke appuie la notion des lois
naturelles sur un principe vague de charité universelle, mais,
ailleurs, il prouve la réalité du droit naturel par le droit des gens,
où la guerre est la procédure principale. Ces équivoques, ces
contradictions elles-mêmes sont instructives : elles nous prouvent
qu'il est impossible d'identifier totalement le droit, soit avec la

guerre, soit avec la charité. En effet, en dépit de la prétendue
faculté de protéger les droits naturels par la force, thèse qui peu^t
conduire, soit à justifier le despotisme de l'Etat, soit à proclamer
le droit à l'insurrection, le droit exclut la guerre en principe, car
non-seulement la guerre annule les obligations dues aux faibles,
mais, chose plus grave encore, elle confond le domaine des actes
licites et le domaine des délits; et si la guerre internationale
peut, à la rigueur, être considérée comme une procédure, si elle
n'est pas l'anéantissement pur et simple du droit, c'est qu'elle est
limitée par les sentiments sociaux et par la conscience vague de
la solidarité universelle des intérêts.

Le droit n'est pas davantage la charité, car le droit implique
l'opposition des prétentions, le conflit des appétits, ou, pour parler
le langage des métaphysiciens, la limitation réciproque des libertés. Selon M. Secretan, nul ne peut se donner s'il n'est libre de
se refuser ; or, le droit est la faculté de refuser le don de soi.
D'ailleurs l'école métaphysique a plutôt exagéré qu'atténué l'opposition de la justice et de la charité. Selon nous, si l'homme
était incapable de charité, il serait incapable de droit; s'il
n'était que charitable, il ne penserait pas au droit, car l'occasion
du droit, c'est le litige. L'homme est un être juridique, parce
que c'est un être à la fois charitable et égoïste. Egoïste, il
élève des prétentions en opposition avec les prétentions d'autrui :
charitable, il sait sacrifier ce que ces prétentions ont de destruc-
teur, d'incompatible avec la sociabilité.

Un droit sans garantie, sans protection, exclusivement inhérent à l'individualité, indépendant de tout ordre social est chose
inintelligible. Le droit naturel reste néanmoins distinct du droit
légal. La sanction qui sert de garantie à ce dernier est une peine
portée par le législateur souverain, appliquée selon une mesure déterminée par une loi, prononcée par un tribunal nommé
par le souverain, exécutée par les agents du souverain. La sanction qui sert de garantie au droit spontané est une dette à laquelle
le débiteur ne peut faire faillite sans soulever contre lui les
sentiments sociaux, et voir le concours de la vie sociale, sous

toutes les formes, s'éloigner de lui. La force militaire peut quelque temps soutenir une législation artificielle en dépit des sentiments sociaux ; les sentiments sociaux éclairés par l'idée de droit peuvent se faire obéir sans le concours d'aucune force militaire : preuve évidente que le droit naturel est essentiellement distinct de la législation, bien qu'il puisse lui être harmonique.

S'il en faut une preuve de plus, l'analyse de l'idée d'injustice nous la donnera. *Contrariorum eadem est scientia!*

L'idée d'injustice peut prendre bien des formes. Toutes semblent pouvoir se ramener aux suivantes :

1° Délit subi. — C'est la forme la plus générale et la plus tangible de l'injustice ;

2° Peine infligée en raison d'un acte conforme aux sentiments sociaux. — C'est la forme de l'injustice qui résulte de la création arbitraire des délits par le législateur ;

3° Absence de protection contre le retour d'un délit (par exemple contre le retour d'un outrage) ; cette forme d'injustice a pour cause soit l'insuffisance de la solidarité, soit l'insuffisance d'institutions qui assurent la répression des délits ;

4° Imputation d'un délit non commis. C'est la forme la plus dramatique de l'injustice. Elle résulte soit de l'aveuglement de l'opinion, soit de l'incompétence du magistrat, soit de l'imperfection des institutions pénales ;

5° Peine frappant un délit réellement commis alors que communément les délits similaires sont impunis. L'injustice résulte ici du caprice de l'arbitraire, ou de la mollesse de la société et des magistrats ;

6° Peine inégale ou non proportionnelle frappant un délit. Punir beaucoup plus sévèrement un certain délit qu'un autre délit également odieux constitue une injustice évidente. Punir un cas délictueux beaucoup plus sévèrement que le commun des cas délictueux similaires n'est pas moins injuste. Ici il y a erreur du juge ; là il y a erreur de la loi :

7° Faillite à une obligation. Après le délit, c'est la forme de l'injustice la plus commune ;

8° Imputation d'une obligation non assumée, ou déjà acquittée

Cette injustice peut être un véritable délit quand la preuve de l'obligation est inventée. Elle peut aussi être le fait de l'erreur ou d'une mauvaise foi processive mais non délictueuse (abus des exigences de la procédure). — Dans cette classe d'injustices rentre la répartition inégale ou non proportionnelle des charges publiques ;

9° Déni de justice ;

10° Partialité de l'arbitre ou des témoins. — Cette partialité peut être délictueuse quand elle est consciente et volontaire. Le plus souvent elle est inconsciente et résulte de préjugés.

Il est aisé de voir que, le sixième cas excepté, l'idée d'injustice n'est jamais qu'un certain aspect des idées de délit, de dette, de garantie et d'arbitrage. Quant aux idées de délit et de dette, la preuve est inutile. Il est moins aisé de voir que le déni de justice correspond à la garantie dont il est la négation, de même que la partialité est la négation de l'arbitrage. — Etre partial, c'est n'être pas arbitre ; refuser de juger un litige, c'est ôter toute garantie au demandeur.

Est-il, en revanche, une injustice qui ne soit ou un délit subit, ou une faillite, ou un délit ou une dette imputé à tort, ou un déni de justice, ou un acte de partialité ? Remarquons-le : toute la métaphysique du droit, et toute cette littérature déclamatoire dont la métaphysique du droit est la mère, disparaît si la réponse est négative ?

Le délit peut être commis par le souverain, peuple ou monarque, aussi bien que par les particuliers. La loi, la sentence, peut être criminelle aussi bien que la passion privée. Nous l'accordons. Qu'on nous accorde aussi que le délit privé et la faillite à une obligation privée sont les formes initiales, communes, permanentes de l'injustice.

La philosophie du droit porte encore l'empreinte des circonstances au milieu desquelles elle est née. Mainte théorie métaphysique, qui semble issue de la méditation intérieure et de l'analyse de vérités éternelles, n'est, en réalité, que le vêtement d'une revendication politique passagère. L'erreur commune consiste à

oublier l'injustice apportée par les appétits privés et à ne voir que
celle qu'apportent l'ignorance, les préjugés, les passions des législateurs ou des juges. Certes, on ne saurait nier les « péchés des
législateurs. » Spencer en a tracé le trop éloquent tableau. Encore
n'a-t-il cité que les fautes inspirées par une philanthropie mal
éclairée. Que de crimes législatifs commis exclusivement pour
servir les intérêts propres d'une dynastie, d'un parti, d'une classe,
d'une église ! On ne saurait nier non plus la réalité des erreurs
judiciaires ; que d'injustices peut commettre une police judiciaire
insouciante ou routinière et un jury passionné ! Certes, au temps
où la torture était un moyen régulier d'instruction criminelle, où
la lettre de cachet était une institution politique, où les jugements
étaient secrets, où les peines les plus cruelles étaient distribuées
au hasard, appliquées souvent à des actions indifférentes ou
même bienfaisantes, on conçoit que les Voltaire, les Montesquieu,
les Beccaria, les Rousseau aient couru au plus pressé et dénoncé
l'injustice des lois et des institutions. Mais s'ils faisaient œuvre
utile de publicistes, ils ne faisaient pas œuvre de philosophes. La
source de l'injustice, c'est le délit et l'inexécution des obligations.
L'injustice des lois et des sentences n'est que la conséquence de
l'injustice des délits et des faillites. Otez le délit et la faillite, le
législateur et le juge disparaissent, car nul ne tolèrerait le pouvoir
des lois si l'existence des délits ne le justifiait. Des transactions
amiables ou des compromis pourraient trancher tous les autres
procès. Quant aux erreurs judiciaires, elles sont proportionnelles
au nombre des délits, à l'alarme qu'ils causent, à la ruse et à
l'audace des malfaiteurs. C'est, comme on le sait, la répression
militaire des troubles civils qui en provoque le plus grand nombre,
parce qu'alors la juridiction elle-même est contestée et la preuve
à peu près impossible. Mais, en ce cas, est-ce au juge qu'il faut
imputer l'erreur ? N'est-ce pas à la révolte elle-même ?

Des lois pénales découle un bien démesurément plus grand que
tous les maux causés par elles. Elles ont éteint les passions vindicatives et accru la confiance de chacun dans les institutions
sociales. Nous en avons une preuve frappante. Il y a une classe

de délits que la loi pénale n'a pas réussi à réprimer efficacement : ce sont les attentats à l'honneur privé. Il eût fallu punir par l'humiliation les contempteurs de l'honneur d'autrui : on les a punis de la prison et de l'amende. Aussi l'usage de la vengeance, sous la forme détournée du duel, a-t-il subsisté en ce domaine. En tous les autres la loi pénale a donc été efficace. Mettre fin aux vengeances privées est évidemment le plus grand service qu'on puisse rendre à la sociabilité : car la vengeance châtie le délit sans s'en distinguer. Le banditisme, voire le brigandage, en résulte.

Sans doute les lois pénales des peuples les plus civilisés sont perfectibles. L'établissement de l'échelle des peines est un problème délicat, car on se heurte aux différences de la sensibilité individuelle. Le code pénal ne donne pas peut-être des garanties assez grandes à la société, au moins chez certains peuples ; le code d'instruction criminelle n'en donne pas assez aux individus. — Punir ne suffit pas : il faut assurer une satisfaction à la victime. Les institutions des anciens âges ne se souciaient que de la satisfaction : les nôtres semblent se préoccuper trop exclusivement de la peine. Cependant la peine n'est qu'une garantie insuffisante. Bentham a, sur ce point, donné aux législateurs des conseils inoubliables.

L'injustice des institutions est dérivée et secondaire : l'injustice des délits et des faillites est primitive et capitale. Toute lésion prétendue du droit naturel doit donc se prouver par un délit ou par l'inexécution d'une dette. Sinon, la plainte n'est qu'une déclamation. Par exemple, est-il vrai que la part prélevée par le capitaliste sur les fruits de l'entreprise, ou que la rente foncière lèse les droits naturels du travail ? C'est demander si le capitaliste et le propriétaire foncier commettent un délit contre le travailleur, en d'autres termes, si, le salaire excepté, la propriété est un vol. La logique répond que si la propriété est un vol, il n'y a pas de vol. Mais ne peut-on pas voler la communauté ? Consultez le sentiment, il vous répond plus sûrement. Le vol est l'offense à la probité. Notre probité est-elle offensée à l'idée qu'après avoir défriché une terre, l'avoir assainie, l'avoir couverte de constructions utiles,

un propriétaire foncier exige du cultivateur qu'il introduit sur
sur cette terre une part des fruits de son travail? est-elle offensée
à l'idée qu'après avoir construit des ateliers, y avoir disposé des
métiers, avoir accumulé des matières premières, le capitaliste ne
confie à des ouvriers ces ateliers, ces métiers, ces matières premières qu'à la condition de prélever une part sur le prix de vente
du produit? S'il existe des probités assez délicates pour s'en
offenser (et il semble qu'il en existe), nous avouons notre impro-
bité. En revanche, notre probité serait froissée si le fermier
s'appropriait tous les fruits d'une terre qu'il a reçue défrichée et
aménagée, si l'ouvrier s'appropriait tous les produits d'un travail
dont il n'a créé ni l'instrument ni la matière.

La liberté, l'égalité et la sûreté, sont des droits naturels de
l'homme, selon un acte législatif célèbre. Rien de mieux. Tra-
duisons ces formules en notre langue, elles signifient : 1° que toute
atteinte à la sûreté personnelle est un délit ; 2° que l'arbitre
jugeant au nom de la société, que le législateur statuant au nom
de la société ne peuvent sans crimes faire acception de personne,
soit en matière de délit, soit en matière d'obligation ; 3° que nul,
pas même le législateur, ne peut sans crime empêcher un particulier d'améliorer sa condition quand il ne commet aucun délit
pour y réussir. — Otez les idées de délit, d'arbitrage, de dette
et de garantie — cette dernière implicitement contenue dans
l'idée de dette — vous avez nié les droits de l'homme.

CHAPITRE IX

Quoi qu'en pense l'idéalisme ascétique, le droit est utile ; il prévient plus de douleurs qu'il n'en cause ; il ôte aux hommes moins de plaisirs qu'il ne leur en procure. En résulte-t-il que l'idée de droit ne soit qu'une simple catégorie de l'idée d'intérêt, une représentation indirecte de l'utilité ? En d'autres termes, est-ce à la recherche claire et consciente de l'intérêt qu'il faut attribuer et la genèse des conceptions juridiques et le développement des institutions juridiques ? La question est des plus compliquées ; une analyse attentive et minutieuse doit précéder et justifier la réponse quelle qu'elle soit.

Il est incontestable que l'idée de droit représente une douleur à éviter et les voies à suivre pour l'éviter. Si l'homme était indifférent à la douleur, il ne serait jamais devenu un être juridique. C'est là évidemment une présomption en faveur d'une identité au moins partielle de l'idée de droit et de l'idée d'utile. Mais ce n'est qu'une présomption. En effet, si depuis Bentham l'utilitarisme a constamment varié, en tendant sans cesse vers la morale du désintéressement, il est au moins un point fixe dans la doctrine : c'est que la satisfaction égoïste est la mesure de l'utilité. Il est résulté que si l'idée de droit nous conduit à éviter une douleur altruiste en acceptant de souffrir des douleurs égoïstes, l'idée de droit, bien que produisant des effets utiles, est tout autre chose qu'une représentation de l'utilité.

On nous objectera peut-être que cette distinction de la douleur altruiste et de la douleur égoïste est une logomachie inintelligible. Nous devons donc ramener le problème à des termes plus clairs.

L'idée de droit tend-elle à nous faire préférer la satisfaction des sentiments sympathiques à celle de besoins égoïstes ? à nous faire éviter des douleurs dépendant exclusivement de la sympathie au prix de douleurs causées par des besoins individuels non satisfaits ? Si la réponse est affirmative, il faut conclure que l'idée de droit n'est pas une représentation de l'utile.

En effet, quiconque ramène le droit à l'utile doit choisir entre deux hypothèses : ou voir dans le droit tout entier une création arbitraire de la loi, ou identifier le droit et le besoin individuel.

Ni l'une ni l'autre de ces hypothèses ne peut nous permettre de comprendre la nature du délit, c'est-à-dire de la douleur que la fin consciente du droit est de prévenir ou de réparer.

Si le droit est une création artificielle d'un législateur utilitaire ayant pour but le plus grand bonheur du plus grand nombre, le délit sera l'acte qui détruit plus de bonheur que ne fait la contrainte légale. Mais qui donc mettra en balance d'un côté le mal du délit, de l'autre le mal de la loi, pour nous servir des expressions mêmes de Bentham ? Le législateur. Or, le législateur est homme, c'est-à-dire intéressé, passionné, toujours ignorant des effets lointains des lois, de ces incidences et de ces répercussions qui résultent infailliblement de toute loi dans une organisation aussi complexe qu'une société civilisée. C'est pourquoi le délit, dans cette hypothèse, sera bien souvent une prohibition arbitraire. Le législateur interdira sévèrement ce qui limite son pouvoir, par exemple la liberté de discussion, ce qui choque ses passions religieuses ou son attachement à un prétendu idéal. Dès lors, le délit changera avec le législateur. Il y aura une criminalité whig et une criminalité tory, des délits selon la gauche et des délits selon la droite. Au fond, le grand délit sera la faiblesse et le défaut d'astuce, et il n'y aura pas de grand crime que le succès ne puisse absoudre.

Déclamations ! dira un disciple de Bentham. L'intérêt du législateur ne peut se distinguer longtemps de l'intérêt de la communauté. Or, la communauté à un critère naturel qui lui permet de distinguer nettement l'acte délictueux de l'acte innocent. « On appelle délit tout acte que l'on croit devoir être prohibé à raison de quelque mal qu'il fait naître ou tend à faire naître (1). » Le mal n'est pas seulement la douleur infligée directement à un membre de la communauté, c'est encore l'alarme ou mal de second ordre. L'alarme ne doit pas se confondre avec le danger. Le danger peut être plus grand que l'alarme. « Il se pourrait que dans un Etat le prince fût volé par des administrateurs infidèles et le public opprimé par des vexations subalternes. Les complices de ces désordres, composant une phalange menaçante, ne laisseraient arriver auprès du trône que des éloges mercenaires et la **vérité serait le plus grand de tous les crimes.** La timidité sous le masque de la prudence formerait bientôt le caractère national. Si dans cet abattement universel des courages, un citoyen vertueux, osant dénoncer les coupables, devenait victime de son zèle, sa perte exciterait peu d'alarme : sa magnanimité ne paraîtrait qu'un acte de démence ; et chacun se promettant bien de ne pas faire comme lui considérerait de sang-froid un malheur qu'il a les moyens d'éviter. Mais l'alarme en se calmant fait place à un mal plus considérable : ce mal, c'est le danger de l'impunité pour tous les délits publics, c'est la cessation de tous les services volontaires pour la justice ; c'est l'indifférence profonde des individus pour tout ce qui ne leur est pas personnel (2). » Bentham cite à l'appui de cette distinction des Etats d'Italie où « un témoin court plus de risques qu'un assassin. » « L'alarme qui en

____

(1) *Traité de législation civile et pénale*, trad. Dumont, t. II, chap. I, p. 2.
(2) *Id. Ibid.*, ch. XIII, p. 50, 51.

résulte, conclut-il, sera faible , mais à proportion le danger augmente (1). »

Qu'est-ce donc que l'alarme ? C'est le danger mesuré par l'imagination, le tempérament, l'âge, le sexe, la position, l'expérience. Toutes les circonstances susceptibles d'accroître l'alarme accroîtront donc la gravité du délit. Ces circonstances, Bentham a cru pouvoir les peser, les compter, les définir. Ce sont : 1° la grandeur du mal du premier ordre ; 2° la bonne ou la mauvaise foi du délinquant dans le fait en question ; 3° la position qui lui a fourni l'occasion de commettre le délit ; 4° le motif qui l'a fait agir ; 5° le plus ou moins de facilité d'empêcher tel ou tel délit ; 6° le plus ou moins de facilité de le cacher ou de se soustraire à la peine ; 7° le caractère que le délinquant a montré par le délit ; la récidive se rapporte à ce chef ; 8° la condition de l'individu lésé. Selon Bentham (2), la connaissance exacte de ces circonstances permettrait de déterminer les proportions que suit l'alarme produite par les divers délits.

Ce n'est là qu'une pure apparence. L'alarme n'a pas de mesure objective réelle. Elle dépend de l'imagination ; elle dépend aussi du courage moyen des membres de la société. Bentham, en distinguant l'alarme du danger, reconnaît qu'une lâcheté générale peut indirectement réussir à diminuer la première. Or, le courage n'a-t-il pas le même effet ? Une société d'hommes maîtres d'euxmêmes, accoutumés à mépriser la mort et la douleur physique, sera-t-elle alarmée aussi aisément qu'une société de femmelettes ou d'indolents sybarites ? Mais une société de lâches n'a-t-elle pas le moyen d'échapper à l'alarme : ne peut-elle pas, comme l'a vu Bentham lui-même, composer avec les délinquants ? Ainsi l'alarme est un critère évanescent. Il est impossible que le législateur en fasse la mesure du délit.

Bentham condamne avec force l'idée de mesurer le délit par le

_____

(1) *Id, Ibid.*
(2) *Id., ibid.*, ch. IV, p. 15 et 16.

degré de sympathie ou d'antipathie qu'il inspire. Cependant la sympathie et l'antipathie sont, ainsi que l'a montré Garofalo, compatibles avec l'idée d'une moyenne. Sans aucun doute, il y a quelque relation entre l'antipathie qu'inspire soit un acte délictueux soit un caractère criminel et le danger qui en résulte. Les sentiments de l'honneur et de la pudeur prouvent cependant que les hommes peuvent sympathiser avec des actes et des caractères contraires à la satisfaction des plaisirs égoïstes, et témoigner l'antipathie la plus vive à des actes ou des caractères qui favorisent certains plaisirs égoïstes, sans créer pour le présent de graves dangers. Une société utilitaire aurait du délit une conception singulièrement différente de la nôtre, bien que non tout à fait opposée. A tort ou à raison, l'humanité civilisée est indulgente pour les crimes contre la chose publique, la trahison exceptée. Une société utilitaire les réprouverait plus sévèrement que les attentats contre la propriété. Une société utilitaire condamnerait impitoyablement les manquements aux prescriptions de l'hygiène. Or, jamais chez nous la conscience publique ne tolérerait qu'on appliquât légalement à un homme la peine de mort ou toute autre peine afflictive ou infamante, pour avoir involontairement introduit une épidémie dans le pays.

D'ailleurs, Bentham est-il si éloigné de fonder le délit sur l'antipathie dont sont l'objet et le caractère de l'auteur de l'acte incriminé et les mobiles auxquels il a obéi ? On est tenté d'en douter quand on le voit considérer le *caractère* du délinquant comme une atténuation ou une aggravation du délit. « Le caractère d'un homme, écrit-il, paraîtra plus ou moins dangereux selon que les motifs tutélaires paraissent avoir plus ou moins d'empire sur lui, comparaison faite avec les motifs séducteurs. Le caractère doit influer pour deux raisons sur le choix et la quantité de la peine : d'abord parce qu'il augmente ou diminue l'alarme, ensuite parce qu'il fournit un indice de la sensibilité du sujet (1). » Que dire

____

(1) *Traité de législation*, t. II, chap. XI, p. 37.

des « moyens d'aggravation » qu'il « tire de cette source », pour
employer son langage ou celui de son traducteur ? L'oppression
de la faiblesse, l'aggravation de la détresse, la violation du respect
envers les supérieurs, la cruauté gratuite, la fausseté et la violation de confiance, autant de circonstances qui aggravent le délit ?
Pourquoi, demanderait un de ces utilitaires conséquents qui ne
connaissent d'autre mal que la souffrance infligée à leur sensibilité
égoïste ? « Parce que le caractère du délinquant augmente
l'alarme », telle est la réponse que Bentham est obligé de faire,
s'il veut rester fidèle à la logigue de son système. Mais comment
rendre compte en ce cas de lignes telles que celles-ci : « Moins la
partie lésée était hors d'état de se défendre, plus le *sentiment
naturel de compassion* devait agir avec force. Une loi de l'*honneur*, venant à l'appui de cet *instinct de pitié*, fait un devoir
impérieux de ménager le faible, d'épargner celui qui ne peut pas
résister. Premier indice d'un caractère dangereux : Faiblesse
opprimée (1). » On ne saurait mieux dire. Donc l'offense à la pitié,
à l'honneur, aux autres sentiments sociaux élémentaires sont les
éléments constitutifs du délit ; donc on ne saurait le mesurer, ni
à l'alarme causée, ni même à l'étendue du dommage matériel.
Des actes peuvent donc être délictueux même quand aucun législateur ne les a prohibés. Que reste-t-il dès lors de l'hypothèse de
Bentham ?

L'utilitarisme ne proscrit pas nécessairement le droit naturel.
Toute une école, celle des utilitaires français du XVIIIᵉ siècle,
continuée par les matérialistes allemands du XIXᵉ, identifie le
droit et le besoin. Le besoin est antérieur et supérieur à la législation. Il peut lui servir de cause finale. Bentham n'était pas si
éloigné de ce point de vue, lui qui assigne pour but à la loi, non
seulement la sécurité et l'égalité, mais encore la subsistance et
l'abondance (2). Il est vrai qu'il fait dépendre la subsistance et

---

(2) *Traité de législation,* t. II, chap. XI, tr. fr., p. 37-38.
(2) *Principe du Code civil,* chap. II.

l'abondance de la sécurité, et la sécurité de la prohibition légale des actes délictueux.

Il n'y a pas de droits là où ne règne pas une conception claire et incontestée des faits délictueux. — Or, si le besoin est conçu comme le droit, ou comme la source du droit, il ne saurait y avoir d'actes réellement délictueux, car il n'est pas de délit qui ne puisse s'expliquer par les besoins, les appétits du délinquant. La théorie qui ramène le droit au besoin se détruit donc elle-même.

Le besoin individuel est évidemment le bélier qui, depuis les origines des sociétés, a battu en brèche toutes les institutions. Il n'est pas d'institution, mariage, filiation, propriété, église, armée, tribunaux, police, fiscalité, qui ne fasse obstacle à des appétits. Toute question de dignité morale écartée, il s'agit de savoir si la force des institutions est supérieure à la force des appétits. L'institution tire sa force, d'une part, des sentiments sociaux, de l'autre, des traditions, de l'imitation, de cette inertie qui tend à ramener les hommes dans la voie suivie par les ancêtres. Le théoricien de l'amour libre se marie ; le socialiste recueille et agrandit son patrimoine ; le libre-penseur fait baptiser ses enfants. Mais la puissance des institutions traditionnelles n'est pas telle qu'elles ne doivent transiger avec les besoins non satisfaits. Le mariage et la propriété, pour ne citer que les institutions fondamentales, ne compriment, l'un, l'appétit sexuel, l'autre, les besoins d'ordre économique, qu'en leur donnant une satisfaction en même temps qu'une règle. On sait à quels désordres moraux et sociaux a donné lieu, en certains États allemands, la défense faite aux indigents de se marier. D'autre part, les régimes les plus favorables à la propriété individuelle, voire à la propriété foncière, ont dû adopter l'expropriation pour cause d'utilité publique, en d'autres termes, élever la propriété mobilière, accessible à tous, au-dessus de la propriété foncière, que la force des choses met entre les mains du petit nombre. La propriété féodale et la propriété ecclésiastique ont disparu de l'Europe sous la pression des besoins non satisfaits. Que dire des institutions politiques et de leur malléabilité ? La plus fondamentale de toutes, l'armée, a peine à défendre son existence contre les exigences de la production, c'est-à-dire, en dernière analyse, de la consommation. Le sauvage passe sa vie tout entière sous les armes ; le civilisé se trouve accablé s'il donne au drapeau plus de trois ans et quelques mois. La fiscalité rencontre l'antagonisme de tous les mobiles qui attaquent la propriété, plus de la propriété elle-même. Bref, les institutions naturelles ressemblent à ces falaises, sans cesse effritées par la vague, et reculant de siècle en siècle devant les coups que leur porte un flux chargé de leurs propres débris.

Les institutions, dira-t-on, ne sont pas le droit. — Soit. Cependant, sans le mariage, la propriété et les institutions politiques qui les complètent, existerait-il un droit ? Si les appétits individuels minent les institutions fondamentales, ne pouvons-nous pas dire que le besoin est l'opposé du droit. — D'ailleurs, derrière les institutions il y a la sociabilité. Or, les hommes sont-ils sociables en proportion des exigences de leurs besoins ou en raison de leur domination sur leurs appétits ? La philosophie, le sens commun et l'expérience quotidienne semblent d'accord pour reconnaître que ce problème ne comporte qu'une solution. Malheureusement, la science économique, au nom d'analyses incomplètes, est venue tenter la réhabilitation de l'appétit. Elle prétend y voir un principe de sociabilité. Ce qui était clair et indubitable pour les anciens est devenu incertain pour les modernes. Le besoin est-il une cause de trouble ? un principe d'harmonie ? Si la seconde alternative est vraie, comment l'opposer au droit ?

Négligeons un instant les données de la science économique, et bornons-nous à chercher les relations de l'appétit et du délit. Deux points nous semblent susceptibles d'être mis en évidence : le premier est que la conscience du délit (aussi bien que la conscience de l'obligation) est en raison inverse de la pression des besoins ; le second est que la conscience du délit restant égale à elle-même, les faits délictueux se multiplient dans une société avec la difficulté de subvenir aux besoins élémentaires. Bref, la pression des besoins détermine à la fois et les délits et l'indulgence pour les délits, c'est-à-dire qu'elle détruit le droit.

Nous savons que le seul moyen d'expliquer les alarmantes lacunes de la conscience juridique en maintes populations sauvages, c'est de considérer la détresse au milieu de laquelle elles vivent. L'état sauvage, c'est avant tout l'absence de capital. Entre le besoin et la détresse la somme de richesses disponibles est insignifiante. C'est pourquoi la tribu est poussée à une guerre d'extermination, à la chasse aux esclaves, voire au cannibalisme ; c'est pourquoi l'infanticide y inspire si peu d'horreur, y revêt même l'aspect d'une nécessité douloureuse. Si, laissant de côté les innombrables degrés intermédiaires que constate l'histoire, nous comparons d'une part une tribu sauvage, d'autre part notre civilisation contemporaine, deux différences profondes fixent notre attention : la première est que la société civilisée incrimine un grand nombre d'actes que la tribu sauvage considère comme innocents ; la seconde, que la société civilisée est relativement soustraite à la pression immédiate des besoins dont la tribu sauvage est accablée. — Que si nous considérons les diverses époques de l'histoire, nous voyons la conscience de l'illicite croître en même temps que la pression décroît. En dépit du prestige dont nous dupe l'antiquité classique, elle n'était guère moins proche de l'état sauvage que de la civilisation véritable. D'une part, la morale juridique y était incomplète ; d'autre part, l'inertie du travail servile y produisait l'insécurité des moyens d'existence.

Le second point est plus litigieux, peut-être parce qu'il est plus douloureux. On sait que le Dr Lacassagne a cru pouvoir formuler cette loi : que toute élévation du prix du blé tend à déterminer une augmentation du nombre des délits. On peut élever des doutes sur l'exactitude de cette loi, car un abaissement notable du prix du froment ne semble pas avoir déterminé un abaissement de la grande criminalité. D'ailleurs, M. Lacassagne n'a garde de dire que le prix du blé soit le seul antécédent économique de la criminalité. Selon lui, un abaissement du prix du vin a exactement les mêmes effets que l'enchérissement du blé. Ce qui n'est guère douteux, c'est qu'un état économique caractérisé : 1° par l'abaissement des salaires ; 2° par l'élévation du prix des objets de première nécessité, loyers, aliments, vètements, etc.; 3° par le bon marché de denrées enivrantes, provoque presque inévitablement une recrudescence, non sans doute de tous les délits, mais des crimes et délits contre la propriété. Or, si nous consultons la statistique criminelle de la France pendant la période décennale 1876-1885, nous voyons que sur une moyenne annuelle de 3,400 affaires poursuivies devant les cours d'assises, plus de la moitié, soit annuellement 1,760, sont des crimes contre la propriété. Ajoutez à cela qu'un grand nombre de crimes contre les personnes ont pour occasions des attentats contre la propriété. On peut donc sans trop d'erreur, identifier la criminalité générale avec celle qui a la propriété pour objet. On conclura donc, comme le docteur Lacassagne, à une relation entre l'accroissement du nombre des besoins non satisfaits et l'accroissement de la criminalité.

Doctrine perverse, dira-t-on, et qui ne tend à rien moins qu'à l'absolution du crime ! — Attendez, répondrons-nous, pour la qualifier de perverse, que nous ayons tiré de ces faits une conclusion perverse. — Or, la seule conclusion que nous en tirions est l'impossibilité d'identifier le droit et le besoin, puisque le besoin peut devenir une cause de délits. Nous convenons d'ailleurs que ces constatations sont affligeantes, et que mieux vaudrait les exprimer en une langue savante, inaccessible au vulgaire. C'était jadis l'utilité du latin. La statistique morale n'est pas coupable si l'usage de la langue commune lui est imposé.

Pour que le besoin ne se transforme pas en délit, il faut ou qu'il soit contenu, ou qu'il reçoive des satisfactions compatibles avec la sociabilité. De ces deux solutions, la morale recommande la première, la science économique ne reconnaît d'efficacité qu'à la seconde.

La liberté morale dirigée par un idéal d'ascétisme semble au premier abord être le véritable remède à opposer au joug des besoins. Réduisons nos appétits au minimum ; contentons-nous du pain d'orge d'Epicure et de la coupe de Diogène. Pratiquons la continence. Attachons-nous à voir dans le corps un tombeau, et dans la vie une préparation à la mort. Voilà ce que nous enseignent les religions de l'Orient, le judaïsme et le mazdéisme exceptés, et, sauf l'aristotélisme, les sectes philosophiques de la Grèce. Il est frappant, en effet, que du jour où l'humanité a eu conscience d'un antagonisme entre les exigences de l'appétit et celles de la sociabilité elle s'est précipitée vers l'ascétisme comme vers la seule solution possible. A l'ombre de l'ascétisme, la société a grandi : mais la croissance en a été maladive. En effet, l'ascétisme est à peine moins contraire à la vie sociale que l'égoïsme des appétits. S'il n'aboutit pas au pessimisme absolu, il est inefficace. Le bouddhisme des initiés en est la seule forme rigoureusement logique. A quoi bon, en effet, réduire au minimum la satisfaction qu'on accorde au besoin si le nombre des hommes va croissant, en vertu des lois naturelles ? Si nous sommes cent vingt qui devions nous partager un minimum de subsistances à peine suffisant pour cent, la lutte du besoin et de la sociabilité va recommencer en dépit de l'ascétisme. Jetez l'anathème sur le mariage, la paternité, la famille, sinon votre ascétisme est impuissant. Or, je demande ce qu'un tel ascétisme laisse subsister de la sociabilité.

Le vrai remède au conflit des sentiments sociaux et des appétits ndividuels n'est pas la liberté morale de l'ascète, c'est le travail Le travail concilie les exigences du besoin et celles de la vie sociale. A mesure qu'il devient plus puissant, la conscience du délit devient plus claire. Les plus grands progrès moraux de l'humanité ont été réalisés le jour où de grandes religions, professées par des millions d'hommes, ont recommandé l'activité laborieuse. Peut-être le mazdéisme est-il inférieur au bouddhisme en profondeur métaphysique : mais il sanctifie le travail, ce qui lui donne une supériorité morale incomparable. Le judaïsme, l'islam, par-dessus tout le christianisme ont gravé dans le Code moral de l'humanité ces maximes si simples, mais si éloignées des idées du sauvage qu'on peut faire dater d'elles la civilisation véritable : « Tu mangeras ton pain à la sueur de ton front. — Celui qui ne travaille pas ne doit pas manger. » Le travail se concilie, d'ailleurs, avec un ascétisme modéré. Comme l'ont montré les économistes les plus profonds, entre autres M. Courcelle-Seneuil, il a deux aspects : travail musculaire, travail d'épargne ou d'abstinence. Le premier crée des richesses, le second crée des forces qui se transformeront en travail et en richesses, c'est-à-dire en choses utiles, en satisfaction pour les besoins.

L'homme est un être juridique dans la mesure où il est industrieux. Il est industrieux dans la mesure où il est capable de comprendre les lois des phénomènes de la nature. Le droit est solidaire du travail qui le rend possible ; le travail est solidaire de la science et de la méthode sans lesquelles il serait impuissant. Le progrès juridique a des lois propres, mais il n'a pas de lois isolées et indépendantes de celles qui régissent les autres manifestations sociales. Cette loi qui fait l'unité de la science sociale parce qu'elle constate l'unité de la civilisation est trop importante, elle a été trop négligée par la philosophie du droit pour que nous nous abstenions de nous y arrêter.

Le développement des sciences, le développement de l'action des sciences sur le travail, le développement de l'action du travail sur la nature sont les trois plus grands faits de l'histoire, et assurément, les plus aisés à constater. Cependant ce sont ceux dont jusqu'à une époque récente, les historiens se sont le moins inquiétés. La cause en est sans doute au préjugé selon lequel la science n'aurait commencé à agir sur le travail que depuis un siècle au moins, ou trois siècles au plus. Que si l'on recherche l'origine de ce préjugé, on est étonné de la trouver dans une véritable loi du développement de la civilisation générale.

On sait que les sciences les plus abstraites, celles qui comportent les vérités les plus universelles sont celles que l'esprit humain a dû développer les premières. Le développement des sciences mathématiques et mécaniques a été la condition du développement de l'astronomie, de la physique et de la chimie, et par conséquent l'a précédé. Le développement des sciences physiques a de même dû précéder celui des sciences de la vie. Nulle loi historique n'est mieux établie et plus universellement connue.

L'économie politique et l'histoire prouvent, que dans l'ordre industriel les industries agricoles et extractives ont dû précéder

les industries manufacturières, celle-ci, l'industrie des transports,
celle-là enfin l'industrie commerciale. — L'industrie manufacturière est fille de la division du travail, du démembrement de l'a-
telier domestique et de la fondation des villes ; l'industrie des
transports n'a pu se développer que le jour où la division du travail a été quelque peu avancée ; l'industrie commerciale est con-
sécutive à la navigation et à l'établissement des communications
terrestres. Ce sont là des lois simples avec lesquelles chacun est
depuis longtemps familier.

Or, si nous étudions les rapports naturels entre les sciences et
les formes de l'activité industrielle, nous voyons que les industries
en apparence les plus primitives sont celles qui exigent le concours des sciences les plus tardives. Des notions mathématiques
suffisent au commerce ; la navigation requiert déjà l'aide de l'astronomie ; la mécanique est nécessaire aux transports terrestres ;
la physique et la chimie sont indispensables aux industries manufacturières ; la géologie aux industries extractives ; la biologie
aux industries agricoles.

Ainsi les lois du progrès semblent se contrarier elles-mêmes ;
aux sciences les plus élémentaires correspond l'activité économique la plus complexe ; aux sciences les plus complexes l'industrie
la plus élémentaire. Dans les républiques italiennes l'art commercial avait déjà atteint un haut degré de perfection alors
que la navigation restait celle des Phéniciens ; les navigateurs
avaient reconnu les côtes des Nouveaux Continents et exploré
la planète sans que l'industrie manufacturière fût plus puissante
qu'au moyen-âge. Est-il besoin de dire que les industries manufacturières et extractives avaient déjà métamorphosé la civilisation matérielle, alors que la routine agricole commençait à peine
à être ébranlée. C'est sous nos yeux que les industries agricoles
bénéficient des travaux scientifiques.

Qu'on y réfléchisse : cette loi de l'action de la science sur le
travail, cette sorte de conflit entre les lois du savoir et les lois
de l'activité, rend compte d'une foule de révolutions et de réactions historiques qui sans elles resteraient énigmatiques : par

exemple le grand rôle des républiques marchandes, l'appui constant donné par les classes agricoles aux réactions militaires et religieuses. Imaginez le développement scientifique allant du concret à l'abstrait ; supposez que la constitution des sciences biologiques ait précédé celle des sciences physiques et mathématiques, vraisemblablement le cours de l'histoire eût été tout autre. Malgré les effusions de la littérature idyllique, il n'est pas douteux que l'agriculteur ait été le souffre-douleur de l'histoire. Une loi naturelle fait de la victime l'instrument et l'adepte convaincu de son bourreau : l'agriculteur a été le complice inconscient de tout despotisme. Si la science avait pu lui venir en aide dès ses premiers jours, l'ère des théocraties militaires eût été close des siècles plus tôt.

Toutefois, ce ne sont pas de tels problèmes que nous voulons examiner et résoudre. La science n'a pu agir que fort tard sur l'ensemble de l'ordre industriel. Cependant, vu l'union de toutes les industries, le plus léger concours qu'elle ait prêté à l'une de celles-ci, a été utile à toutes. Les besoins légitimes ont été mieux satisfaits quand les produits ont été mieux distribués par un art commercial plus parfait. Pendant des siècles, les progrès du commerce, complétés par ceux de la navigation, ont pallié l'impuissance de la production proprement dite. C'est ainsi que l'action bienfaisante de la science sur les besoins a précédé de beaucoup la grande révolution économique qui a commencé à la fin du XVIIIe siècle et s'est prolongée durant tout le XIXe.

Le droit s'est-il développé en proportion de la satisfaction des besoins ? Il est des âmes qu'une telle question scandalise. Elle leur semble un outrage à la dignité humaine. Il leur semble que la justice, la probité, la bonne foi ont dû être contemporaines de la frugalité et de la pauvreté primitives, que l'atmosphère de la civilisation industrielle les étiole, en attendant qu'elle ne les tue. — Cependant, si nous voulons bien admettre un instant, à titre d'hypothèse, que la prétendue équité des anciens âges pourrait bien n'être qu'un mythe ; si nous demandons quelques données et quelques inductions à la science historique, nous arrivons bientôt à penser que le progrès industriel et scientifique, loin d'être un obstacle au progrès juridique, en est l'auxiliaire, sinon le véhicule. Les sociétés primitives soumettent la conscience de la personne aux croyances de la majorité ; elles autorisent l'esclavage et l'infanticide ; elles ignorent le contrat ou ne le sanctionnent que s'il est entouré de formalités minutieuses. Ni au civil, ni au criminel, elles n'ont l'idée d'une procédure sérieuse. Plus nous nous rapprochons de l'ère contemporaine, plus nous voyons la procédure devenir précise et humaine, le contrat prendre la place du droit impératif, les délits réels nettement définis, les délits imaginaires abandonnés. Les grandes époques du droit sont les mêmes que celles de la science : l'Empire romain, la Réforme, la Révolution française.

Il n'y a pas là une coïncidence. Avènement du droit, atténuation graduelle de l'esclavage, décroissance de l'empire de la guerre, accroissement de la dignité et de la puissance du travail, développement de la science, ce sont là autant d'événements corrélatifs. Cherchez ce que cette évolution cache : vous découvrirez un moindre joug des appétits animaux, une satisfaction plus facile des besoins légitimes.

La science et le travail, associés historiquement par des relations compliquées, ont apaisé la concurrence des besoins, et, pour parler la langue des économistes, substitué la concurrence des producteurs à celle des consommateurs. Dès lors, la conscience du délit est devenue de plus en plus claire et l'idée de droit toujours plus impérative. Faut-il cependant attribuer à l'action des besoins les progrès de la sociabilité et du droit ? Quelle erreur ! Elles sont autant de conquêtes faites sur le besoin. Si nos appétits croissaient avec nos moyens d'action, la civilisation juridique resterait toujours au même niveau. La lenteur de ses progrès vient de ce que la civilisation matérielle ajoute des besoins artificiels à ceux qui sont inséparables de la nature humaine elle-même.

Ce serait, d'ailleurs, assigner au mot « besoin » un sens bien étroit que d'en restreindre l'acception aux besoins organiques et économiques. L'imagination a les siens, qui ne sont ni les moins impérieux ni les moins féconds en délits. L'imagination pousse au jeu, à l'ivresse, aux pratiques superstitieuses. Comment la satisfaire ? L'histoire répond : par les pompes du culte et par la diffusion des beaux-arts. L'éducation esthétique du genre humain n'est pas, dans le tableau du développement de la civilisation générale, un chapitre moins important que l'histoire de la science et de ses applications. L'épanouissement des arts a de beaucoup pré cédé celui des sciences ; longtemps l'art et le culte ont été le seul frein à la brutalité criminelle. Frein faible ! n'hésitons pas à le dire. Si l'homme ne vit pas seulement de pain, il vit encore moins exclusivement de représentations dramatiques. L'Italie de la Renaissance nous offre le spécimen accompli d'une société où la floraison des arts associés au culte peut recouvrir la disparition presque complète de la conscience de l'illicite. Vraisemblablement, une société industrielle, si grossière qu'on la suppose quant à la culture esthétique, ne tombera jamais si bas.

Le développement corrélatif de la science et du travail a donc déterminé le progrès de la conscience juridique qui, à son tour, par l'idée d'obligation et de contrat, a réagi sur l'ordre industriel. L'économie politique a depuis longtemps montré que toutes les causes qui assurent la liberté de contracter et l'autorité des contrats contribuent à accroître la production ; (et il est à remarquer que l'intense réaction économique qui s'est emparée du monde civilisé, sous la double forme du protectionisme et du socialisme d'État a pour point de départ la justification trop complète des prévisions de la science économique.) Le processus scientifique, industriel et juridique tend donc sans cesse à se renforcer par l'action de ses propres effets. Mais qu'on ne s'y trompe pas : la résistance des appétits à l'ordre social ne cesse pas de se faire sentir ; non seulement parce que l'intensité des besoins s'accroît avec la facilité des satisfactions, mais parce que, avec les subsistances, le nombre des hommes tend à augmenter. C'est seulement en apparence, et pour des esprits superficiels, que le lien incontestable qui relie le progrès de la civilisation scientifique et in-

dustrielle à celui de la civilisation juridique semble apporter son
témoignage à la théorie utilitaire : en réalité, il se retourne contre
elle. En effet : le sens de la théorie utilitaire est que le besoin
est le fondement du droit. S'il en était ainsi, le droit serait d'autant plus visible que le besoin serait plus pressant, plus nu en
quelque sorte : or, le droit et la conscience du droit n'apparais-
sent que le jour où le besoin, plus facilement satisfait, cesse
d'inspirer et de diriger toute la conduite humaine.

L'idée du droit réagit sur toute la conception de la conduite en
faisant du travail une dette, une obligation de chaque membre de la
société, en ne légitimant le besoin que s'il est précédé et appuyé par
le travail. Là est le sens de la part prépondérante du contrat, c'est-
à-dire de l'idée d'obligation, à la vie de la société civilisée.
Isolez le besoin du travail : inévitablement vous aboutissez à la
conduite délictueuse. L'histoire nous montre le régime contractuel et le régime industriel progressant d'une même allure, et
gagnant tout ce que perd la société esclavagiste. S'il est admis :
1° que la conscience du droit est identique à la conscience du
délit; 2° que la conscience du délit croît à mesure que décroît la
société esclavagiste ; 3° que la pression des besoins est d'autant
plus faible que la société revêt davantage le caractère industriel,
on ne saurait mettre en doute que la conscience du droit ne contribue pas moins à créer l'obligation du travail, que la puissance
du travail ne contribue à créer la conscience du droit.

N'y a-t-il pas là un cercle vicieux ? Les esprits superficiels
seuls peuvent le penser. Le travail est pour l'homme une nécessité physique avant d'être une obligation morale. Aussi longtemps
qu'il n'y voit pas une dette, une obligation, il s'efforce de rejeter
sur ses semblables le fardeau de cette nécessité ; mais en réalité,
il est toujours obligé de s'y soumettre en une grande mesure.
L'idée que le travail est un châtiment, une peine infamante peut
être encore pleine de force alors que le travail a déjà soustrait la
société au joug du besoin et transformé par là la conscience du
délit. L'idée de droit transforme la nécessité physique en obligation morale. La vraie civilisation se mesure au degré de cette

transformation. Celle-ci n'est jamais qu'à l'état d'ébauche : même dans nos sociétés démocratiques, des classes entières d'hommes s'y soustraient : à vrai dire, on ne se tromperait pas fort en disant qu'un homme est d'autant plus près du délit qu'il considère le travail comme une pure nécessité physique.

« Le pouvoir garanti de satisfaire ses besoins sans commettre de délit », voilà une définition du droit, superficielle sans doute, plus incomplète encore que superficielle, acceptable cependant comme expression des relations du besoin et du droit. Si l'on s'y arrête, on voit clairement que le besoin ne saurait être considéré ni comme le droit, ni comme l'origine du droit. Il est la matière à laquelle le droit s'applique, et rien de plus.

Si les besoins de la personne humaine ont quelque complexité, elle ne pourra les satisfaire sans le concours de l'activité d'autrui. Ou ce concours sera exigé, ou il sera obtenu de bonne grâce. Le premier cas est inadmissible. Le droit ne saurait être le pouvoir d'exiger le concours d'autrui pour la satisfaction de ses besoins propres. Ce serait ramener le droit au pouvoir d'imposer à autrui l'esclavage : or un tel pouvoir implique la guerre et s'annule par conséquent lui-même. — Le droit sera donc le pouvoir de solliciter le concours d'autrui pour la satisfaction de ses besoins ; en d'autres termes le droit serait le pouvoir de contracter. Or, l'expérience nous montre que nul ne peut appeler l'activité d'autrui à la satisfaction de ses besoins sans s'associer à cette activité, c'est-à-dire sans prendre sa part du travail général. Or, en ce cas son droit ne lui sera pas conféré par ses besoins, mais par le travail. Il y a plus : son droit croîtra en proportion de son travail et décroîtra en proportion de ses besoins. Car si *l'occasion* de contracter dépend du besoin à satisfaire, le pouvoir effectif de contracter dépend de la rémunération à offrir à l'activité d'autrui, c'est-à-dire, en dernière analyse, du travail.

Loin de naître du besoin, le droit naît de la discipline imposée au besoin. En effet, d'une part tout travail, tout effort, toute épargne implique un besoin réprimé ou contenu. D'autre part, il n'est pas de besoin qui ne soit satisfait par l'exécution d'une obligation.

Or, chaque obligation accomplie implique un travail exécuté et un besoin contenu.

Dira-t-on que le travail, le besoin, la peine du délit, sont trois souffrances comparables, entre lesquelles l'individu conscient se sent appelé à choisir ? que ces trois souffrances sont comparables et que, dans une société régulière, la pire est évidemment la peine appliquée au délit, partant, que pour expliquer la relation du travail, du besoin, et du délit il n'est nullement nécessaire de sortir de la doctrine de l'intérêt ; que les maximes utilitaires enseignent clairement qu'il faut préférer le travail à la privation, la privation à la peine qui par une réaction naturelle suit invariablement le délit ?

Admettons un instant cette argumentation ? En résulte-t-il que le besoin soit le fondement du droit ? Tout au contraire, puisque tout membre d'une société utilitaire doit, par hypothèse, préférer la privation à la satisfaction du besoin si elle n'est possible qu'au prix d'un délit. Mais qu'est-ce qui détermine de sa part cette option ? Est-ce la douleur intrinsèque au délit ? Nullement. C'est la peine matérielle qui y est attachée par la loi. C'est donc la loi qui crée le délit et le droit ; en d'autres termes, nous rentrons dans une hypothèse précédemment réfutée.

Il nous semble impossible d'apporter, en faveur de l'identité du droit et du besoin, un argument que nous n'ayons réfuté. Qu'on y regarde bien : on verra que le seul moyen de n'être pas dupe de cette spécieuse théorie, c'est d'analyser et de définir l'idée de délits et les rapports du besoin avec le délit.

Le besoin a des causes naturelles, ou pour mieux dire, c'est la nature elle-même dans la vie et la conduite humaine. De là l'extrême difficulté de trouver un principe qui condamne et réprime le besoin, si l'on ne veut tomber dans l'ascétisme et le pessimisme. Amené en présence de ce problème capital, le spiritualisme optimiste ne peut que bégayer ; aussi demande-t-il à l'éloquence un secours qui ne lui fut jamais refusé.

Le besoin, écrit Caro, ne peut servir de fondement au droit parce que d'une part le besoin individuel de l'un n'est jamais plus respectable que le besoin individuel de l'autre ; d'autre part parce que le besoin social se résout en un faisceau de besoins individuels, s'il ne repose pas sur un ordre moral transcendant. « La nécessité sociale est une pure abstraction en dehors de l'idée d'un ordre moral qui se compose de volontés en présence, également respectables et sacrées. Si vous écartez l'idée de la personne humaine, inviolable dans son essence et liée par la communauté de nature, de loi et de fin à d'autres personnalités, la société n'est plus qu'une collection d'organismes vivants, exprimant la même nécessité de vivre par les mêmes besoins. Si je ne rencontre en moi et devant moi que des faits physiologiques, pourquoi mon besoin personnel, qui est la seule mesure de mon droit, s'inclinerait-il devant le besoin d'un autre (1) ? »

Cette négation superbe de la science sociale ne tranche pas le problème aussi complètement que le pensait l'éloquent écrivain.

Réduire la société à un système de relations purement morales, c'est résister à l'évidence. La personne inviolable liée à la personne inviolable par la communauté de nature, de loi et de fin, telle est selon Caro et l'école dont il est ici l'interprète, la Société ! S'il en est ainsi je demande s'il a jamais existé une société sur notre planète. Car où et quand l'homme fut-il inviolable pour l'homme ? Si jamais cette inviolabilité fut méconnue, ce fut là où l'on tenta de réaliser l'unité de *loi* et de *fin*, à défaut d'une hypothétique unité de nature. Rayez de la vie passée de l'humanité la guerre, cette violation capitale de l'inviolable personne humaine, que conserverez-vous, que comprendrez-vous de cet ordre moral dont parlaient si éloquemment Caro et la secte philosophique ou politique dont il était membre ? — Cependant, admettons (contre toute l'expérience) que l'inviolabilité de la personne humaine, soit une condition de la vie sociale, l'homme sera-t-il inviolable à la nature — inviolable aux cyclones, aux volcans, aux tremblements de terre, — inviolable à la dent des fauves, aux microbes du char-

_____

(1) *Problèmes de morale sociale*, 2ᵉ édit., ch. Iᵉʳ, p. 7.

bon, de la phtisie, du choléra et de la fièvre jaune — inviolable à la famine, au froid, à la sécheresse — inviolable à l'épilepsie, à la folie ? Si nous avons appris quelque chose de l'histoire, de la statistique, des comparaisons ethnographiques, c'est cette vérité : que la structure d'une société dépend du pouvoir de l'homme sur la nature. Plus ce pouvoir est grand, plus la société mérite son nom. Les hommes sont associés par la lutte contre le danger commun, beaucoup plus que par la notion de leur inviolabilité. L'association est permanente parce que le danger est permanent.

Sont-ce donc les lois de la matière qui en dernière analyse régissent la société et mesurent le droit ? Non pas. Ces lois sont radicalement antisociales ; elles sont le frein de la sociabilité.

Les économistes n'ont pas toujours suffisamment montré que le principe de population et la loi de la rente — entendue comme l'entend M. Courcelle-Seneuil — ne sont qu'une conséquence, ou pour mieux dire, un aspect de la loi de conservation de la matière. Cette loi tend à équilibrer la population et les subsistances. Là où les subsistances sont en excès sur la population présente, celle-ci s'accroît avec une rapidité qui déconcerte la routine. Là où l'on ne peut accroître la population animale et végétale, tous les efforts réunis de la morale, de la religion et de la législation ne pourront réussir à augmenter la population humaine. De prétendus démographes, qui confondent la statistique avec l'arithmétique, peuvent nous montrer tel empire du centre de l'Europe peuplé dans un siècle de 150 millions d'habitants : s'ils n'ont pas supputé en même temps l'accroissement corrélatif du nombre des têtes de bétail et d'hectolitres de froment, ils ont fait œuvre vaine. Or, un tel accroissement ne dépend pas seulement du travail : le travail ne crée pas un atome de matière. En réalité, l'accroissement de la population humaine, partant la solution d'une foule de problèmes moraux, dépend de la quantité d'azote, de carbone, d'hydrogène et d'oxygène que les végétaux peuvent emprunter du sol et de l'atmosphère (1). De là, une concurrence

____

(1) Voir Cuvier, *Eloge de Gilbert* (*Recueil des Eloges historiques*, t. 1, p. 144 et ssq.)

vitale que tout le succès du droit, des mœurs, de la législation,
sera de réduire au minimum. C'est le matérialisme, dira-t-on.
Erreur ! Si les lois de la matière régissaient exclusivement les
relations humaines, probablement l'espèce humaine aurait depuis
longtemps disparu : sûrement son histoire serait tout autre. Les
effets dissolvants des lois de la matière, ou, pour parler en termes
plus précis, de la loi de population et de la loi de la rente, n'ont
jamais été annulés, mais ont toujours été plus complètement neutralisés. Par quelle cause ? par l'union du travail et de l'invention scientifique (1).

La civilisation est une réaction contre les lois purement
matérielles que constatent les économistes. Tout ce qu'elle gagne
est acquis à l'ordre social. Celui-ci est donc l'effet d'une énergie
immatérielle, dont les deux sources les plus aisées à reconnaitre
sont, personne ne le niera, la science et le travail.

Mais faut-il faire descendre cette énergie spirituelle d'un ordre

---

(1) « L'architecture et les arts libéraux, l'agriculture et toutes les fabri-
ques, la navigation, le commerce, la plupart des guerres même, et cet
immense développement de courage et de génie, ce grand appareil d'efforts
et de connaissances qu'elles exigent n'ont pour objet final que deux simples
opérations de chimie ; et par conséquent aussi la moindre vérité nouvelle
sur les lois de la nature, dans ces deux opérations, peut réduire les dépenses publiques et particulières, changer la tactique et la marche du
commerce, transférer la puissance d'un peuple à un autre, et finir par
altérer les rapports les plus fondamentaux des classes de la société.

« En effet, ce carbone, cet hydrogène que nous consumons sans cesse
dans nos foyers, dans nos vêtements et dans nos repas, sont reproduits
sans cesse pour une consommation nouvelle par la végétation, qui les
reprend dans l'atmosphère et dans les eaux. Mais la quantité de la végétation est elle-même fixée par l'étendue du sol, par les espèces de végétaux
que l'on y cultive, et par la proportion des bois, des prairies, des terres à blé
et des bestiaux. En vain donc le gouvernement le plus paternel voudra-t-il
augmenter la population dans son territoire au-delà de certaines limites ;
tous ses soins seront inefficaces si la science ne vient à son secours. »

Ces lignes ne sont ni d'Auguste Comte, ni d'aucun autre positiviste ou
saint-simonien ; elles ont pour auteur le plus spiritualiste des savants,
George Cuvier. (Parmentier et Rümford, *Éloges historiques*, t. II, p. 160-
161.)

moral transcendant ? *Trock ist alle theorie.* La scolastique est la harpie qui souille de son ordure la coupe d'or de l'étude méthodique. Pourquoi remonter au-delà des faits si les faits suffisent ?

D'un côté, voici le besoin individuel, chose bien réelle, bien vivante, car, en un sens, le besoin c'est la vie elle-même, l'aspiration de la chair détruite vers le renouvellement. Au nom de l'ordre moral transcendant, condamnerez-vous le besoin ? En ce cas, dites clairement que vous condamnez la vie. Apportez-nous, comme Çakyamouni, la parole de délivrance, la parole de l'ascète, qui, saisi de pitié devant la boucherie de l'univers, ne souhaite plus d'autre satisfaction que l'entrée dans le néant divin. Vous refusez-vous à sacrifier l'optimisme ? N'hésitez pas à réhabiliter le besoin, la chair comme disait malencontreusement Saint-Simon, la vie, comme il eût fallu dire. Nouvelle difficulté. Exigez-vous satisfaction pour tout besoin ? D'avance vous connaissez la négation terrible de l'expérience. Il faut donc choisir entre les besoins, élire ceux-ci, rejeter ceux-là ? Mais quel sera le critère ? L'ordre ? Mais la vie n'est-elle pas selon l'ordre, et le besoin n'est-il pas la manifestation de la vie ?

Cependant, il faut qu'une discipline soit imposée aux besoins, puisqu'ils ne peuvent tous être satisfaits. Cette discipline ne peut résulter d'une idée abstraite : Le besoin individu ' est un fait bien réel. Il faut lui opposer un autre fait également réel. Sera-ce le besoin collectif? Ici Caro a raison : ce mot cache une équivoque. Sauf le nom, le besoin collectif n'a rien de commun avec le besoin individuel. Considérez le besoin collectif sous sa forme la plus matérielle : besoin de moyens de transport et de moyens de correspondance : toujours il implique l'existence de la sympathie et de la solidarité consciente. A quoi serviraient les moyens de correspondance et de transport entre hommes qui se haïraient ou n'auraient aucun concours à s'offrir ?

Le fait qui contraste avec le besoin individuel, au nom duquel ce dernier peut être discipliné, c'est la sympathie, c'est l'ensemble des sentiments sociaux qui s'y rattachent, tels que la

pudeur et l'honneur, ce sont aussi les jugements qui entretiennent
ces sentiments. D'ailleurs le terme sympathie embrasse l'ensemble
des sentiments sociaux et des jugements d'approbation ou de
blâme. — Cette sympathie générale discipline le besoin : le besoin qui ne peut être satisfait sans qu'elle soit blessée sera écarté ;
le besoin qui s'accorde avec ses exigences sera satisfait. A vrai
dire il y faut le travail : il est le trait-d'union de l'une et de
l'autre, mais sans sympathie, point de coopération, et sans coopération, point de travail.

Mais qu'est-ce que cette opposition de la sympathie et de certains besoins individuels, qu'est-ce que cette discipline des besoins si ce n'est la conscience du délit ? On ne peut donc éluder
ce problème capital dès que l'on recherche à déterminer métho-
diquement les rapports du besoin et du droit.

Il y a des besoins qui ne peuvent recevoir de satisfaction sans
qu'une douleur soit infligée aux sentiments sympathiques de la
moyenne des membres de la société. — Tels sont les besoins du
arasite déprédateur qui n'a rien à offrir en échange de ses exigences. — La satisfaction de l'un de ces besoins est un délit —
(à moins qu'elle ne soit l'effet de la bienfaisance). De la garantie
donnée aux membres de la société contre ces délits, résultent les
droits. Rien n'est plus clair. Nos droits croissent donc en raison
des exigences de la sympathie générale et en raison du nombre
des besoins satisfaits par le travail et l'échange. Mais sommes-
nous sortis de l'utilitarisme ?

Nous avons placé le critère du droit, non dans un besoin égoïste
à satisfaire, mais dans une douleur sympathique à éviter. Agir
ou s'abstenir d'agir par crainte d'une douleur, n'est-ce pas, dira-
t-on, obéir à l'idée de l'utile ? La douleur sympathique diffère-
t-elle intrinsèquement de la douleur égoïste ?

La réponse est moins malaisée à découvrir que la question
n'est subtile. Pour la métaphysique transcendante, peut-être n'y
a-t-il aucune différence entre une émotion douloureuse de la pitié
ou du patriotisme et la douleur d'une opération chirurgicale, en
sorte que celui qui donne son sang à son pays pour éviter l'hu-

miliation de la défaite ne tiendrait pas une conduite différente de celui qui sauve prudemment sa vie de peur d'éprouver les douleurs des blessures et de l'amputation. Mais ces différences, insignifiantes au regard de la métaphysique, sont capitales au regard de la psychologie. Accepter les douleurs de la privation pour éviter à autrui et s'éviter à soi-même les douleurs de la pitié, de l'honneur ou de la pudeur blessés, c'est, dans la langue commune, agir par désintéressement.

Les douleurs de la sympathie sont, par définition même, susceptibles d'être partagées par un nombre indéfini de personnes. Les douleurs qui accompagnent la privation sont localisées dan s un organisme, à moins que, traduites en signes visibles ou audibles, elles n'aillent émouvoir la pitié et créer une douleur sympathique. Préférer la privation à un acte propre à émouvoir douloureusement la sympathie, c'est donc opposer à une douleur propre et présente une douleur pressentie en quelque sorte chez autrui. Est-ce là un calcul utilitaire ? Pour le soutenir, il faudrait, comme dans la célèbre épigramme de Schiller, suspecter son propre désintéressement quand on éprouve du plaisir à obliger ses amis.

Le conflit de la sympathie et du besoin, crée la conscience du délit antérieurement à toute loi, à toute puissance publique. — A vrai dire, ce conflit est un état violent et douloureux, car le besoin est chose impérieuse. Tantôt besoin organique, tantôt besoin d'imagination, il manifeste la vie elle-même. Heureusement le conflit peut s'atténuer toujours davantage. Le mariage, le travail, le luxe et les beaux arts, les cérémonies du culte réconcilient les exigences du besoin et les exigences de la sympathie ; de là le mouvement des sociétés ; de là un progrès à la fois matériel, esthétique et moral.

CHAPITRE X

Nous ne doutons pas que le lecteur n'ait dû, plusieurs fois déjà,
nous accuser de faire œuvre de fantaisie et de sacrifier, en étu-
diant la genèse de l'idée de droit, les enseignements les plus
certains de la science historique. Nulle part, en effet, nous n'avons
traité des relations que soutiennent les conceptions juridiques
avec les idées religieuses. Or, ceux qui ont fondé ou renouvelé la
philosophie positive du droit nous ont montré le droit dérivant de
la religion, ou tout au moins sanctionné par elle.

Ce n'était de notre part ni oubli ni dédain. Le souci de pratiquer une méthode vraiment scientifique seul, nous a porté à
réserver cette question. Avant de chercher si le droit se suffit à
lui-même, ou s'il requiert le concours de la religion pour déterminer les caractères et les volontés ; avant d'examiner les relations
des conceptions juridiques et des conceptions religieuses, il fallait
savoir ce qu'est le droit et soumettre les conceptions juridiques
à l'analyse.

Mais la philosophie du droit est-elle susceptible d'être isolée
de la science des religions ? les conceptions juridiques ne sont-
elles qu'un aspect, une conséquence, un reflet des conceptions
religieuses ? Tel est le problème que nous ne saurions éluder.

A une question ainsi posée, les faits semblent d'abord ne suggérer qu'une réponse affirmative. Le droit paraît inséparable de la participation aux rites d'un culte. Historiquement, la différence des cultes autorise toutes les violences contre les personnes et les propriétés ; il n'y a pas de délit contre l'infidèle, l'hérétique et l'apostat. Le fidèle seul peut revendiquer les garanties juridiques.

Cependant un examen plus soucieux de l'ensemble des faits ébranle cette première induction. Le développement du droit n'a pas été interrompu par les variations de la conscience religieuse. Bien que le droit romain ait été contemporain de trois religions différentes, du culte des ancêtres, du culte panthéistique de la nature et des héros, du christianisme, il s'est transformé en vertu de causes internes avec une majestueuse uniformité. Les révolutions religieuses n'ont pas plus réussi à accélérer ses progrès qu'à les retarder.

Si sceptique qu'on veuille se montrer à l'endroit de la liberté de conscience, le plus clérical des historiens du droit (nous prenons ici cette épithète dans son vrai sens) ne pourra contester que le problème de la liberté de conscience n'ait été le plus grave que le droit ait agité dans les temps modernes. Droit international, droit public, droit pénal, droit contractuel, droit domestique, le concept de la liberté de conscience a tout transformé. Or, ou la liberté de conscience n'est rien, ou elle consiste à concevoir le droit comme indépendant du culte. On peut donc, si l'on est ami du paradoxe, soutenir que dans le monde moderne il n'y a plus de droit : mais on ne peut prétendre que le droit repose sur la religion et soit sanctionné par elle.

Nous sommes donc placés dans cette alternative : ou juger que les apparences historiques nous trompent lorsqu'elles nous montrent dans le passé le droit enchaîné à la religion et consacré par elle ; ou conclure que l'introduction de la liberté de conscience dans le monde en a chassé le droit, et que celui-ci est moins assuré en Amérique qu'en Europe, moins assuré dans l'Europe occidentale qu'en Russie, puisque la législation russe traite

comme un crime tout acte de prosélytisme exercé par un prêtre
du rite romain, un pasteur protestant, un ministre des religions
juive et musulmane ; moins assuré en Russie que dans l'Europe
du moyen-âge, puisque celle-ci n'eût pas accordé, aux dissidents,
comme daigne le faire la société russe, les droits civils ni même
le droit à l'existence ; moins assuré dans l'Europe du moyen-âge
que dans la cité de la Grèce antique ou dans l'Inde moderne,
puisque l'Eglise ne faisait dépendre ni les droits de succession, ni
la parenté de l'exécution de certains rites religieux, à l'encontre
de ce que faisait le droit grec et de ce que fait le droit hindou.

Admettre le second terme de l'alternative c'est se jeter dans un
abîme d'absurdité qui ferait reculer le sectaire le plus intrépide ;
lui préférer le premier, c'est accepter de résoudre une difficulté
historique redoutable. Comment nier en effet que dans l'antiquité
romaine l'équivalent de notre droit international fût le droit
fécial, et que le droit fécial fût une branche de la religion ? que
le droit public ait reposé dans l'antiquité, dans l'Europe du
moyen-âge, comme dans l'Orient moderne, sur le caractère
divin, ou semi-divin, ou tout au moins sacerdotal d'un chef
militaire héréditaire ? que le droit contractuel ait longtemps
reposé sur le serment ? que le droit domestique, c'est-à-dire,
en dernière analyse, le mariage n'ait été et ne soit encore
pour bien des esprits, une cérémonie religieuse qu'un prêtre seul
puisse valablement accomplir ?

La solution ne peut être espérée que si nous définissons
exactement les termes du problème. Nous savons ce qu'est l'idée
de droit ? Mais qu'est-ce que la religion. Un système de conceptions sur la cause première, la vie future, le mérite moral ?
Mais des dogmes presque identiques comme ceux de l'Eglise
grecque et de l'Eglise romaine, ou légèrement différents comme
ceux du catholicisme ou du protestantisme, ou relativement
voisins comme ceux de l'Islam et du judaïsme laissent cependant
leurs sectateurs en opposition formelle sur les points essentiels
du droit international, public ou domestique. Le culte, le rite est
donc plus important que la théologie. Or, l'objet du culte est

l'offre d'un sacrifice à la divinité. La participation au sacrifice est-elle pour la personne la condition du droit ? Si elle l'a été, comment a-t-elle cessé de l'être ? tel est le double problème que nous devons tenter de résoudre.

Si le sacrifice avait pour but de demander à la divinité une sauvegarde contre les violences et les crimes, on comprendrait qu'il y eût un lien étroit entre le culte et le droit. En effet, participer au sacrifice ce serait s'engager par là même à n'attenter en rien à la sécurité de ses coreligionnaires. Mais serait-ce là le but du sacrifice ?

Sans doute l'observation historique, directe ou indirecte, nous fait constater les dispositions religieuses les plus opposées. Tantôt le but du sacrifice est d'obtenir le pardon des fautes et la force morale nécessaire pour obéir aux commandements divins, tantôt c'est de conjurer les fléaux naturels, et par dessus tout la maladie ; ailleurs c'est de connaître l'avenir, mais nous ne voyons pas que nulle part ce but soit d'amener les hommes à s'accorder des garanties mutuelles.

Les religions pratiquées par les sociétés juridiques, ne négligent pas totalement, il est vrai, ce côté de la culture humaine. Refuser de reconnaître que le christianisme, dans quelque Eglise qu'on le considère, ait travaillé à extirper des âmes les dispositions agressives, serait se décerner à soi-même un brevet d'incompétence sociologique. Mais faut-il induire de là que le droit soit inséparable du culte ? Ne serait-ce pas attribuer à l'action de la religion sur le droit un phénomène historique qui résulte peut-être de l'action du droit sur la religion ? Une religion a favorisé, temporairement au moins, le règne du droit : en résulte-t-il que la religion soit essentiellement juridique et le droit essentiellement religieux, et que celui-ci se soit formé sous l'empire de celle-là ? L'observation des religions primitives peut seule répondre.

Pour l'homme primitif, la religion semble n'être que l'art de détourner les fléaux naturels, grêles, inondations, sécheresses, invasions étrangères, épidémies, car ces fléaux contre lesquels la science n'a pas encore commencé à armer l'homme sont attribués à la colère de divinités capricieuses et jalouses. Parmi les fléaux naturels, la maladie est le plus fréquent, le plus direct, et en apparence le plus mystérieux. Aussi la religion primitive est-elle avant tout médecine et hygiène : le prêtre, un médecin ; le sanctuaire, un lieu de cure. Les religions morales se sont vues parfois entraînées comme malgré elles, par les superstitions populaires à associer, à la guérison des âmes, la tâche de guérir les corps. Sur ce point, l'esprit scientifique semble même incapable d'entamer les dispositions primitives.

Le but du sacrifice, dans les religions que nous considérons, est donc exclusivement utilitaire. On recherche, en le célébrant, la faveur d'une divinité conçue sur le type de l'homme, non pas même de l'homme abstrait, mais d'un homme déterminé, le chef militaire de la famille ou de la horde. On croit cette faveur malaisée à obtenir, car, jugeant la divinité d'après ceux qui aident à en former la conception, on suppose qu'elle est exigeante. On apporte à la séduire beaucoup d'humilité, de bassesse, de largesse, et, s'il le faut, de cruauté pour soi-même et les autres. Plus cette faveur a coûté à obtenir, plus on est désireux d'en conserver le privilège. Le moyen le plus efficace est d'abord de fermer les portes du temple, puis de traiter en ennemis les autres dieux et leurs adorateurs. La subordination du droit à la religion résulte donc de la conception utilitaire qu'on s'est faite du but de la religion. Le droit tend à écarter et à régler les conflits qui peuvent s'élever entre les hommes ; par nature, il tend à l'universalité. Au contraire, la religion utilitaire, celle des sociétés primitives, considère la faveur divine comme un bien matériel auquel on aura une part d'autant plus grande que les participants seront moins nombreux. Partant aux causes de guerre, telles que la rareté des subsistances et l'aversion du travail, elle ajoute une cause interne, issue de l'imagination, et qui, temporairement au moins, réduit à néant tout le concours que le droit apportait aux relations pacifiques.

Sans doute, à une époque plus avancée du développement de l'esprit humain, l'esprit de prosélytisme pénètre dans les religions. Loin d'exclure du sacrifice ceux qui demandent à y participer, elles contraignent à y participer ceux qui prétendraient s'en abstenir. Mais, par un détour, elles conduisent au même résultat, la guerre contre les cultes étrangers. Le mobile qui poussait les Francs de Charlemagne contre les Saxons et les Arabes contre les Mazdéens, n'était pas de même nature que celui qui poussait les Hébreux à ces grandes tueries de Chananéens que peint le *Livre de Josué*. Ceux-ci guerroyaient pour mettre radicalement fin au culte de Moloch sans ouvrir pour cela leurs rangs aux vaincus (puisque la plus grande des impiétés était le mariage du Juif avec la Chananéenne) ; ceux-là avaient pour but de forcer les Saxons à entrer dans l'église chrétienne ou les Persans à accepter l'Islam. Mais la religion missionnaire n'apportait pas moins la guerre que la religion étrangère au prosélytisme.

Ceux-là commettent donc une erreur qui pensent que la religion crée le droit : en réalité, elle le limite. Elle trace au droit des frontières rigides qu'il n'eût pas connues sans elle. Au dedans du cercle dans lequel elle l'enferme, elle peut coopérer énergiquement à ses fins. Lorsqu'un conflit s'élève entre deux coreligionnaires, ils ont un arbitre d'une singulière autorité : c'est le prêtre, le sacrificateur lui-même. Au nom de la divinité qu'on suppose l'inspirer, il dictera des sentences que les parties écouteront en tremblant et qui bientôt donneront lieu à des coutumes. Dans les limites de la communauté religieuse, le droit sera énergiquement sanctionné par la terreur religieuse ; mais ces limites marqueront sa fin.

Psychologiquement, il semble qu'un contraste devrait s'établir entre l'idée de droit qui impose la soumission de tous les conflits à un arbitrage et l'idée des divergences religieuses qui impose la guerre. Si nous analysons nos propres états de conscience, nous constatons que ce contraste existe. Il nous conduit même à vouloir soumettre la pluralité des confessions religieuses à l'unité et à l'universalité du droit. Mais n'oublions pas que notre conception de la divinité ne place plus nos âmes sous l'empire de la terreur religieuse. Si au lieu d'un Dieu miséricordieux nous adorions des divinités jalouses et féroces, la terreur dont nous serions la proie ne nous permettrait plus de penser au droit, si ce n'est pour le subordonner. Or, les divinités des religions primitives, comme celle des nègres de l'Uganda ou du Dahomey sont nécessairement féroces et jalouses puisque ce sont les mânes des ancêtres, principalement des chefs militaires.

L'opposition des cultes ajoute donc un aiguillon à la concurrence vitale ; à l'appétit se joint la crainte de la divinité et le désir de lui plaire. Ailleurs nous avons distingué deux types de guerre, la guerre que nous avons nommée esclavagiste et la guerre nationale. La première n'est qu'une extorsion, tandis que la seconde est une procédure. Or, il n'est pas douteux qu'il faille considérer la guerre religieuse comme une variété de la guerre esclavagiste. N'était le *Livre de Josué*, nous pourrions affirmer qu'il n'y a pas eu dans le monde une guerre religieuse dont le résultat n'ait été d'enrichir les vainqueurs aux dépens des vaincus. Encore pouvons-nous supprimer l'exception, non seulement parce que l'interdit qui prescrivait d'égorger les Chananéens avec leur bétail, et de brûler leurs richesses n'était pas toujours observé, mais parce que la conquête faisait passer les terres des Chananéens aux mains de leurs vainqueurs. Asservir des producteurs, distribuer des terres, percevoir des tributs, tel fut le résultat, sinon le but, de toutes les autres guerres religieuses connues : conquêtes musulmanes, croisades contre les Sarrasins, les Albigeois, les Slaves, expéditions des Cortez et des Pizarre, guerre des Mahrattes, sans oublier au moyen-âge la conquête de l'Angleterre par les Normands et dans les temps modernes certaines guerres coloniales.

La Religion, loin de fonder le droit constituerait donc le plus redoutable obstacle à son développement si elle n'était susceptible d'être épurée. Nous avons dit que la terreur religieuse rend les hommes sourds au contraste de l'idée d'un droit unique et de la pluralité des cultes. Mais la terreur religieuse peut s'affaiblir à mesure que décroît l'anthropomorphisme grossier qui en est l'origine.

La religion consiste dans l'offrande d'un sacrifice à la divinité
pour en obtenir la faveur (1). Le caractère plus ou moins matériel du sacrifice dépend de deux causes : la première est la
disposition utilitaire que nous apportons dans le culte ; la seconde est la conception plus ou moins anthropomorphique que
nous pouvons nous former de la divinité. Plus la disposition religieuse est utilitaire et la notion de la divinité anthropomorphique, plus le sacrifice ou le culte est opposé au droit. Il en
résulte que la réconciliation du culte et du droit est une limite
dont l'humanité a dû s'approcher à mesure que la fin assignée
par elle à la religion a été plus désintéressée et les conceptions
théologiques plus rationnelles.

La science a conquis aujourd'hui la liberté d'étudier les religions objectivement comme des phénomènes historiques. Elle use
de cette faculté avec discrétion, avec le respect dû à l'homme
intérieur. Il lui est donc loisible de considérer le progrès de la
conscience religieuse, des superstitions des sauvages aux croyances d'un Georges Fox, comme l'effet d'une loi intellectuelle et
sociologique. Cette loi, pas plus que toute autre loi scientifique,
ne prétend donner l'explication dernière des choses. Le fidèle des
doctrines religieuses pourra toujours légitimement penser que la
conscience a reçu, à certains moments, une illumination d'en
haut. Les faits et les rapports resteront les mêmes pour lui et pour
le pur naturaliste.

La disposition religieuse peut consister à attendre du sacrifice
soit l'éloignement de fléaux naturels et principalement de la maladie, soit la purification de l'âme et la force d'obéir aux commandements divins. Nous connaissons des religions, ou, si l'on
veut, des superstitions, étrangères à toute idée de culture morale ;
en revanche, nous ne connaissons guère de religion vivante qui
exclue radicalement toute fin utilitaire. Mais les grandes religions
éthiques, le christianisme sous ses diverses formes, le judaïsme, et

____

(1) (Renan, *Histoire du peuple d'Israël* Tome, I, ch. IV, p. 52.)

dans une moindre mesure l'Islam et le bouddhisme, subordonnent radicalement la conjuration des fléaux et de la maladie à la purification de l'àme. Historiquement l'humanité apte à la civilisation a passé graduellement de la religion utilitaire à la religion éthique. Un progrès de ce genre est visible dans l'histoire du judaïsme. En Grèce, la purification de l'àme, sous une forme encore symbolique, est l'origine des mystères d'Eleusis et de Samothrace. Enfin, avec le christianisme, le salut cesse d'être la guérison des maux ou l'apaisement des remords : c'est l'absolution prononcée par la justice divine.

L'observation montre que l'on se fait de la divinité une conception d'autant plus grossière qu'on a des demandes plus grossières à lui adresser. Celui qui demande à Dieu la guérison de la maladie dont il souffre ou dont souffre son enfant refusera de le concevoir comme une raison infinie et éternelle. Cependant il n'est pas douteux que l'impossibilité de voir en Dieu un être passionné et corruptible ne constitue un obstacle au règne des dispositions religieuses inférieures. Or, la façon de concevoir la divinité dépend évidemment de la façon de concevoir la cause première et les lois de la nature, c'est-à-dire du développement de l'intelligence humaine. Si nous appelons anthropomorphisme la disposition à se représenter la cause première sur le type de la nature humaine, nous sommes amenés à conclure que le déclin de l'anthropomorphisme est corrélatif au développement de l'intelligence humaine, mais que ce déclin est toujours retardé ou neutralisé par la tendance de l'homme à tenter de fléchir la divinité et de la faire conspirer à ses propres fins.

Comparons l'ancêtre divinisé qu'adorèrent longtemps les hommes primitifs et qu'adorent encore maintes tribus sauvages au Dieu impersonnel et sans attributs de la religion musulmane (pour ne considérer que des cultes non chrétiens) : nous voyons aussitôt que l'esprit humain est capable de s'affranchir graduellement de l'anthropomorphisme. Bien qu'il soit prématuré de vouloir marquer trop rigoureusement les phases de ce déclin, — car les diverses religions que nous connaissons ne peuvent pas former une série — on peut affirmer que l'esprit n'a pu s'élancer d'un seul bond de la conception toute anthropomorphique du Dieu-Ancêtre à la notion du dieu unique et absolu. Il a fourni au moins deux stades intermédiaires, pendant lesquels il a créé la plupart des religions connues hellénisme, odinisme, mazdéisme, védisme, brahmanisme, taoïsme. Au premier stade, les chefs militaires continuent à être divinisés, mais les forces de la nature le sont également, car on y voit la manifestation d'esprits analogues à ceux des ancêtres. Au second stade, l'univers est conçu comme la manifestation d'un principe divin unique, impersonnel et rationnel, mais susceptible, grâce à un avatar, de se manifester sous une forme humaine. La religion grecque répond exactement au premier de ces stades avec tendances vers le second, car Héraclès et Dionysos sont les fruits d'incarnations, de *descentes*, d'avatars analogues à ceux du brahmanisme. Le brahmanisme, et, dans la mesure où nous pouvons le connaître, le taoïsme, correspondent au second stade. Chacune de ces phases nous montre l'anthropomorphisme affaibli, non vaincu cependant. Les forces naturelles personnifiées et associées aux héros ou chefs militaires divinisés sont encore conçues comme presque aussi humaines, c'est-à-dire passionnées, tyranniques, vindicatives, jalouses et cupides que l'ancêtre divinisé. Quant à l'incarnation du principe divin abstrait, apparût-elle sous une forme aussi bienfaisante que celle d'un Krishna, d'un Rama, ou même d'un Héraclès, elle présente encore à l'adoration des hommes une volonté humaine capable d'être fléchie par un cérémonial propitiatoire. D'ailleurs, dans la théorie de l'avatar, telle que les Hindous la conçoivent, le cycle des incarnations n'est jamais fermé. Des chefs militaires, des fondateurs de dynasties, des princes régnants, ou même de pieux ascètes peuvent toujours être ajoutés au nombre des fils du Ciel déjà connus : c'est ainsi que la porte est toujours ouverte à l'anthropomorphisme le plus primitif.

Comment l'esprit humain pût-il franchir l'abîme qui semble séparer le panthéisme anthropomorphique de la notion d'un Dieu unique et absolu ? Israël semble s'être élancé d'un bond de la conception d'un dieu purement national à celle de l'Eternel auteur du monde physique et législateur du monde moral. (Car nous ne saurions comprendre comment la notion de l'Eternel, d'Elohim ait précédé celle de Jahvé). De là le mystère de la Bible et la séduction invincible qu'elle exerce sur nos esprits. Cependant l'histoire des idées peut reconstituer sur ce point la marche graduelle de la pensée humaine.

La conception qui peu à peu a fait disparaître l'anthropomorphisme est celle qui assigne pour origine au monde un germe vivant. C'est elle que l'étymologie découvre dans l'idée de nature (*gnatura*). Les mythes scandinaves symbolisent l'univers par le frêne Yggdrasill que l'humour de Carlyle oppose à la machine du monde conçue par les modernes. La théogonie indoue substitue au développement d'une plante l'éclosion d'un œuf d'or ; mais l'idée reste la même. Dans les cosmogonies mythiques elle est sans doute incomplètement conçue ; les vestiges de l'anthropomorphisme obscurcissent l'idée d'évolution. Du germe vivant des choses résulte finalement un être humain ou analogue à l'homme. Mais, s'il nous est permis de lire clairement la pensée éparse dans les fragments qui nous restent de l'école ionienne, nous voyons que le rôle des Anaximandre et des Héraclite a consisté à extraire l'idée de nature de sa gangue mythologique et à l'opposer à l'anthropomorphisme. L'univers est un grand animal ; la transformation constante et réciproque des éléments en constitue la vie ; il a en lui-même sa cause et se suffit. Homère et les poètes mentent lorsqu'ils nous peignent des dieux personnels ; la divination est une chimère. Tel est l'abrégé de l'ionisme. Les écoles qui viendront en conserveront au moins les résultats critiques et négatifs. Xénophane, si toutefois les fragments qu'on nous a conservés sous son nom sont authentiques, a été le héros de la lutte contre l'anthropomorphisme. « Il n'y a qu'un Dieu, et il ne ressemble aux mortels ni pour le corps, ni même pour l'intelligence. Sans aucun effort, il gouverne toutes choses par l'opération de sa pensée.» Si Socrate semble rétrograder vers un anthropomorphisme épuré, ·Platon confond Dieu avec la hiérarchie des idées et principalement avec la plus universelle d'entre elles, l'idée du Bien. Aristote n'exclut pas moins radicalement l'anthropomorphisme lorsqu'il ôte à la Pensée de la pensée la faculté de concevoir un univers qu'elle ne doit gouverner que par l'attrait.

Enfin Lucrèce s'élève à la hauteur d'un Isaïe dans ces vers qui retentiront toujours au plus profond de la conscience humaine :

> O genus infelix humanum ! Talia divis
> Cùm tribuit facta atque iras adjunxit acerbas !
> Quantos tum gemitus ipsi sibi quantaque nobis
> Volnera ! quas lacrymas peperere minoribu nostris !
> Nec pietas ulla est velatum sæpe videri
> Vertier ad lapidem atque omnes accedere ad aras
> Nec procumbere humi prostratum ac pandere palmas
> Ante deum delubra, nec aras sanguine multo
> Spargere quadrupedum, nec votis nectere vota
> Sed mage pacatâ posse omnia mente tueri.

(Lucrèce, L. V.)

La négation de l'anthropomorphisme conduisit à la négation du culte matériel et utilitaire. L'histoire de la philosophie grecque nous montre la préparation d'une révolution religieuse : l'idée de nature conduit à l'idée d'une divinité transcendante et étrangère au gouvernement du monde ; et de cette transformation des conceptions résulte une insurrection de la conscience contre les cultes primitifs. La réflexion conduisait donc les philosophes d'Occident précisément au point où l'illumination avait conduit les prophètes d'Israël. Lucrèce parle comme Isaïe :

> Ai-je besoin du sang des boucs et des génisses ?

L'anthropomorphisme a donc subi un déclin lent et graduel jusqu'au jour où l'On a pu se faire entendre de l'élite de l'humanité en lui disant : « Dieu est esprit, et il faut que ceux qui l'adorent, l'adorent en esprit et en vérité. » Mais cet immense progrès eût été sans effet sur la société et n'eût pas détruit les obstacles opposés au droit par la religion s'il n'avait pas déterminé une transformation correspondante du sacrifice.

Le sacrifice a son histoire comme l'anthropomorphisme et comme la conception de la fin de la religion. Le but est toujours de conquérir la faveur ou d'apaiser soit la colère, soit la justice divine. Mais le moyen varie et si nous descendons la série des âges, nous voyons le sacrifice devenir de plus en plus immatériel. Les cultes primitifs offrent à la divinité des présents, or le plus précieux des présents, c'est une vie humaine ; le suppliant offrira la vie de son enfant. On connaît les sacrifices des Chananéens, des Phéniciens et les hécatombes du Mexique, renouvelées dans le Dahomey et l'Uganda contemporains. Plus tard, le sacrifice humain disparaît en ce sens qu'on n'immole plus personne sur les autels ; mais l'on persiste à associer au sacrifice des boucs et des génisses, celui des plaisirs légitimes et celui des facultés humaines, entre autres de l'intelligence scientifique. Il est beaucoup plus difficile à l'humanité de sortir de cette seconde phase que de la première. Elle doit pour cela franchir trois étapes : la première est la renonciation à l'habitude d'offrir des dons matériels et des sacrifices sanglants ; la seconde est marquée par le refus de sacrifier en principe l'art, l'industrie, et même la science à la jalousie divine. La troisième réhabilite le plaisir lui-même et consiste à penser que la recherche volontaire des souffrances n'est pas une condition nécessaire pour plaire à la divinité. On arrive ainsi à la dernière phase, la phase chrétienne, pour nous servir d'une expression elliptique. On pense que la divinité n'exige de nous d'autre sacrifice que celui de notre égoïsme, de nos haines, de nos penchants antisociaux, et que le but principal du culte est de nous rappeler ce principe.

L'ascétisme, c'est-à-dire le refus réfléchi ou habituel du plaisir individuel et l'acceptation réfléchie ou habituelle de la douleur, n'est donc plus au terme de son développement qu'une condition de l'altruisme. Il devient ainsi un frein à l'égoisme, frein toujours utile, sinon logiquement nécessaire. Grossière en est l'origine ; mais notre éloignement pour l'idée d'une divinité méchante et jalouse ne doit pas nous dérober la vue de l'élément fondamental et permanent de l'ascétisme et du sacrifice. Cet élément n'est autre que l'observation de la rigueur, de l'indifférence de la nature pour l'homme. En ce sens, l'ascétisme le plus absurde, celui des brahmanes par exemple, est plus raisonnable que l'optimiste utilitaire des modernes. Corrigé par une saine intelligence des lois naturelles, il nous porte à chercher dans la sociabilité le seul adoucissement possible à la dureté de notre destinée.

Il serait téméraire de prétendre énoncer une correspondance exacte entre le déclin de l'anthropomorphisme et les transformations du sacrifice. En effet, la réaction de l'utilitarisme religieux a presque toujours retardé les effets du progrès des conceptions. Celui qui demande à la divinité des faveurs sensibles est tenté de la séduire par des sacrifices sensibles. Cependant, si l'on s'en tient aux grandes lignes, on peut prouver l'existence de la corrélation.

La divinité, telle que la conçurent les hommes primitifs, est un être à la fois corruptible et jaloux de l'homme. Il est aisé de comprendre comment on peut être amené à tenter de la séduire par des présents, des signes d'humilité, par la recherche volontaire de la souffrance. Il en est encore ainsi lorsqu'on admet qu'un principe divin abstrait se manifeste sous la forme d'êtres personnels. On ne considère plus que les manifestations, on oublie le principe : selon Lyall, Brahma est le moins honoré des dieux du brahmanisme. — Mais lorsque l'anthropomorphisme grossier commence à être nié, soit par la réflexion, soit par l'illumination, la conception du sacrifice doit nécessairement être modifiée. On cesse de concevoir Dieu comme un être vénal cédant ses faveurs au plus fort enchérisseur ; on cesse de penser que ce soit l'appât matériel qui le détermine à suspendre sa colère ou l'action de sa justice ; on commence à imaginer qu'il est touché, non par la chose sacrifiée elle-même, mais par la disposition du cœur et de la volonté de celui qui la sacrifie. C'est ainsi que Socrate, après Hésiode, inventa plaisamment la déesse Kaddynamin. « Dans vos offrandes, consultez vos moyens. Il serait indigne des dieux de préférer les grandes victimes aux petites parce que s'il en était ainsi, la vie ne serait plus un don. » On reconnaît là l'esprit d'une foule de versets des Psaumes et des prophètes. Qui ne voit que dès lors le sacrifice matériel est frappé à mort ? Puisqu'il n'est plus qu'un symbole de la piété intérieure, il suffira de le symboliser lui-même. Bien mieux : on pourra totalement le négliger car « le sabbat est fait pour l'homme et non pas l'homme pour le sabbat. »

Que la réflexion et l'amour poursuivent leur œuvre, que l'anthropomorphisme continue à s'évanouir, le sacrifice moral lui-même recevra des limites. Si Dieu est jaloux de l'homme, jaloux de son savoir, jaloux de son action sur la nature, jaloux de ses plaisirs, jaloux même de sa vertu, on comprend qu'il faille lui sacrifier l'exercice des facultés humaines ; qu'on doive, pour obtenir sa justice ou mériter sa grâce, faire abandon de la science, de l'art, des grandes entreprises industrielles, de la richesse, du bien-être, de l'amour physique, des vertus humaines et de l'estime de soi-même. Pour les Grecs, percer un isthme était une impiété ; naviguer, une impiété nécessaire, mais une impiété. Dans la pensée des Indous, les dieux sont perpétuellement inquiets de la sainteté des ascètes, car ils craignent d'être détrônés par eux. Que sont les déclamations de Pascal sur la « superbe diabolique d'Epictète »sinon un écho lointain de la même croyance ?

Mais si l'on cesse de considérer Dieu comme un être jaloux de l'homme, si l'on pense qu'il n'a pas créé celui-ci pour le torturer, mais bien pour en faire un être artiste capable d'imiter la création par des échantillons architectoniques, un être savant capable d'épeler la pensée divine dans le symbolisme de la nature, un être industrieux qui puisse par le travail continuer l'œuvre de la création, un être moral qui par l'usage de sa volonté puisse se faire une destinée heureuse ou malheureuse, il n'y a plus lieu de sacrifier l'activité humaine et les plaisirs inoffensifs qui découlent de son développement normal. La malédiction cesse de peser sur le savoir et sur le plaisir ; la seule satisfaction dont on juge le plaisir interdit par Dieu, est celle des dispositions opposées à la charité. On sait que c'est ainsi que depuis la Réforme, les sociétés européennes ont compris, ou tendu à comprendre les doctrines chrétiennes.

Ainsi le mouvement naturel de l'esprit humain a fait disparaître le sacrifice purement matériel, cet aiguillon des guerres religieuses et de la concurrence vitale, cet obstacle en apparence invincible à l'expansion du droit. Si le sacrifice est purement moral, si la cérémonie extérieure n'est qu'un symbole, un *memento*, la participation au sacrifice ne peut être la condition essentielle de la participation au droit. De plus, si le sacrifice consiste exclusivement dans l'abandon des plaisirs les plus égoïstes, la religion, loin de contrarier le droit en favorise le règne. Le contraste de l'idée de droit et de l'idée de sacrifice n'a donc reçu son plein effet que le jour où l'idée de sacrifice s'est définitivement spiritualisée. Peut-on dire que la religion se soit effacée devant le droit ? On en peut douter ; en revanche, il est certain que l'action de l'idée de droit sur l'humanité a été d'autant plus grande que l'action de la terreur religieuse a été moindre.

Le contraste des idées juridiques et des idées religieuses est le fond du concept de la liberté de conscience. La définition de cette liberté primordiale peut varier avec les écoles : toutes seront d'accord sur les causes qui la détruisent. La liberté de conscience cesse d'être le jour où pour professer ses croyances une personne ou un groupe doit renoncer aux garanties du droit international, pénal, public, contractuel ou domestique ; renoncer à être protégé par le droit des gens, renoncer à être protégé contre les injures, les violences, les spoliations, les séquestrations ; renoncer à l'activité politique et aux magistratures ; renoncer au commerce et au travail ; renoncer au mariage et à la filiation légitime. Or, il n'est pas douteux que cette renonciation n'est pas nécessaire là où les garanties du droit ne sont pas liées à la participation à un culte dominant. Elle s'impose au contraire si les relations juridiques cessent là où commencent les différences de culte et de rite.

Sans doute, on peut se faire et d'ordinaire on se fait une autre conception de la liberté du culte : on pense que le droit doit protéger le culte contre toute atteinte de l'intolérance. Qu'on y réfléchisse cependant, et l'on se persuadera que la liberté des cultes n'exprime rien autre chose que l'indépendance du droit à l'égard des cultes. Si l'État se résout à n'interdire aucun culte, c'est que lui-même n'en professe aucun ; c'est donc qu'il reconnaît que le culte n'est le fondement ni du pouvoir de juger ni du pouvoir de légiférer, partant qu'il est sans relation avec le droit. Si l'Etat, si la conscience publique protège les cultes et les adhérents des cultes les uns contre les autres, c'est qu'il est admis que les relations juridiques entre les hommes sont indépendantes de la participation aux rites d'une religion, et que la différence des cultes n'excuse en rien un état de guerre entre les personnes. Remarquons·bien en effet que l'Etat peut seulement protéger un culte contre les autres cultes ou contre le despotisme des lois : il ne peut le protéger contre l'indifférence, contre le scepticisme, contre la critique ou le dédain.

La liberté de conscience consiste donc à ne pas admettre que les divergences religieuses puissent faire cesser les relations juridiques et amener l'état de guerre : elle ne peut aller plus loin, car on ne peut ni donner ni retirer aux consciences la liberté intérieure. La liberté de conscience est donc, sous sa forme originelle, un concept du droit international : elle met fin aux guerres religieuses. Par là même, elle pénètre la vie intérieure des nations. Le chef militaire cesse d'être le vicaire de Dieu ou l'oint du Seigneur ; car, si la société religieuse n'est plus une armée en guerre contre les autres confessions, elle n'a plus besoin d'avoir un général pour grand prêtre. Le sacerdoce se sépare donc de l'empire ; l'Etat et l'Eglise se limitent réciproquement ; la liberté de conscience pénètre dans le droit public. En même temps, le droit pénal cesse de châtier les fautes contre la religion, car l'Etat, devenu distinct de la société religieuse poursuit ses propres fins et cesse de se faire l'instrument de l'Eglise. Le droit domestique seul résiste encore : le mariage semble solidaire du culte ; l'unité de la famille paraît incapable de résister aux divergences religieuses. Néanmoins le progrès ébauché continue : le droit protège les mariages mixtes quand bien même les mœurs répugneraient à les former.

L'histoire de l'Europe moderne ne témoigne-t-elle pas clairement en faveur de cette loi de développement de la liberté de conscience? La politique française combattait déjà pour introduire la liberté de conscience dans le droit international alors que l'Etat français opposait un *veto* radical à la liberté individuelle de culte et de croyance. L'année 1648 voit le principe de la liberté de conscience régler pour la première fois les rapports entre les peuples ; en même temps tombe la tête d'un roi d'Angleterre qui avait voulu contraindre à l'unité liturgique les protestants dissidents. Quelques années plus tard cependant l'intolérance triomphait en Angleterre avec le bill du Test et en France avec la Révocation de l'édit de Nantes ; preuve évidente que le droit public ne pouvait suivre qu'à pas lents le droit des gens. Néanmoins un Etat qui dans ses relations avec l'étranger se dépouillait du caractère religieux ne pouvait le conserver dans ses rapports avec ses ressortissants. Persécuter les adhérents d'un culte reconnu et professé par une ou plusieurs des puissances avec lesquelles on traitait amicalement n'était pas longtemps possible. Le droit public cessa donc d'être une province de la religion. Dès lors, la sanction souveraine cessa de protéger la confusion du droit et du culte dans les autres domaines.

CHAPITRE XI

La science sociale est encore si peu formée qu'il peut paraître téméraire de lui demander une définition de la structure sociale. Cependant, à défaut de lois scientifiques, nettement formulées et abondamment prouvées, le sens commun peut répondre. Depuis longtemps, les esprits éclairés sont unanimes à reconnaîtr) que le gouvernement proprement dit, l'organisation politique n'est qu'un détail de la structure des sociétés. — En revanche, beaucoup pensent que les différences de religion sont aussi importantes que les différences constitutionnelles sont secondaires. Cependant l'observation prouve que la même société peut appartenir à des religions différentes quant au dogme, pourvu que la morale sociale des diverses confessions soit la même. De quelles causes dépendent donc les différences des sociétés si nombreuses et si variées dont l'ethnographie et l'histoire nous présentent le tableau ? D'une part du rapport entre le mariage et la condition des femmes, d'autre part du rapport entre la propriété et le travail ; ajoutons enfin la relation entre la constitution de la famille et de la propriété et la condition des fils. — Passer d'une société monogame dans une société polygame, d'une société fondée sur la propriété individuelle dans une société communiste, c'est quitter un monde pour un autre. — Ainsi la structure sociale dépend :

1° de la condition des femmes dans le mariage ; 2° de la condition des fils dans la famille ; 3° du rapport entre la propriété et le travail individuel. Le mariage et la propriété peuvent prendre bien des formes. Le mariage peut être monogame ou polygame, endogame ou exogame, il peut se faire par enlèvement, achat ou contrat libre ; ces différences, au point de vue juridique, n'ont d'importance que dans la mesure où elles affectent la condition de la femme. — La propriété peut être tribale, féodale ou individuelle ; le domaine éminent peut être séparé du domaine utile ou y être joint : si ces diverses institutions laissent intacts les rapports de la jouissance et du travail, une vaine érudition se préoccupera seule de les étudier.

Il n'est pas douteux qu'il n'y ait une relation entre les variations de la condition des femmes, celles de la condition des travailleurs et celles de la condition des fils de famille. La femme peut-elle être libre, respectée, égale de l'homme là où les producteurs sont esclaves ? Le travail peut-il être libre là ou le fils peut être toute sa vie soumis à la puissance paternelle ? La question contient la réponse. Cependant, il serait, croyons-nous, périlleux de chercher quelle est l'institution dont les variations déterminent les autres. Mariage, filiation, propriété, dépendent sinon dans leur essence, au moins dans leurs variations d'une cause plus profonde, cause que la morale abstraite n'eût jamais soupçonnée, mais que la sociologie a révélée : cette cause n'est autre que la guerre.

Selon que l'état de guerre prédomine plus ou moins dans la vie d'un groupe humain, la situation de la femme à l'égard de l'homme, du producteur à l'égard du guerrier, du fils à l'égard du père de famille ne peut rester la même. Sauf quelques exceptions empruntées à la vie des sauvages les plus dégradés, la femme est un être militairement incapable : là où la valeur à la guerre est la mesure exclusive de la valeur dans la société, la femme n'est rien, si ce n'est un bon plaisir de l'homme. Nous renvoyons sur ce point le lecteur aux preuves qu'a données Proudhon dans son admirable traité *de la Guerre et de la Paix*. — D'un autre côté

Spencer n'a-t-il pas montré que dans une société guerrière la population vouée aux travaux productifs doit nécessairement être esclave ou vivre dans un état voisin de l'esclavage? En effet, les hommes étrangers aux armes ne peuvent manquer d'être assujettis aux hommes de guerre ; trois causes y concourent, l'une est que les producteurs sont pour la plupart ou des prisonniers de guerre ou des vaincus privés de leurs terres et de leur liberté ; l'autre est que les producteurs sont incapables de défendre leur indépendance contre les convoitises des guerriers, investis de l'autorité politique, judiciaire et religieuse ; la troisième, enfin, est la nécessité qui s'impose aux guerriers de se subordonner étroitement la population non-combattante, car le succès à la guerre dépend de la combinaison de tous les éléments, et une armée mal approvisionnée ne peut vaincre. Or, si la femme est esclave, si le producteur est esclave, le fils de famille ne peut être pleinement libre ; la guerre seule peut l'affranchir ; mais il serait trop contraire à l'action naturelle des mobiles humains qu'un chef de famille habitué à l'idée de régner souverainement sur ses femmes et ses esclaves laissât quelque initiative et quelque indépendance à ceux qui sont nés de lui. La guerre tend donc à produire une société patriarcale, en d'autres termes, une société composée de familles ou la femme, le fils, même marié et déjà père, sont esclaves d'un chef généralement présumé l'ascendant le plus âgé et du sang le plus pur, et où chaque famille guerrière est complétée par des agrégations d'esclaves, chargés de pourvoir à ses besoins multiples.

Supposons au contraire que la guerre ne soit plus qu'un accident dans la vie politique de la société ; il n'y a dès lors plus aucune raison pour que la femme ne prenne pas une place proportionnée à son énergie laborieuse et à sa culture intellectuelle ; très facilement elle deviendra l'égale de l'homme que presque toujours elle dépasse en ténacité, en persévérance, en endurance. Dans son ascension vers l'égalité, elle n'aura à craindre que l'opposition peu dangereuse des philanthropes d'académie, de ces moralistes de tribune qui les yeux fixés sur la société patriarcale comme sur un idéal, voudraient par bonté d'âme réduire la femme au rôle d'instrument de l'espèce et de servante de l'homme. — La guerre devenant le but accessoire et la conquête des forces naturelles le but principal de l'activité générale, la classe des producteurs deviendra rapidement l'égale de la classe des militaires et la subordonnera même à ses fins. Dès lors, la puissance paternelle ne sera plus que la protection de l'enfant et de l'adolescent contre les conséquences de leur propre inexpérience ; elle prendra fin au moment où le fils atteindra l'âge viril. Dans une société d'égaux, le contrat, seul apte à combiner en une harmonie générale la diversité des aptitudes, devient le lien social principal. Cette institution, indéfiniment flexible, n'est pas seulement propre à se plier à toutes les relations de besoins et de services issues de la division du travail ; elle pénètre, transforme la famille, la propriété et le gouvernement politique ; elle fait du mariage un engagement mutuel de volontés libres ; de la propriété, même foncière, un gage indéfiniment transmissible, du gouvernement politique un mandat temporaire engageant la responsabilité de celui qui l'accepte.

La structure sociale dépend donc en dernière analyse des causes qui favorisent ou empêchent la guerre. La principale, la plus constante de ces causes, c'est la pression des besoins de toute espèce combinée avec l'aversion universelle pour le travail et surtout avec l'impuissance de l'activité humaine sur les causes naturelles. Plus l'homme se sent faible contre la nature, plus il répugne à la surmonter par la combinaison des efforts laborieux, plus il est en proie aux besoins brutaux et porté vers la guerre comme vers sa seule ressource. La faiblesse de l'activité est en proportion des lacunes de la connaissance. La science positive accroît la puissance de l'homme sur la nature, non pas seulement parce qu'elle met entre ses mains des instruments de travail, mais encore et surtout parce qu'elle accroît son courage et sa volonté d'agir. L'impuissance originelle de l'homme dans sa lutte contre les fléaux naturels est beaucoup plus morale que physique : elle naît de la peur, ou pour mieux dire d'une impression de mystère qui transforme les agents physiques en personnalités jalouses et vindicatives. La religion anthropomorphique, telle est la vraie cause de l'impuissance des efforts humains, de la tyrannie implacable des besoins, et, par suite, de la guerre universelle. La science positive ne nous eût-elle donné ni moteurs industriels, ni hygiène, ni procédés curatifs, nous eût-elle laissés avec nos seuls bras en face des assauts de la nature, en purgeant notre intelligence de la croyance aux actions surnaturelles, elle nous eût encore affranchis et relevés de terre.

L'anthropomorphisme religieux engendre la croyance à la nécessité du sacrifice utilitaire; nous appelons de ce nom non-seulement l'offrande propitiatoire de richesses et d'existences humaines, mais encore l'abandon de l'initiative humaine, princi_ palement de l'initiative intellectuelle. A ce seul titre, en brisant le ressort de l'humanité, il la livre au joug des besoins animaux, en dépit des pratiques ascétiques, et favorise à un haut degré les causes de guerre. Mais, en outre, le sacrifice est directement et par lui-même une cause de guerre : il fait apparaître les guerres politiques, les seules dont les historiens veuillent tenir compte. Les temps modernes ont connu la guerre procédurière, venant dénouer violemment un conflit, un litige pour lequel il n'y a pas de juge ; encore pourrait-on trouver de lointaines causes reli- gieuses aux deux dernières guerres qui ont bouleversé l'Europe (1870-1877). Mais jusqu'à la fin du XVIIe siècle, il n'est pas de grande guerre historique qui n'ait eu pour cause les divergences religieuses ; exceptons, bien entendu, celles qui découlaient de la cause profonde et permanente : le désir du pillage et de l'asser- vissement. Tantôt un dieu est présumé guerroyer contre un autre ou contre les fidèles d'un autre ; tantôt une confession qui se croit en possession de la vérité absolue guerroie pour détruire l'impos- ture professée par les autres communautés ; depuis l'Islam, sinon depuis l'arianisme, cette ébauche de l'Islam, le monde connaît les guerres du dernier genre ; l'antiquité appartient aux guerres du premier.

Ainsi, sans tomber dans les aberrations de la philosophie de l'histoire, sans se perdre dans des généralisations préconçues, on peut penser que l'intensité de la guerre, et partant, que la structure sociale dépend du pouvoir de l'homme sur la nature et du développement de l'esprit humain mesuré par l'empire comparatif de la science et de la religion.

Or, ces divers facteurs n'agissent les uns sur les autres que par répercussion dans la durée, en vertu de cette survivance du passé dans le présent que nous avons proposé de nommer loi de solidarité historique. L'hérédité et l'imitation combinée font que chaque portion de l'humanité tend à reproduire mécaniquement son état initial. Les relations juridiques des sexes, celles des pères et des fils, celles de la propriété et du travail, tendent donc à rester dans chaque génération nouvelle ce qu'elles étaient dans les générations anciennes. Les fils luttent entre eux parce que les pères ont lutté ; l'éducation intellectuelle elle-même, dans le sens le plus large du mot, est soumise à l'imitation coutumière ; croyances morales, croyances cosmologiques, croyances esthétiques semblent avoir un appui inébranlable à la logique quand, fussent-elles absurdes, elles reposent sur les assertions des ancêtres. — Ce serait donc une erreur de croire que le progrès de la connaissance, marqué par le développement du savoir positif et la décadence de l'anthropomorphisme, puisse accroître immédiatement le pouvoir de l'homme sur la nature ; que moins faible, moins désarmé contre les fléaux naturels, l'homme devienne immédiatement moins belliqueux ; que l'apaisement des guerres entraîne immédiatement l'extension du contrat et la décadence de l'autorité dans la famille ou l'organisation du travail. C'est à peine si une génération ressent l'effet des modifications subies ou des changements accomplis par la génération immédiatement précédente. C'est ainsi que si, depuis un siècle, l'humanité voit s'accroître son pouvoir sur la nature, la cause en doit être cherchée dans le développement scientifique des trois siècles précédents, lequel résultait lui-même des transformations religieuses et philosophiques accomplies depuis les origines de la civilisation grecque. On ne saurait blâmer l'érudition historique d'avoir si longtemps repoussé toute philosophie de l'histoire. Jusqu'au moment solennel où, en présence du plus grand des événements proprement politiques, Condorcet écrivait le *Tableau historique*, la vie séculaire de l'humanité n'avait présenté au premier regard qu'un chaos : d'un côté un développement scientifique continu, en dépit de quelque temps d'arrêt et de repos ; de l'autre la monotone répétition des guerres, différentes seulement par le nombre et les mobiles des combattants, et comme conséquence les mêmes relations sociales oppressives. Sans doute, ce chaos cachait une harmonie latente ; elle est devenue visible quand, à la science, a succédé presque subitement la puissance et que la guerre a cessé de tenir exclusivement le premier rôle sur la scène du monde.

La solidarité historique ne peut être vaincue que par elle-même. Précisément parce que chaque génération tend à reproduire la vie de la précédente, elle en continue le mouvement. N'oublions pas d'ailleurs que l'homme est dominé par une loi physique : la nécessité de pourvoir à ses besoins élémentaires ; elle prévaut contre l'imitation mécanique des ancêtres. C'est la loi du besoin qui pousse l'homme à la guerre, mais c'est elle aussi qui l'en détourne quand le travail, l'action sur la nature est devenu moins impuissant. Peu à peu cèdent les coutumes contraires à l'activité productive ; peu à peu l'empire de la guerre se rétrécit ; partant la structure sociale tend vers un système de relations purement contractuelles. Sans doute ce mouvement est loin d'être uniforme, d'être partout et toujours égal à lui-même. Depuis le quinzième siècle, il s'est accéléré dans l'Europe occidentale et dans ses colonies plus que partout ailleurs mais aucun groupe humain ne présenterait à l'observation un démenti systématique de cette loi.

Donc la structure sociale est déterminée par des lois presque aussi rigoureuses que celles du monde physique. Quel rôle peut donc jouer ici l'idée de droit ? Peut-elle affranchir et relever les faibles, égaler la femme à l'homme, identifier la propriété et le travail ? Mais il faudrait qu'elle eût d'abord vaincu la guerre ; le peut-elle, si la guerre dépend de la pression des besoins animaux, du joug des idées anthropomorphiques, de l'impuissance du travail ? L'idée de droit peut-elle donner à l'homme une conception nouvelle de l'univers et lui conférer quelque empire sur les agents naturels ?

Il semble qu'elle ne puisse même pas lui donner un ressort intérieur, lui faire jamais désirer autre chose que son état présent. Nul être vivant ne peut vivre s'il ne s'adapte à son milieu. Or, quel est le milieu historique de l'homme ? S'il est faible, c'est l'oppression, l'asservissement, l'injustice ? Ne va-t-il pas y adapter ses idées, ses goûts, ses penchants ? Ouvrez les yeux, et regardez. Voyez cette sagesse vulgaire de la femme, de l'homme du peuple, cette disposition à se plier au goût du maître, à être heureux de sa grandeur, cette admiration de l'autorité brutale. Pour l'opprimé de longue date, la conception du droit serait une torture insupportable, à moins qu'elle ne soit une chimère ridicule. Mais le plus souvent, ce ne sera qu'un mot vide auquel l'esprit ne pourra attacher un sens. Notons, en effet, que l'intelligence s'adapte au milieu non moins que l'activité. Les faits les plus contraires au droit, quand ils se répètent depuis des siècles, nous paraissent conformes à un ordre éternel. C'est, je ne dis pas l'établissement, mais la simple aspiration au droit qui semble un désordre.

L'hérédité joue ici son rôle ordinaire et semble fermer irrémédiablement la porte au droit. L'humilité des sentiments, des attitudes, des idées fera, chez la postérité de l'asservi, partie de la nature elle-même ; elle sera plus forte à la vingtième génération qu'à la première quand même les causes qui directement rendaient l'humilité utile se seraient affaiblies.

Cependant, il existe, comme les travaux de Sumner-Maine, l'ont prouvé, une loi du passage de l'état au contrat. L'histoire et l'ethnologie s'unissent pour l'attester. Passez de l'Inde en Chine, de la Chine en Russie, de la Russie dans l'Europe occidentale et de là aux États-Unis de l'Amérique du Nord, vous assistez au déclin de la famille patriarcale et de l'asservissement des producteurs, au développement de l'égalité juridique des sexes, de la liberté des fils, de l'identité de la propriété et du travail. Voulez-

vous vous donner le même spectacle en considérant la durée ? Lisez successivement la loi des XII tables, les monuments du droit
romain classique, le code de Justinien et enfin le code civil :
l'histoire vous aura fait assister à peu près aux mêmes transformations que l'ethnologie vous faisait toucher du doigt dans
l'espace.

Ce progrès des relations contractuelles et de la liberté des personnes correspond visiblement au développement de la science
positive et du travail, à l'effacement des conceptions anthropomorphiques, à la décadence du sacrifice religieux et matériel. Ne
dépend-il pas aussi de la conscience du droit ?

Les idées, dit-on, ne peuvent agir sur le mouvement des sociétés, puisque celles-ci sont des organismes ; donc, il est oiseux
de chercher si l'idée de droit a quelque part aux modifications de
la structure sociale. Le supposer c'est déjà prendre l'effet pour
la cause. L'idée de droit change quand la structure sociale a
changé ; elle exprime des transformations accomplies sans son
concours.

Telle est l'objection : il est impossible de ne pas remarquer
qu'elle repose sur un argument tout *à priori*, sur l'idée que les
sociétés sont exclusivement des organismes physiques. Or, il est
constant que de simples opérations intellectuelles, une conception
nouvelle de l'idée de cause par exemple, peut avec le temps, transformer un état social.— Il est d'ailleurs une preuve manifeste que
les idées religieuses et scientifiques sont des causes et non des
effets de l'évolution sociale : c'est qu'elles sont loin d'apparaître
en même temps chez tous les esprits. Dans une société qui comme
la nôtre repose déjà sur la conception scientifique de l'univers,
la pluralité des intelligences peut être longtemps étrangère, sinon
rebelle, à l'idée des lois naturelles. L'histoire de la philosophie
et des sciences nous prouve au contraire que la conception ré-
formatrice germe en quelques esprits d'élite au milieu d'une société hostile et dont l'antagonisme va parfois jusqu'à l'homicide,
se propage par l'apostolat et l'imitation, suscite des luttes et des
efforts partiels, pousse logiquement ses conséquences jusqu'au

jour où enfin elle réduit l'opposition à l'impuissance. Telle a été l'histoire et le rôle de l'idée de science d'Anaximandre à Aristote et de l'averroïsme jusqu'à nous.

Pourquoi donc la conception et la diffusion de l'idée de droit ne serait-elle pas une condition du passage de la société guerrière à la société contractuelle ? La philosophie mécanique ne peut *à priori* répondre *non*, mais c'est à l'expérience qu'il faut demander la solution.

Si l'idée de droit était, comme le pensent les métaphysiciens, le concept de la limitation réciproque des libertés, on pourrait nier qu'elle ait joué le rôle de cause dans la transformation historique des Sociétés. La Révolution française elle-même n'en dépend pas. Qu'eussent pensé les hommes de la Législative, pour ne rien dire des conventionnels, si on leur eût attribué l'intention de se contenter d'un aussi maigre idéal, à eux qui mirent fin si résolument à l'hypocrisie de la féodalité dite *contractuelle ?* Mais l'idée de droit n'est ni simple ni négative : c'est l'association des idées d'arbitrage, de garantie, de délit et de dette. Dans cette association, le rôle capital est dévolu à l'idée de délit ou d'incrimination: c'est elle qui en groupe et en consolide les éléments, elle qui lui donne pour assises les sentiments sociaux élémentaires.

Or, qu'est-ce qu'incrimine la conscience du délit, sinon, je ne dirai pas la guerre, mais les dispositions intérieures d'où la guerre résulte et les relations oppressives auxquelles elle conduit? Aujourd'hui, dans la barbarie relative au milieu de laquelle nous vivons, la conscience du délit absout la procédure guerrière par laquelle les nations vident leurs litiges ; mais elle condamne toutes les formes de la guerre privée ; non seulement elle condamne la vengeance individuelle, mais encore la vengeance collective, par-dessus tout elle condamne la prédominance des appétits sur les sentiments sociaux, prédominance dont la conséquence nécessaire est cet ensemble de dispositions qu'à défaut d'un terme meilleur nous nommons l'esclavagisme.

L'idée de droit ou de délit atteste donc une lutte ardente engagée dans le for intérieur de l'homme. Les champions sont, d'un

côté le système égoïste des besoins individuels, de l'autre le système altruiste des sentiments sociaux. Selon que la victoire pen-
che d'un côté ou de l'autre prédominent ou la guerre brutale ou
les relations juridiques.

Le terme de la lutte engagée entre la sympathie et le besoin
individuel ne saurait être l'annihilation de celui-ci, car, ainsi que
nous l'avons montré ailleurs, condamner le besoin serait condamner la vie elle-même dont il est, en quelque sorte, le cri. Donc ce
terme ne peut être que la subordination mutuelle du besoin et de
la sympathie. Le contrat, instrument flexible de la division du
travail, a précisément pour effet d'harmoniser les besoins et d'en
placer la satisfaction présente et future sous l'égide de la sociabilité générale. Utile au plus haut degré, au point que sans lui on
ne saurait concevoir le développement du bien-être et de la
ri sse, le contrat n'a point et ne saurait avoir pour origine le
simₚ souci de l'utilité individuelle. Les lecteurs de Spencer
saveuᴸ ue selon lui l'origine du contrat devrait être cherchée
dans l'u ᶜe d'offrir et de recevoir des présents propitiatoires sans
aucun souᴸ ᵈe l'équivalence des valeurs. C'est là une simple
hypothèse que ₁ ᴸ logie juridique ne semble guère autoriser.
En revanche, il n'est pas permis de douter que l'institution du
contrat ne pourra pas devenir prédominante et constituer le lien
social principal si la conscience du délit n'a pas atteint une certaine maturité. Non-seulement il faut avoir incriminé tous les
attentats à la bonne foi, mais il faut encore avoir vu des crimes
dans les pratiques, les mœurs, les institutions qui tendent à établir
la domination brutale ou hypocrite d'un homme sur un autre. Il
faut avoir incriminé, non seulement la guerre privée, mais l'ensemble des mobiles esclavagistes. Cette liberté des contrats, que
la métaphysique du droit pose comme une simple conséquence de
la dignité humaine, exige, au contraire, une réforme complète de
l'homme intérieur. Il n'est pas de métaphysicien qui ne convienne
que le contrat léonin est l'hypocrisie du droit et que mieux vaut
l'autorité pure et simple. Or, n'est-il pas vrai qu'en matière économique surtout, nous ne connaissons guère que le contrat léonin?

La conscience du délit doit encore s'affiner chez nous pour que la société contractuelle ne paraisse pas sans cesse à la veille d'un cataclysme. Quelle transformation intérieure de l'homme primitif n'a-t-il pas cependant fallu pour qu'elle puisse vivre, ou, si l'on veut, végéter aussi tristement que nous le voyons !

L'humanité passe nécessairement de l'état de guerre universelle entre familles au régime du contrat à mesure qu'elle devient plus humaine, c'est-à-dire à mesure qu'elle sait mieux harmoniser les besoins individuels et les sentiments sociaux en subordonnant les premiers aux seconds. Les économistes ont montré bien souvent comment le régime contractuel réagit à son tour sur la sociabilité et la renforce : on ne peut que leur reprocher de l'avoir fait avec trop de complaisance. Il est douteux, en effet, il est même faux, que l'échange libre ait toutes les vertus qu'ils lui ont attribuées ; son effet n'est que d'apaiser les besoins en leur procurant une satisfaction régulière et facile. Mais, s'il les irrite chez le grand nombre plus qu'il ne les apaise, s'il en suscite de nouveaux, il est plutôt pour la sociabilité un dissolvant. Néanmoins, son action indirecte est réelle et salutaire : en développant l'esprit d'entreprise chez les particuliers, il accroît l'énergie générale, contribue à rendre plus efficace l'action de l'homme sur la nature, par conséquent à harmoniser les appétits individuels et les sentiments sociaux.

Bien que les transformations de la structure sociale aient un déterminisme rigoureux, il n'est pas absurde d'admettre que l'idée de droit concourt à les amener. La conception du droit ne peut empêcher la société de subir les effets que l'état de guerre entraîne à sa suite ; elle ne peut empêcher l'état de guerre de résulter nécessairement de la pression des besoins, de l'impuissance de l'homme sur la nature, d'une fausse conception des lois de l'univers. Elle ne peut nous donner une meilleure intelligence de ces lois, ni nous conférer un plus grand pouvoir sur les agents physiques. — Mais si l'idée de droit est pour l'homme un ressort, elle contribue indirectement à amener toutes ces transformations ; de plus, elle est une condition nécessaire du passage de la société guerrière à la société contractuelle.

L'idée de droit, telle que nous la connaissons, peut-elle être, est-elle pour l'homme un ressort intérieur ? Contribue-t-elle à renouveler, à accroître chez lui la disposition à penser, à vouloir, à agir, à créer ? L'observation semble donner une réponse affirmative. C'est là où les problèmes du droit ont préoccupé, obsédé les hommes qu'ils se sont montrés réellement propres à la science et à l'action. Une des généralisations historiques les plus fines et les plus profondes de Sumner-Maine est cette opposition qu'il établit entre les destinées de l'Église grecque et celle de l'Église latine : la première, vouée aux disputes purement métaphysiques, la seconde, préférant les problèmes moraux : cette tournure de la théologie occidentale, le grand jurisconsulte n'hésite pas à l'attribuer à l'influence du droit romain (1). — D'un autre côté, considérez l'Europe occidentale et l'Amérique du Nord et dites si l'énergie de la civilisation n'a pas été en raison des préoccupations juridiques ? Cependant se contenter de cette réponse serait peut-être commettre un sophisme. Ne peut-on penser que le souci du droit est devenu plus pressant à mesure que d'autres causes ont eu rendu la civilisation plus parfaite ? Il existe d'ailleurs une raison très générale de ne pas croire que l'idée de droit soit susceptible de devenir un ressort pour l'activité ; nous l'avons indiquée, c'est l'action de l'adaptation et de l'hérédité sur les tempéraments et les caractères. Cette action, qui modifie les formes mêmes de la vie, une idée, ou même un système d'idées unies à un système de sentiments serait-il assez fort pour la suspendre et l'annuler ?

Si l'adaptation héréditaire à l'injustice pouvait être parfaite et s'accompagner de bonheur, l'idée de droit ne jouerait évidemment aucun rôle dans notre monde. On ne peut nier que l'injustice puisse apporter à ceux qui la subissent une certaine somme de bonheur vil et grossier. Il y a des hommes, il y a même des peuples pour qui être affranchis du souci de penser et de se gouverner

------

(1) *L'Ancien droit*, ch. IX, pp. 335 et ssq. de la trad. fr.)

soi-même est la félicité suprème. Heureusement l'idée de droit à un puissant auxiliaire : la douleur ; non pas cette douleur morale que seules les âmes élevées connaissent, mais la souffrance physique, la privation imposée, le besoin non satisfait. L'injustice cruelle vaut mieux que l'injustice douce et libérale, elle suscite la volonté de résister. Le grand art pour éteindre chez un peuple tout goût des revendications légitimes, c'est de le protéger contre la misère par un système bien combiné de secours et de plaisirs.

Mais ce résultat est difficile à atteindre. L'injustice fondamentale, c'est le délit ; or, le délit c'est toujours la spoliation, l'infliction de douleurs à autrui. L'adaptation, même héréditaire à l'injustice ne saurait donc jamais être complète. C'est que le véritable milieu de l'homme, le seul où il puisse se plaire, c'est un état social qui le rende maître du monde physique, et qu'accompagnent le développement de la science, du goût, et surtout la conciliation des besoins individuels avec les sentiments sympathiques.

Si l'observation ne présentait, à nos réflexions, que les vieux peuples de l'Orient et les jeunes peuples du Nouveau-Monde, on pourrait croire à l'inefficacité de l'idée de droit, à la toute puissance de l'adaptation héréditaire. Les peuples d'Orient semblent adaptés à la société patriarcale, théocratique et militaire ; quant aux nations de l'Amérique et de l'Australie, on pourrait estimer que leur structure libérale et démocratique y est aussi l'effet d'un genre de vie qui leur fait de la lutte scientifique contre la nature une loi rigoureuse. Cependant, l'histoire moderne de l'Europe nous montre de vieux peuples réveillés et transformés dans des conditions telles que l'idée de droit semble avoir été le principal ressort de leur renouvellement. Le plus vieux, le plus illustre des peuples de l'Europe, celui qui avait le plus de motifs d'idéaliser son passé et de s'y murer, a su cependant se soustraire à son action fatale : condamné par l'hérédité et la tradition à ignorer toujours et la liberté politique et la liberté de penser, il a su, par une suite de résolutions viriles, installer l'une et l'autre dans ses lois et commencer à les faire pénétrer dans ses mœurs.

L'idée de droit ne peut hâter l'évolution de la structure sociale ; elle ne peut suspendre les effets présents de l'état de guerre ni en corriger en une heure les effets historiques ; elle ne peut annuler les causes profondes de la guerre, mais sans elle aucun progrès n'est possible. Elle impose les innovations, la marche en avant dans la voie d'une répression toujours plus parfaite des mobiles esclavagistes et de la concurrence vitale. Beaucoup de ces essais sont prématurés et infructueux, mais vienne une heure où la transformation est mûre, c'est-à-dire est d'accord avec un apaisement de l'état de guerre, un progrès de la connaissance ou du pouvoir humain sur la nature, la nouvelle structure sociale apparaît aux yeux étonnés des prophètes qui l'avaient déclarée éternellement irréalisable. L'idée de droit agit surtout dans les périodes de transformation. Son action présente généralement deux phases : tout d'abord, pur phénomène intellectuel, elle prépare une crise révolutionnaire ; quand celle-ci a pris fin, elle en consolide les effets. Dans la première phase elle a pour ministres des philosophes ou des critiques, dans la seconde, des hommes d'État.

C'est après une crise aiguë marquant époque dans la vie d'un groupe social que le rôle de l'idée de droit est le plus grand et le plus tragique. En vertu de l'imitation et de la coutume, le passé tend à reparaître ; nos habitudes séculaires et héritées tendent à nous y adapter de nouveau. L'idée de droit n'est plus alors un rêve dont s'enchantent les esprits d'élite ; c'est un aiguillon dont les piqûres arrachent les magistrats et les foules à leur torpeur. Dans cette lutte contre l'instinct, elle est exposée à subir bien des défaites ; la pire est d'être réalisée dans les mots, dans les formes, et d'être bannie des cœurs. Est-ce cependant faire preuve d'un optimiste historique trop naïf que penser que l'idée de droit a toujours été victorieuse dans les combats partiels qu'elle a livrés depuis les origines de l'histoire ?

Retenons ce point capital : l'idée de droit ne transforme jamais une institution indépendamment des autres ; elle n'agit pas directement sur la constitution de la famille, de la propriété ou du pouvoir politique ; elle agit sur l'état de guerre, ou si l'on veut sur la concurrence vitale qu'elle tâche de restreindre au minimum. Le peut-elle si elle n'a pas transformé le caractère individuel ?

CHAPITRE XII

Le régime du contrat, si l'on entend par là l'état social où, les relations de parents à enfants exceptées, tous les rapports sont contractuels, où l'autorité politique est responsable et revêt le caractère d'un mandat, où les garanties juridiques ne dépendent pas de la participation aux rites d'un culte, le régime du contrat repose sur une condition : c'est que la conduite individuelle ne tendra pas à le détruire, en en méconnaissant les obligations. Evidemment la société contractuelle ne peut vivre si le caractère individuel est étranger au respect des obligations qui découlent de chaque contrat, étranger au respect des opinions dissidentes, étranger au respect des lois et des pouvoirs politiques responsables. Le contrat, la liberté politique, la liberté de conscience, entraînent des obligations : si le caractère individuel rejette ces obligations, il tend à restaurer le régime de l'Etat, ou de la domination de l'homme sur l'homme, sinon un régime inférieur encore. L'homme ne peut vivre sans entretenir des relations sociales définies avec ses semblables : s'il ne peut pratiquer le régime de la coopération volontaire, il doit, ou périr, ou se soumettre au régime de la coopération forcée.

Sauf le cas de la conquête, aucune société n'est jamais retombée totalement du régime du contrat sous le régime de l'état. Il y a donc lieu de penser que les causes sociales, d'où résulte le passage de l'état au contrat déterminent l'état des caractères individuels sans lequel la vie de la société contractuelle serait impossible.

Ainsi le progrès de l'idée de droit dans l'humanité, et le progrès de la structure sociale qui y est corrélatif s'accompagneraient d'une transformation des caractères. Cette transformation est-elle mécanique et inconsciente ou est-elle éclairée de quelque conscience ? En d'autres termes respectons-nous les contrats, la liberté de conscience, la liberté politique sans effort, machinalement, par impossibilité de faire autrement, ou bien avons-nous quelque conscience de la valeur et du résultat de notre conduite et obéissons-nous à quelque idée ?

On ne trouverait pas autant qu'on le croit la solution du problème dans les termes de l'énoncé. Certes, les annales judiciaires d'une part, le tableau de nos luttes politiques et religieuses d'autre part, ne témoignent que trop du triste privilège que nous avons de méconnaitre et les obligations contractuelles et les conditions de la liberté de conscience et de la liberté politique. Mais ne peut-on répondre qu'en toutes ces matières nous sommes encore des novices ? que chez d'autres peuples la liberté civile, politique et religieuse n'exige pas les efforts qu'elle nous demande, partant que nous nous acheminons chaque jour à notre insu vers un état tel, que nous respecterons les exigences de la société contractuelle par impossibilité de faire autrement ?

Les termes du problème doivent donc être approfondis. Rappelons que le passage de l'état au contrat n'est que la destruction d'une organisation sociale issue de la concurrence vitale et de l'esclavagisme, soit qu'elle y apporte quelques restrictions, soit qu'elle y donne de larges satisfactions. L'assujettissement de la femme, l'asservissement du producteur, un ordre apparent fondé sur la parenté et au fond sur la sujétion à l'égard d'une autorité despotique, l'exclusion de toute relation pacifique et juridique entre ceux qui ne participent pas aux mêmes rites, la soumission de la communauté patriarcale et religieuse à un chef militaire réputé divin, telles sont les traces que la concurrence vitale, c'est-à-dire le rapt et l'esclavagisme laissent dans la société antérieure au régime du contrat. Nous ne voulons pas dire que les mobiles qui poussent l'homme au rapt de la femme, à la confiscation de la personne et du travail d'autrui se donnent libre carrière dans la société patriarcale et militaire. Mais l'ordre relatif que cette société comporte s'accommode en une large mesure de l'expansion de ces mobiles. La vertu, la pureté morale des sociétés primitives est une légende qui a pris fin. Ces sociétés sont innocentes, non vertueuses. Elles n'ont aucun critère qui les porte à incriminer sérieusement les appétits humains. Leur morale est domestique, militaire et cultuelle. Elle ne blâme que les manquements à la soumission due au chef de famille, au chef militaire, et les manquements au culte propitiatoire dû à une divinité conçue elle-même sur le type du chef de famille et du chef militaire, c'est-à-dire jaloux et sanguinaire.

Au contraire, la société contractuelle périt si les appétits que nous continuerons à nommer *esclavagistes* s'y donnent carrière. Cependant ces appétits disparaissent-ils jamais de la nature humaine? La tendance à la conquête brutale de la femme, à l'extorsion violente des fruits du travail d'autrui, à la compression de toute opinion divergente, à l'instauration d'une autorité politique irresponsable (à la condition que cette irresponsabilité soit mise à profit par ceux qui l'établissent) n'existe-t-elle pas dans l'âme de l'homme le plus juste et le plus tolérant?

Pessimisme! dira-t-on. Nous répondons qu'on peut être pessimiste quant à l'homme, optimiste quant à l'univers et son auteur. Notre prétention est de n'invoquer jamais que l'observation, et de ne faire porter celle-ci que sur des faits patents et indéniables. Appliquons encore cette méthode. On jugera si notre pessimisme est excessif.

Le mobile le plus contraire au droit, le plus redoutable pour le droit est celui qui tend à assujettir un sexe aux fins de l'autre. L'histoire de la lente accession de la femme à la personnalité est l'histoire même du droit; mais la femme, destituée de puissance militaire, n'a d'autre garantie que celle que l'homme veut bien lui reconnaître. La femme étant pour l'homme le plus grand objet de passion, l'homme prend inévitablement ses désirs pour mesure des garanties qu'il daigne lui accorder.

C'est en toute sécurité de conscience que la société française, si pointilleuse à l'endroit du dogme de la justice abstraite, oppose une fin de non-recevoir, non seulement à la revendication du droit de la femme mais à la discussion de cette revendication. Preuve évidente que les mobiles esclavagistes qui poussaient l'homme primitif au rapt n'ont pas disparu de nos âmes. — Conclusion outrée et injustifiable, dira-t-on. Si nous maintenons nos mères et nos sœurs hors du droit, c'est pour les soustraire aux luttes que leur apporterait la liberté ; c'est pour les retenir dans l'atmosphère calme et digne de la vie domestique. Nous entendons ce langage ; c'est ainsi qu'on endort sa conscience. Il nous semble en effet que la femme investie du droit trouvera elle-même la vie qui lui sied le mieux sans que notre sagesse et notre autorité lui imposent la fin qui s'accorde le mieux avec notre bonheur égoïste. Mais puisque nous sommes invités à donner des preuves, apportons sans tarder celles que le sens commun découvre.

Tout d'abord ce n'est pas sans inquiétude que nous voyons la galanterie opposer ses madrigaux aux revendications sévères du droit. Le mot du roi Charles XI à la reine de Suède : « Nous vous avons pris, Madame, pour nous donner des enfants et non pour nous donner des avis », c'est brutal, mais plus respectueux que les paroles mielleuses qu'il nous est si souvent donné de lire sur le prétendu règne de la femme. Oui, la galanterie redoute l'égalité juridique des sexes ; mais la galanterie, qu'est-ce encore sinon une transformation de l'appétit ?

Laissons de côté cette convention, qui témoignerait déjà en faveur de notre induction et ouvrons les yeux sur des faits flagrants : Est-il vrai que le mariage tel que nos mœurs le font soit tel que la morale et le droit l'exigent ou le promettent à la femme ? Oublie-t-on l'inégalité de réprobation qui atteint l'adultère de la femme et l'adultère de l'homme et la raison grossière qu'on en donne ? Oublie-t-on l'extension exorbitante donnée par l'opinion à un douloureux article de notre loi pénale, celui qui dans certains cas accorde une *excuse* au mari meurtrier de sa femme adultère ! Nos mœurs ne transforment-elles pas cette excuse en je ne sais quel droit au meurtre ?

Si l'on considère que selon la morale abstraite et le droit philosophique, le mariage existe, non pour l'*intérêt* de l'homme, mais pour la protection de la femme, ces faits nous suffisent. Nous n'avons pas besoin de rappeler l'impunité accordée à la séduction.

L'homme primitif subsiste encore en nous, à bien des égards. L'homme considère encore la femme comme un moyen. Les appétits esclavagistes sont loin d'être détruits.

L'analogie nous porte à penser qu'il doit subsister quelques vestiges des tendances qui poussent l'homme primitif à l'asservissement des producteurs. Un regard jeté sur la société nous prouve que l'analogie ne nous a pas trompés.

L'homme primitif voit dans son enfant un esclave donné par la nature. Là est l'explication de l'identité de la situation où se trouvent placés le fils de famille et l'esclave (*patria potestas dominium*). Ce penchant a-t-il entièrement disparu ? Nous rappellerons que notre législation s'est récemment enrichie de deux lois, l'une sur l'enseignement obligatoire, l'autre sur les enfants moralement abandonnés. Toute loi est un remède, et suppose un mal. Si nombre de pères ont dû être astreints sous peine d'amende à faire donner gratuitement un minimum d'instruction à leurs enfants, si d'autres, moins nombreux ont dû être déclarés déchus de la puissance paternelle, n'est-ce pas que les mobiles qui poussaient jadis à l'asservissement de l'enfance nous ont été légués avec une générosité excessive par l'humanité primitive ?

Que dire de la persistance des mobiles d'où résultait dans l'antiquité l'esclavage du vaincu ? Nous ne voudrions pas dans une étude de cette nature, introduire un écho des luttes quotidiennes. Pouvons-nous cependant éviter de prononcer le mot de grèves? Or la grève ne nous fait-elle pas assister trop souvent à une double manifestation des passions esclavagistes ? D'un côté le propriétaire du capital implore du pouvoir l'intervention de la force armée ; de l'autre, la violence dont une partie des ouvriers fait preuve contre l'autre rend trop souvent cette intervention inévitable. Est-il besoin de rappeler que si le travail était réellement considéré comme un droit, on ne verrait pas le capitaliste chercher à réintégrer par la force l'ouvrier dans l'usine, ni la fraction la plus ardente des ouvriers tenter d'en exclure par la force la fraction la plus pacifique. Ni les uns ni les autres cependant ne repousseraient la formule abstraite de la liberté du travail : qu'en conclure ? sinon que les mobiles esclavagistes ont persisté en dépit des conceptions qui les condamnent.

Que dire des mobiles qui ont créé la contrainte religieuse et la contrainte militaire ? Nul n'ose s'inscrire contre le principe théorique de la liberté de pensée et de conscience. Ceux qui la condamnent en thèse l'acceptent comme hypothèse. Les lois la garantissent. Mais si nous en jouissons, n'est-ce pas à titre précaire ? Le savant n'est-il pas sommé de renoncer à ses conclusions lorsqu'elles heurtent certaines conventions et certain idéal ? N'avons-nous pas vu un historien déchiré tour à tour par tous les partis, vilipendé à la fois par les démocrates et les princes pour avoir exprimé avec sincérité un jugement objectif sur une période de notre histoire ? Ne vit-on pas des ligues se former, tantôt bruyamment, tantôt tacitement, pour arracher son pain, son emploi, ici au croyant, là à l'incrédule ? Les sectaires de toute origine n'affirment-ils pas journellement la prétention de s'approprier qui le cadavre du mort, qui le cerveau de l'enfant ? Un système de conventions ne fait-il pas de l'hypocrisie un devoir ? Quant à la liberté politique, ne nous semble-t-elle pas inséparablement associée à l'idée d'une organisation quasi militaire des partis, organisation qui circonvient la personne, ne lui laissant le choix qu'entre une indifférence affectée ou coupable pour l'intérêt public ou l'adoption des préjugés d'un parti ? Le seul remède proposé aux haines politiques n'est-il pas l'étalage d'un patriotisme puéril et féroce, au nom duquel on jette anathème au vrai patriote s'il a quelque souci du droit international et des conditions de la civilisation générale ? Cependant jamais les mots de progrès, de droit, de civilisation n'ont été plus souvent prononcés et imprimés. Si les idées qu'ils expriment sont si peu efficaces, nous avons la preuve évidente que les mobiles primitifs ont persisté.

Nous n'avons pas fait cette peinture pour justifier une conclusion pessimiste, mais pour rejeter l'hypothèse d'une soumission inconsciente des caractères aux conditions de la société contractuelle. La société contractuelle, scientifique, pacifique, subsiste et, en dépit des apparences, s'affermit avec la durée. Les assauts dont elle est l'objet de temps à autre ne servent-ils pas à montrer son élasticité et sa force ? Cette société ne peut subsister sans une certaine adaptation des caractères, adaptation qui n'est ni facile, ni inconsciente. Quelque motif adapte donc les caractères aux conditions d'existence de la société ? Ce motif peut-il être autre que l'idée de droit ?

L'idée de droit est une création de l'activité intellectuelle de la société, non de l'activité intellectuelle de l'individu. La présenter comme une donnée primitive de la conscience individuelle est une hypothèse qui ne soutient pas l'examen. Otez l'idée que le corps social et à son défaut quelqu'un de ses membres, est arbitre des conflits entre personnes, que son arbitrage est acceptable vu que le corps social a sur le délit et la dette les mêmes idées que les personnes en conflit, vous avez supprimé l'idée de droit. Celle-ci est le résumé d'une expérience collective de la vie sociale. Partout, elle fait partie de l'éducation spontanée. Maximes, chants populaires, drames, monuments figurés, contribuent à sa diffusion et à sa transmission. Il n'est pas besoin d'écoles ou de livres pour qu'elle luise à chaque conscience.

Soit. En résulte-t-il qu'elle puisse transformer les caractères. L'école des physiologistes ne va-t-elle pas nous faire sentir sa férule ? Supposer que le caractère puisse être réformé et réformé par des états de conscience, n'est-ce pas faire bon marché du déterminisme ? N'est-ce pas oublier et l'action prépondérante de l'organisme, jointe à celle de l'hérédité et des diathèses héréditaires sur l'organisme ?

Si nous consentions à faire appel à la science conjecturale, nous retournerions contre le déterminisme physiologique quelques-unes de ses propres données. Nous expliquerions l'action de l'idée du droit sur les caractéres par la suggestion. Des expériences ont montré que la suggestion peut produire des corrélations psycho-physiologiques. Or, la suggestion n'est pas toujours liée à l'hypnotisme, au moins si l'on en croit l'école de Nancy. Des chants, des images, des symboles, peuvent selon cette école suggérer des actes à l'homme le plus sain d'esprit, surtout si leur action commence avec l'enfance. Les cérémonies religieuses suggèrent la piété ; les chants nationaux suggèrent le patriotisme ; le cérémonial de la politesse suggère des sentiments de courtoisie. Pourquoi la littérature, la tradition, l'éducation ne suggèreraient-elle-pas l'idée de droit ?

Rien de plus contraire à l'esprit de la science que les explications de cette sorte. Une analogie n'est pas une induction. De plus nous ne devons pas oublier qu'au regard d'une célèbre école médicale la suggestion est hypnotique ou n'est pas. Enfin si l'action de l'idée du droit était le fruit d'une suggestion à la fois générale et inaperçue, nous nous trouverions en présence d'une véritable énigme.

En effet, est-ce avoir de l'idée de droit une conception exacte que se la représenter comme une fin dont l'attrait solliciterait la volonté ? Tout autre est sa nature. L'idée de droit est une répression interne de certains mobiles, ou elle n'est rien.

Que si nous nommons *caractère* le système de nos tendances et de nos mobiles spontanés, pouvons-nous croire que nous puissions obéir à l'idée de droit sans que nos mobiles égoïstes et antisociaux aient été réformés ou transformés ? Si nous avons appris quelque chose de l'ethnologie et de l'histoire, c'est que le progrès moral, juridique et politique des peuples ne résulte pas de la simple éducation des idées. Au moins faut-il qu'à l'éducation des idées ait succédé et correspondu une éducation et une transformation de la sensibilité.

Il ne suffirait donc pas de suggérer aux hommes soit l'idée de

la liberté de conscience ou de la liberté des contrats, soit même
la notion du respect de la vie humaine ou de la liberté personnelle. S'ils ont conservé les mobiles des cannibales ou des esclavagistes, ces idées ne gouverneront pas leur conduite ou ne la
gouverneront qu'accidentellement.

La question semble ne pouvoir recevoir aucune solution, si, au
risque de sortir du cercle tracé autour de la science par la
psychologie physiologique, nous n'admettons pas : 1° l'existence
d'un pouvoir d'arrêt ; 2° l'existence d'une faculté de former des
jugements sur la conduite d'autrui et notre conduite propre ;
3° la réaction de nos jugements et des jugements d'autrui sur nos
mobiles.

Le premier point nous sera accordé par les partisans du déterminisme comme par les partisans du libre-arbitre. Tous conviennent qu'il existe en l'homme un pouvoir d'arrêt et d'adaptation.
Grâce à ce pouvoir, nos émotions sont loin de se traduire toutes
en mouvements. Un grand nombre sont réprimées et ne donnent
lieu qu'à des *expressions*. En ce pouvoir d'arrêt est le germe
d'une modification du caractère individuel. Sur ce point aussi,
l'accord subsiste entre les déterministes et les partisans du libre-
arbitre. Stuart Mill nous reconnaît le pouvoir de modifier notre
caractère ; Schopenhauer admet qu'à côté du caractère héréditaire, il existe un caractère acquis. L'intervention de la volonté
dans la formation d'une contrainte interne ou d'un caractère
juridique n'offre donc aucun mystère psychologique ; le déterminisme le plus ombrageux peut l'admettre.

Nous commençons donc à nous rendre compte de la contrainte
interne qui constitue le droit. Le problème à résoudre est la
répression des mobiles anti-sociaux. L'action répressive du
pouvoir d'arrêt doit s'exercer sur ces mobiles ; mais le pouvoir
d'arrêt n'entre pas en jeu s'il n'y est pas déterminé.

Ici intervient le rôle du jugement. Dès que nous vivons en
société, nous jugeons nos semblables ; si tolérants que nous puissions être, il nous est difficile de ne pas les juger. Nous les
jugeons en vertu des idées que nous avons reçues de l'éducation

17*

générale. Or, les idées qui nous dictent des jugements, souvent sévères, que nous portons sur la conduite des autres leur dictent dans le même moment des jugements analogues sur **notre propre** conduite. Ainsi se forme spontanément un jugement collectif, fort différent de la mobile opinion, un jugement collectif dans lequel il faut voir le véritable ressort des mœurs.

Si vous niez la réalité de ce jugement collectif ou si vous en contestez l'origine, l'histoire, tant de la morale religieuse que de la morale philosophique devient inintelligible. Quel est l'effort de la morale évangélique, sinon la tendance à faire disparaître le contraste entre la sévérité de nos jugements sur autrui et notre indulgence pour nous-mêmes? La parabole de la paille et de la poutre en est l'expression la plus connue, et elle trouve sa formule dans le célèbre aphorisme : « Ne jugez pas, si vous ne voulez pas être jugés. » Quant à la morale de Kant, n'a-t-elle pas pour fin de nous amener à identifier nos propres maximes d'action avec les jugements par lesquels nous dicterions leur conduite à nos semblables? Or, si chaque homme ne portait pas sur la conduite des autres un jugement indépendant des mobiles propres qui le gouvernent, ce double effort n'aurait pas de sens. Là éclate le caractère conscient de la véritable vie sociale.

Or, nous jugeons autrui, non d'après des conceptions individuelles, mais en consultant les conceptions que nous avons reçues de l'expérience sociale. Issu de conceptions tout individuelles, le jugement de l'un ne pourrait se rencontrer avec le jugement des autres, et il ne se formerait pas de jugement collectif.

On voit par là comment l'idée de droit peut dicter d'abord des **jugements individuels**, puis finalement le jugement **collectif**, et **constituer** une contrainte naturelle capable de réformer les caractères.

L'idée de droit, sous la forme synthétique, est l'idée d'une **garantie à revendiquer.** Si une idée peut nous dicter nos appréciations sur la conduite d'autrui, c'est celle-là. Chaque jour l'égoïsme d'autrui peut méconnaître les garanties revendiquées par notre activité. Il n'est donc pas étonnant que l'idée de

garantie dicte à chacun des jugements sévères sur la conduite
déterminée par les mobiles délictueux. Ces notes individuelles se
confondent dans le grand accord du jugement collectif. Ainsi se
crée un verdict général condamnant les actes et la conduite susceptibles de ravir à chacun ses garanties nécessaires.

Il importe de soumettre un phénomène de cette importance à
une analyse approfondie. Il faut en effet découvrir la part des prin-
cipaux éléments de l'idée de droit à la formation de ce jugement
collectif. Pour abréger, nous ne considèrerons, comme précédemment, que les idées d'arbitrage et de délit.

L'idée de l'arbitrage représente à notre esprit la soumission
des prétentions en conflit à la sentence du corps social ou à la
sentence de l'un quelconque de ses membres agissant à sa place.
(on sait que les sentences arbitrales sont l'origine des coutumes)
C'est donc la représentation d'une sentence désintéressée capable
de résoudre un conflit sans violence. On conçoit aisément quels
jugements peut susciter une telle idée dès qu'elle a été acquise
par l'expérience sociale et transmise à tous les individus par
l'éducation spontanée. Plaçons-nous dans l'hypothèse la plus
défavorable à la réalisation du droit. Imaginons une conscience
grossière, insensible à tout ce qui ne la touche pas directement,
mais ayant reçu de l'éducation générale la notion d'arbitrage, au
moins sous forme verbale. Un conflit éclate où ses intérêts sont
en question. L'adversaire prétend le résoudre par la force, ou,
pour nous servir du terme consacré, se faire justice à soi-même.
Il est inévitable que l'idée d'arbitrage ne dicte à la personne
lésée un sévère jugement de blâme. Une conscience plus élevée
n'attendra pas que sa propre cause soit en question ; elle frappera
d'un blâme antécédent quiconque prétend se soustraire à l'arbitrage ou gagner son procès par l'emploi de la violence.

Peut-être chacun de ces juges ne se croira-t-il pas obligé, le
cas échéant, à s'interdire l'emploi de la force (ou, ce qui revient
au même, de la corruption) et d'agir comme ceux qu'il frappe
d'un blâme si sévère. Peut-être ne craindra-t-il pas d'encourir
son propre blâme, car dans les assises du for intérieur, l'avocat

séduit aisément le juge. Mais il recontrera devant lui le jugement collectif qu'il a contribué à former. Il aura prononcé d'avance sa propre condamnation.

L'idée de délit est la représentation d'un acte ou d'un caractère incompatible avec les sentiments sociaux élémentaires. La constatation d'un délit ou d'un crime arrachera à toutes les personnes qui ont reçu de l'éducation sociale l'idée de délit un jugement condamnant l'auteur à rompre toute relation régulière avec la société. Ici encore le juge peut être tenté de s'absoudre s'il a commis ce qu'il condamne che les autres. (On sait que les parties les plus grossières, et si le mot n'était excessif, les plus sanguinaires de la population sont les plus impitoyables pour les accusés.) Mais nul ne peut détruire ou corrompre le jugement collectif qu'il a contribué à former.

Si les sciences sociales étaient dans un état plus avancé, la formation du jugement collectif, son fonctionnement, ses lois seraient mieux connus. Nous l'avons déclaré incorruptible. Plût à Dieu qu'il en fût ainsi ! Il n'est que trop prouvé que la littérature peut le corrompre. Souhaitons que le mal fait à la conscience juridique de la France par le romantisme et le naturalisme, soit moindre qu'il ne paraît l'être ! Il est certain cependant que le jugement collectif ne saurait être corrompu par celui qui a un intérêt personnel et présent à le corrompre. Nous tolérons volontiers une discussion de la propriété dans la bouche d'un socialiste de bonne foi ; nos oreilles se ferment au plaidoyer d'un voleur qui prétend s'en approprier les arguments.

Toutefois, le jugement collectif peut-il déterminer une transformation des caractères individuels ? Le simple blâme de la société peut-il suspendre l'action des appétits égoïstes, agressifs ou vindicatifs ? Peut-il, en les atténuant, les transformer, les adapter à des fins nouvelles ? Là est le problème capital.

Les faits nous semblent le résoudre. Nous imaginons difficilement qu'on puisse nier que notre conduite soit gouvernée, pour une très large part, par la crainte de la désapprobation d'autrui. La crainte du blâme, non pas même de la société entière, mais du cercle restreint où ils fréquentent pousse certains hommes au suicide, d'autres à l'émigration. Les plus stoïques d'entre nous, les plus dédaigneux des conventions avoueront que rien ne pèse plus lourdement sur nous que la défiance ou même la froideur d'autrui. Avoir connaissance des actes grâce auxquels on pourra faire cesser cette défiance, c'est presque les avoir exécutés. Le jugement collectif courbe les têtes les plus hautes, et brise les volontés les plus réfractaires. Il fait plus : il fait reconnaître son empire ; il l'asseoit sur des habitudes invétérées ; il réussit à ôter jusqu'à la tentation de le discuter.

Le psychologue ne peut se contenter d'une simple constatation ; il veut découvrir la loi du fait constaté. Il n'y aurait pas de caractère sans la réaction du pouvoir d'arrêt contre les mobiles. Or, le pouvoir d'arrêt ne réagit que s'il est déterminé. Comment donc le jugement collectif peut-il le déterminer ? Précisément parce qu'il est collectif, il n'est pas intérieur. Sans doute l'individu en a une représentation, une perspective. Mais une représentation sèche pourrait-elle déterminer la réaction du pouvoir d'arrêt ? Non. Il faut qu'elle détermine préalablement quelque émotion, la crainte de quelque douleur.

Laissons encore parler l'observation vulgaire : la crainte du déshonneur, la crainte du discrédit, voilà les mobiles que la perspective d'un blâme du jugement collectif suscite en nous. La honte, conscience de l'honneur perdu, est un mobile presque irrésistible. L'homme qu'elle n'émeut plus, que ce soit le prévenu qui à l'audience ricane à l'énumération des condamnations déjà subies ou le romancier qui poursuivi pour outrage aux bonnes mœurs s'applaudit du bruit que la cour d'assises fera autour de son nom, peut être considéré comme étranger à l'humanité sociable. L'honneur, en effet, est une condition d'existence. C'est la reconnaissance du courage chez l'homme, de la pudeur chez la femme, de la bonne foi chez l'un et chez l'autre. Le perdre, c'est cesser de pouvoir opposer à la malignité d'autrui ce *noli me tangere* sans lequel il n'est pas de vie sociale possible.

Un cas d'absence nous permet de vérifier l'exactitude des inductions précédentes. C'est l'état actuel du droit international qui nous le fournit. L'esprit public chez les divers peuples de l'Europe ne se représente pas encore l'arbitrage comme une procédure qu'il faille mettre nécessairement en usage dans les conflits internationaux. L'appel immédiat à la force pour la solution des litiges est non seulement toléré, mais encouragé. Il en résulte qu'aucun jugement collectif ne somme les Etats belliqueux de s'arrêter dans leurs entreprises sous peine d'être considérés comme ennemis publics. L'axiome « *si vis pacem, para bellum* » reste la règle de la politique ; chaque Etat a l'allure d'un assassin qui aiguiserait son couteau en vue d'un guet-apens éventuel ; et aucune protestation collective ne s'élève, bien que, à en croire la lettre des constitutions, la plupart des nations soient souveraines. Nous nous trompons : les intérêts protestent ; en quoi ils devancent les sentiments. Car si quelqu'un s'avisait de qualifier de brigandage l'effort de chaque peuple pour se donner un armement supérieur à celui de l'adversaire, une mobilisation plus rapide, des effectifs plus nombreux, il serait, fût-il dévoué à la nationalité, fût-il même partisan d'une guerre procédurière, qualifié de cosmopolite, c'est-à-dire de traître et de scélérat. Dans notre sénile Europe, la conscience collective internationale ne sait pas condamner l'emploi hâtif de la force. On connaît la conséquence, et combien les imperfections du droit international paralysent la liberté politique, la liberté de conscience, la liberté des contrats.

Cependant le droit international n'est pas un vain mot. Si l'idée d'arbitrage n'y règne pas encore clairement (du moins en Europe, car il semble que la conscience juridique de l'Amérique l'ait déjà dégagée) elle commence à y être pressentie. Un peuple qui développe ses forces militaires dans des intentions agressives ne compromet pas encore son honneur ; mais il compromet déjà son crédit. Le cours de la rente et le taux du change travaillent obscurément au règne du droit en châtiant la mégalomanie des hommes d'Etat et des peuples. Par là si nous revenons des groupes aux individus, nous saisissons la loi de transformation des caractères.

Si le règne du droit n'avait pu être ébauché avant la disparition totale des mobiles dont l'expansion fait le cannibale et l'esclavagiste, peut-être ne soupçonnerions-nous pas encore la possibilité de ce règne. Ces mobiles persistent, nous l'avons montré, sous l'épiderme de la civilisation la plus brillante, et la statistique criminelle nous montre assez que nous comptons au milieu de nous des cannibales et des esclavagistes. Le triomphe de l'idée du droit ne consiste pas à détruire les mobiles égoïstes, mais à les adapter à l'ordre social.

Si une sociabilité parfaite, si une charité véritable réglait les rapports des hommes, le terme de *droit* n'aurait plus aucun sens. On n'aurait aucune garantie à revendiquer, aucun conflit à soumettre à une sentence arbitrale, aucun délit à punir, aucune dette à poursuivre. L'idée de droit et son action prouvent que la sociabilité est imparfaite au milieu des agrégations humaines.

En effet, le caractère charitable étant négligé comme exceptionnel, les membres d'une société civilisée peuvent être répartis en trois classes de caractères : 1° la classe des caractères délictueux ou criminels ; 2° la classe des caractères processifs ; 3° celle des caractères proprement juridiques, que nous appellerions transigeants ou transactionnels si ces termes n'étaient trop barbares.

Une partie des membres de la société est réfractaire à l'action du jugement collectif, issu de l'idée de droit. Nous n'avons pas l'intention d'agiter ici le célèbre problème posé par les travaux de Lombroso. Nous ne croyons pas à l'existence d'impulsions criminelles causées par l'atavisme, et déterminées par la structure anatomique. L'être qui y obéirait serait en effet inconscient de son crime et ne chercherait pas à s'en disculper. On sait qu'il n'en est pas ainsi. Nous-même avons eu occasion d'observer un prétendu criminel-né, reconnu tel par Lombroso lui-même, et nous l'avons vu cacher et discuter les preuves de son crime avec beaucoup plus de fourberie et d'habileté qu'on n'eût pu en attendre d'un enfant de son âge normalement constitué (car ce criminel avait douze ans). Le criminel-né de Lombroso a la conscience très claire de commettre un acte délictueux. Seulement, et c'est en cela qu'il diffère de ses semblables, il prend plaisir à satisfaire des mobiles antisociaux. La foule des délinquants (ceux que M·Tarde a nommés les criminels de profession) lui ressemble en un point : c'est qu'elle éprouve moins d'horreur à violer les sentiments sociaux élémentaires et moins de crainte à encourir le blâme collectif que de plaisir à satisfaire ses appétits grossiers. Tandis que l'homme vraiment sociable préférera mille fois périr de misère que d'être supposé capable de vouloir sortir de la misère par un faux ou un meurtre, le caractère criminel se soumet au joug de l'appétit. Seulement c'est moins la structure anatomique que le dédain habituel des relations sociales régulières qui le conduit là.

Une autre classe d'hommes, ordinairement beaucoup plus nombreuse, se soumet au jugement collectif, mais tâche, tout en s'abstenant de délits et d'actes de violence, de donner satisfaction aux mobiles antisociaux. Ce sont les caractères processifs. Chez eux le souci du moi contrebalance encore les exigences de la sociabilité. L'âpreté des convoitises qui les dominent soulève à tout moment des conflits. Mais la crainte du jugement de la société les détermine à transformer ces conflits en procès réguliers en les soumettant à un arbitrage. Ces hommes sont également d'infatigables dénonciateurs des fautes d'autrui. Leur passion est de faire sentir aux autres le poids de l'ordre social, car ils le supportent avec impatience, La vie politique est à peu près le seul champ d'observation où nous puissions étudier l'épanouissement de ce caractère. Quelle est la première forme que prend le goût de la liberté politique dans les sociétés qui en commencent l'expérience ? C'est, chacun en conviendra, une disposition querelleuse, soupçonneuse et hargneuse à l'égard des autorités, même électives et responsables ; une disposition plus soupçonneuse et plus hargneuse encore à l'égard des opinions adverses, fussent-elles exprimées avec mesure et ménagement ; c'est la tendance à se croire toujours lésé et menacé, soit par le pouvoir soit par l'opposition. C'est à ce prix que les hommes apprennent à renoncer soit à l'emploi de la force, soit à la soumission à la force. Nombreuses sont les nuances de ce caractère processif. Depuis le duelliste jusqu'au plaideur trop prompt à l'assignation ou au créancier trop prompt à la saisie, nous trouvons bien des degrés qui correspondent évidemment à une évolution historique. S'il n'y a eu primivement qu'une nuance entre la procédure et la guerre privée, si la constitution juridique de l'humanité a consisté à rendre cette nuance de plus en plus sensible, il n'est point surprenant que le caractère processif soit, ici plus près, là plus loin de la violence.

Si ces observations sont exactes, nous pouvons induire qu'il existe une loi de passage du caractère criminel au caractère processif. Joseph de Maistre pensait que la véritable impiété ne peut exister que dans la véritable religion. On peut penser que le véritable crime ne peut exister que dans la civilisation juridique. En effet, dans un état juridique imparfait, l'acte délictueux n'est pas nécessairement l'expression d'un caractère incompatible avec la vie sociale. Nous-mêmes, Français, nous n'avons pas du bandit corse une opinion aussi flétrissante que du criminel continental. Notre étrange indulgence pour les crimes politiques a la même source : l'emploi de la violence, dans l'ordre politique est considéré, bien qu'à tort, comme un abus du droit plutôt que comme une négation du droit. Le duel en est une autre preuve : est-ce un crime ? est-ce une procédure ? Si c'est un crime n'est-il pas étrange que l'opinion flétrisse celui qui refuse de défendre son honneur par ce moyen ? Comment en faire une procédure puisque la morale et — si nous ne nous trompons — les lois l'interdisent ?

L'homme a le goût de la violence, et, peut-être, celui de la cruauté. Il suffit d'observer les jeux des enfants pour s'en convaincre. Il ne dépouille ce double goût qu'à regret. Il le transforme plutôt qu'il ne le dépouille. On nous montre les tribunaux de l'Inde centrale envahis, à peine fondés, par une multitude de plaideurs qui la veille n'eussent pas soupçonné l'existence d'un procès régulier. Ici la transition est brusque ; elle est l'œuvre des circonstances extérieures, non d'une modification de l'homme intérieur. Ailleurs, la violence a continué à disputer pied à pied son domaine à la procédure. Cependant dès qu'a été formé le jugement collectif qui oblige les parties sous peine d'être mises au ban de la société, à soumettre leurs différends à une sentence arbitrale, le caractère processif a commencé à se distinguer nettement du caractère criminel. Les hommes dont l'égoïsme n'était pas incompatible avec un minimum de pitié, de probité et d'honneur se sont décidément abstenus de tout recours à la violence ; les caractères lâches, cruels et fourbes ont constitué l'armée du crime. Ils n'ont eu recours à la violence (ou à la fraude) qu'en dissimulant leur conduite pour échapper aux sanctions sociales inévitables. Le barbare primitif antérieurement à la formation de la conscience juridique collective, acceptait les conséquences naturelles de la violence ; il se préparait à être poursuivi par les passions vindicatives de ses victimes et à y faire face : le caractère criminel implique au contraire la prétention de se soustraire par la fourberie, la dissimulation ou le sophisme aux conséquences des actes commis.

Néanmoins il reste toujours une forme aberrante du caractère processif qui reste en quelque sorte, à la limite, de la criminalité. C'est celle qui invente et pratique l'art d'accabler l'adversaire sous une connaissance supérieure des formes. On sait que la procédure primitive est pleine d'embuscades et de coupe-gorges. Le demandeur succombe infailliblement s'il substitue un terme à un autre, par exemple, le terme spécifique au terme générique. Avec le temps ce caractère s'atténue ; mais il en reste assez pour justifier la défiance d'une civilisation avancée pour la procédure. Cette défiance ne doit pas cependant nous faire oublier que la procédure est préférable au sabre et que les peuples seraient heureux s'ils pouvaient remplacer les canons par des arguties de procureur.

Une troisième classe de caractères apparaît avec une civilisation juridique développée et lui imprime sa marque. Elle comprend les caractères proprement juridiques. Le caractère processif n'est que l'ébauche d'un caractère véritablement conforme au droit. Le caractère processif a peine à se défendre de recourir à la querelle violente et à son défaut embrasse la querelle judiciaire avec délices. Le caractère juridique a de l'éloignement pour toute querelle et tout conflit. Il ne soupçonne même pas la possibilité de la querelle sanglante ; il ne se résigne qu'à regret à la querelle judiciaire. Il lui préfère la transaction, au moins toutes les fois que l'intérêt est la cause du conflit (car on le trouve inflexible contre le délit). Accepte-t-il la querelle judiciaire ? Jamais il ne voudra devoir le gain de sa cause à l'emploi des habiletés procédurières. Il voit dans l'arbitrage un moyen de restaurer la sociabilité, non un moyen détourné de continuer une guerre d'embuscades.

L'analogie nous autorise à penser qu'il existe une loi de passage du caractère processif au caractère proprement juridique. Quel domaine observer pour la vérifier sinon celui des agitations politiques, où le caractère processif déloge avec tant de peine le caractère délictueux ? Si nous étudions les peuples où le régime représentatif fonctionne depuis longtemps avec régularité, nous observons au moins du dehors l'ébauche d'un passage du caractère processif au caractère juridique. En Angleterre, les luttes des whigs et des torys, héritiers respectifs des têtes rondes et des Cavaliers, commencent par la guerre civile. A la fin du XVIIᵉ siècle le double arbitrage des électeurs et de la couronne remplace peu à peu la violence dont l'emploi disparaît décidément après 1745. Les choses restent en cet état jusqu'au second tiers du XIXᵉ siècle. A dater de ce moment, les deux partis cessent de ressembler à deux familles engagées dans un procès interminable.

Ils se métamorphosent, se prêtent et s'empruntent des groupes et des hommes d'État. Sauf sur des points spéciaux, chaque parti respecte les résultats acquis par la politique de l'autre, et, parfois, en exécute les promesses. C'est que dans la nation on a considéré la liberté politique, non comme un moyen de s'opprimer mutuellement, mais comme une voie pour arriver à la coopération la meilleure ; en sorte que chaque citoyen est tour à tour et selon les questions whig ou tory, démocrate ou conservateur. Le résultat est un mouvement lent et majestueux vers l'ordre le meilleur, une puissance d'expansion sans précédent chez un vieux peuple. Tels sont les signes de la présence du caractère juridique.

La transformation du caractère égoïste sous l'action des jugements collectifs issus des conceptions juridiques, telle est la formule du devenir du droit. Le sentiment (plutôt que l'idée) de l'utile apporte à cette œuvre un précieux concours. Aucun philosophe idéaliste ne conteste que si l'homme était capable de bien comprendre son intérêt, il n'y aurait pas pour lui de meilleur gouvernement que celui de l'utilitarisme. Le problème est donc de faire de l'homme, être imaginatif, partant tantôt passionné, tantôt supertitieux, un être utilitaire. Le droit résout peu à peu ce problème. Du passage de la guerre privée à la procédure résulte un tel développement de la sécurité et du bien-être que l'homme, devenu processif, ne peut imaginer sans terreur la possibilité d'un retour au « droit du poignet. » Des efforts analogues résultent de la substitution de l'esprit de transaction à l'esprit de chicane. Rien ne nous adoucit davantage que la crainte de perdre notre prospérité : « N'avoir rien à perdre » et « être capables de tout, » sont deux expressions synonymes. Nous en demandons pardon aux théoriciens de la dignité humaine, aux disciples pointus de Kant; qu'ils veuillent bien, pour nous excuser, se rappeler cette parole de leur maître : « L'homme est moralisé avant d'être moral. »

Aujourd'hui l'on entend fréquemment des âmes sensibles gémir sur les rigueurs de la concurrence commerciale que, trop promptes à l'abstraction, elles assimilent à la concurrence vitale. C'est ne pas voir quel pas immense a franchi l'humanité en passant peu à peu de la concurrence vitale, ou concurrence pour la consommation, à la concurrence commerciale, ou concurrence pour la production et l'échange. — C'est encore l'écrasement des faibles, dira-t-on. — On oublie que d'innombrables êtres qui dans les luttes de l'humanité primitive eussent été des faibles et des vaincus sont aujourd'hui, grâce au droit, des forts et des élus.

D'ailleurs la concurrence commerciale, telle que nous la connaissons est, à bien des égards, l'œuvre du caractère processif plutôt que du caractère proprement juridique. La civilisation juridique a tourné vers le commerce de spéculation et vers l'agiotage bien des activités qui dans un état social inférieur se fussent adonnées au brigandage, à la piraterie, à d'autres formes de l'extorsion. De là les coups de bourse et les « trust ». Mais ces maux ne sont pas éternels. Déjà le désir de ruiner un concurrent est considéré comme une marque d'inintelligence. La solidarité de corporations librement formées prévaut sur la rivalité des individus. La prédominance du caractère juridique dans l'ordre économique enlèvera peu à peu à la concurrence commerciale son caractère affligeant et en fera ce quelle doit être : un ressort pour la responsabilité.

L'idée de droit est une acquisition de l'expérience sociale ; elle est l'œuvre de l'humanité. Néanmoins on voit quelle est la part de l'individu à l'œuvre de la civilisation juridique. Eût-il reçu toute faite l'idée de droit, il en tire des jugements qui en imposent l'obligation à autrui. (Or, lui-même est *autrui* pour l'ensemble de ses contemporains et il s'oblige en les obligeant). Par sa conduite, il peut confirmer le jugement collectif, ou y résister : il peut donc affermir la société contractuelle ou l'ébranler. Bref, la conscience de l'individu est l'abrégé de la conscience de l'humanité, de même que le caractère individuel est l'abrégé et le support de la structure sociale.

CONCLUSION

Des conceptions purement empiriques, celles de l'arbitrage, de la garantie, de la criminalité, de la dette, donnent lieu à des jugements d'approbation et de blâme sur la conduite individuelle. Par le simple effet de la vie en société, ces jugements se généralisent et deviennent des lois pour les caractères. La résistance naturelle du caractère individuel aux exigences de la sociabilité s'atténue, et peut faire place à une tendance à la coopération volontaire.

Notre tâche était de chercher comment l'expérience peut engendrer une notion déterminée du droit, c'est-à-dire de la contrainte à des devoirs qu'avant même d'en connaître la nature nous pressentons à *priori* être exigibles. La critique nous avait montré en effet que l'idée du respect de la personnalité ne saurait être le contenu de la notion du droit.

Les études qu'on vient de lire prouvent que la solution du problème est possible. La simple logique nous apprend que $A = A$, partant que l'accomplissement de quelques devoirs peut être exigé de moi par autrui et exigé d'autrui par moi. Mais la logique est incapable de m'enseigner quels sont ces devoirs et par quelle contrainte ils peuvent être exigés. L'expérience supplée à son silence. Elle m'apprend 1° que je puis exiger d'autrui la soumission de tous nos litiges à un arbitrage, à une procédure et qu'autrui peut exiger de moi la réciprocité ; 2° que nous pouvons réciproquement exiger le respect de la sentence prononcée par l'arbitre ; 3° que je puis incriminer toute conduite d'autrui con-

traire aux sentiments sociaux élémentaires ; 4° que l'auteur d'un
délit peut être contraint soit à accorder une compensation, soit à
subir une peine. L'expérience ne m'apprend pas seulement que
ce sont là des faits, des façons d'agir ordinaires aux sociétés
humaines, mais que ce sont des nécessités comprises dans l'hypothèse de la vie en société. Elle m'apprend qu'une société ne
pourrait ni laisser tous les conflits au jugement de la violence, ni
accorder une pleine liberté aux entreprises de l'égoïsme agressif
en restant une société. Or, la même expérience m'apprend que
la vie en société est la vie humaine elle-même, la société étant
nécessaire, non-seulement à la conservation et à l'exercice des
facultés humaines mais encore à leur naissance.

L'expérience m'apprend en outre que les notions de l'arbitrage,
de la garantie, de la criminalité et de la dette ne sont pas indépendantes les unes des autres mais que : 1° l'obligation dépend de
l'incrimination ; 2° que l'incrimination implique l'idée d'arbitrage ;
3° que l'arbitrage véritable, propre à soumettre les conflits individuels à une procédure, ne saurait être celui que les parties
acceptent ou rejettent à leur gré, mais celui que la solidarité
leur impose (1).

Nous sommes donc amenés à identifier le droit avec la solidarité contre la guerre, ou, plus clairement, contre la concurrence vitale. Si pour la pratique comme pour la logique A = B, si
A peut exiger de B l'abstention de tout délit et le renoncement
au droit du poignet, c'est que A et B se sont solidarisés, non pas
par un acte solennel, mais par la vie sociale elle-même. Unis
contre une forme de la concurrence vitale, (dans la lutte contre
la nature) ils ne peuvent être violemment mis aux prises par une
autre forme. D'ailleurs la pitié et les autres sentiments sociaux
leur rappellent suffisamment qu'ils sont membres d'un même tout.

Ainsi à l'identité logique, précieuse déjà sans doute, mais si
indéterminée que la pratique n'en peut rien conclure, correspond
une identité organique. Etre solidaires, c'est être complémen-

____

(1) Voir *infrà*, chap. II et VIII.

taires, c'est être parties composantes d'un seul tout, c'est donc être unis dans l'unité du tout.

[Par l'idée de solidarité, ce n'est pas seulement l'expérience qui est rendue harmonique à la logique ; c'est le droit qui cesse d'être opposé d'une part à la science, de l'autre à la charité.]

Le conflit prétendu de la *forme* de la science et de la *forme* du droit ne se déroule pas en effet dans le domaine des sciences physiques et biologiques, mais sur le terrain de l'histoire et de l'étude empirique des sociétés. Or, quelle idée l'histoire et la science sociale ont-elles exhibée ? N'est-ce pas précisément celle de la solidarite ? Si le droit est un mode supérieur de la solidarité, le conflit n'est plus qu'apparent, et il n'est pas nécessaire de donner, comme le veut l'école néo-criticiste un abîme d'ignorance pour assise à la justice (1).

Concilier le droit et l'amour est au fond plus malaisé. Ici nous retrouvons les critiques de la philosophie du droit sous leur forme la plus pressante.

Quelle raison a porté la philosophie du droit à opposer la justice à l'amour au risque de commettre le cercle qui sous prétexte d'appuyer le droit sur le devoir l'appuie en réalité sur lui-même ? c'est que l'amour semble précisément justifier la solidarité, et avec elle l'injustice. « La solidarité, pourrait nous dire un interprète des théories classiques, n'est pas seulement, comme vous feignez de le croire, l'union des membres de l'humanité contre la concurrence vitale ; ce n'est pas seulement la mutualité des risques et des avantages ; c'est la réversibilité des fautes et des mérites. C'est l'innocent châtié pour le coupable et le coupable justifié par le sacrifice de l'innocent. Votre science sociale, votre philosophie de l'histoire n'ont fait qu'habiller d'un vêtement scientifique les doctrines longtemps régnantes de la théologie chrétienne. Les dogmes de la chute, de la rédemption, de la grâce,

____

(1) Voir Fouillée, *Critique des systèmes de morale contemporains*. Livre III*, *La morale criticiste*, passim.

de la communion des saints, de la prédestination et du petit nombre des élus, voilà l'assise que vous prétendez donner au droit. Contre ces dogmes implacables, et que, d'ailleurs, depuis deux siècles la théologie a toujours atténués, la raison humaine a précisément élevé la doctrine du droit. Une bataille s'est livrée au nom de la justice contre la grâce, au nom du mérite individuel contre la réversibilité : cette bataille qui dure encore, c'est la Révolution française, qu'on a pu appeler la réaction de la justice. Voilà ce que le positivisme avec ses idées d'hérédité, de consensus social, de criminalité innée, d'action fatale du passé sur le présent, entreprend d'affaiblir. Doctrine de mort, enfantée par des illuminés du saint-simonisme, (1) en pleine Restauration, au lendemain d'une défaite apparente de la Révolution et du Droit, il continue à peser sur la conscience contemporaine et à prêter à la théologie l'appui temporairement séduisant de l'empirisme systématique (2). »

Loin de nous la pensée de nous associer un instant aux détracteurs de la Révolution française. Mais nous nous étonnons qu'une secte philosophique ait pu nourrir la prétention de confisquer un mouvement dont les origines sont si lointaines et dont la portée future défie encore nos regards. Tous les hommes de la

------

(1) On n'a point d'ordinaire assez remarqué à quel point le saint-simonisme avait influé sur le comtisme. L'unité ne cesse pas de régner dans la carrière du fondateur de l'école positiviste, si l'on se souvient de ses origines. Les aberrations de la *Politique positive* et de la *Synthèse subjective* ont leurs racines dans le *Nouveau Christianisme* et dans la *Doctrine de Saint-Simon* (principalement dans les 2ᵉ et 3ᵉ séances). — Stuart Mill dans son ouvrage sur Auguste Comte et le Positivisme ne dit rien de ces origines.

(2) M. Charles Renouvier, dans sa *Critique religieuse* a souvent insisté sur le concours que le positivisme et l'évolutionnisme semblaient prêter aux dogmes catholiques que la pensée moderne trouve les plus « durs à entendre ». — L'alliance de la théologie et du spiritualisme *pélagien*, cette alliance qui n'eût pas moins révolté Pascal et Bossuet que Voltaire et Rousseau, montre assez que la coalition redoutée par le chef de l'école néo-critique n'est pas près de se nouer.

Révolution étaient-ils donc des disciples de Rousseau ? Beaucoup n'étaient-ils pas utilitaires comme Volney ? Condorcet, le premier qui ait conclu de la Révolution à la République n'est-il pas un des fondateurs de la sociologie ? D'ailleurs, en se développant, la Révolution n'a-t-elle pas substitué l'idéal de la solidarité à l'idéal de l'individualisme ? La seule grave de ses erreurs, j'entends la proscription des associations ouvrières ne lui a-t-elle pas été dictée par les principes individualistes des économistes ? Est-ce à Kant, à l'admirateur de Frédéric II qu'il faut demander le secret de l'inspiration héroïque qui transforma la France et par elle le monde ?

Quant à la crainte de se rencontrer avec la théologie, un esprit vraiment libre peut-il s'en émouvoir ? Qu'importe si la méthode scientifique semble confirmer partiellement une doctrine qui la nie ? Sont-ce d'ailleurs les théologiens qui ont forgé l'idée de la réversibilité des fautes et des mérites et l'ont introduite dans le monde ? Ne l'avaient-ils pas empruntée au contraire au spectacle du cours des choses ? Le grand historien qui a poussé plus loin qu'aucun autre l'antithèse du droit et de la solidarité nous montre au moyen-âge d'un côté l'idée de la réversibilité et de la grâce régnant dans le dogme, de l'autre des dynasties héréditairement oppressives, des castes militaires et des castes serviles, des races élues et des races réprouvées, l'infamie des pères imputée aux fils, et il en conclut que l'injustice du dogme a engendré l'injustice du fait. N'est-il pas plus philosophique de penser que l'idée était l'interprétation du fait ? L'équité historique ne devrait-elle pas nous faire conclure que l'idée de la réversibilité, loin de consacrer l'odieux du fait l'a précisément atténué en suggérant la nécessité de l'amour mutuel et des œuvres de la charité ?

Il est certain que la solidarité a deux aspects. Elle est ce que la langue était pour Ésope, la pire et la meilleure chose qui soit au monde. La fantaisie peut en tracer à son gré un tableau enchanteur ou un tableau repoussant. — D'un côté on montrera les hommes mettant en commun leurs risques et leurs maux, les forts donnant aux faibles l'appui de leurs facultés, les grands cœurs communiquant leur flamme aux âmes grossières, les nobles caractères élevant le commun niveau par leur simple ascension au-dessus de la vulgarité ; on y joindra le tableau des découvertes dont chacune après avoir été l'aliment de l'esprit devient un moyen pour des découvertes futures et qui réunies suscitent en l'homme des facultés nouvelles. — D'un autre côté, on peindra la transmission héréditaire des maladies, des vices, des instincts les plus bas et les plus féroces ; l'atavisme et le retour au type des sauvages primitifs ; la transmission, par une imitation irréfléchie, des coutumes les plus dégradantes ; un héritage de haine, de discordes, de sot orgueil pour les uns, de bassesse pour les autres ; une hiérarchie de fer naissant de la spécification des fonctions sociales, mettant en quelques mains non seulement la richesse, mais la direction de l'activité d'autrui, le privilége de penser et de goûter le beau , ne laissant aux foules que l'exercice des muscles et l'atrophie cérébrale. Ces deux tableaux ont été faits et si nous exceptions quelques touches trop repoussantes ici et trop séduisantes là, l'un et l'autre sont exacts. La solidarité implique évidemment , avec le partage mutuel des risques et des chances, des maux et des biens, la réversibilité des fautes et des mérites. Otez celle-ci, la solidarité entière disparaît. La même cause qui me fait l'héritier des efforts intellectuels de milliers d'hommes continués pendant des siècles me fait aussi éventuellement l'héritier des instincts sauvages qu'ils ont combattus et adoucis. La même cause qui me fait profiter des découvertes du savant et jouir des créations de l'artiste me fait souffrir des excitations du sectaire. Je ne puis vouloir cela sans accepter la possibilité de ceci.

M'est-il donné de renoncer à l'un et à l'autre ? Non. La solidarité, je dis plus, la réversibilité au sens le plus général est une loi qui s'impose à la volonté. Il ne m'est pas demandé si je *consens* à être le fils de mon père ou le frère de mon frère. Mais ma responsabilité, dira-t-on, ne peut sans injustice être confondue avec la leur ? Soit, cependant si leurs actes ne me sont pas inévitablement imputés, la sanction, heureuse ou malheureuse, de leur conduite retombera fatalement sur moi. Il n'y a rien là d'inique; car en dépit de la diversité apparente, ils sont *moi* et je suis *eux.* Le fond obscur de mon âme, je le tiens de mes ancêtres. Ils s'agitent en moi, bien qu'il soit excessif de dire qu'ils agissent pour moi. Mes motifs d'action, je les tiens bien souvent de mes contemporains, si indépendant, si prompt à l'initiative, si réfractaire à l'imitation que puisse être mon caractère. Homme du XIIIe siècle, eussé-je pensé, eussé-je senti, eussé-je voulu ce que je pense, sens et veux aujourd'hui ? Aurais-je eu pour idéal la participation des foules à la culture humaine, à la vie de l'esprit et le règne de l'homme sur la nature ?

La réversibilité peut gouverner plus ou moins les jugements(1). L'intelligence, qui, sous les lois logiques, conserve toujours sa liberté, peut se plaire à en exagérer les conséquences pratiques. On peut, comme Joseph de Maistre, voir dans les erreurs judiciaires une condition de l'ordre social (2) ; on peut au contraire se borner à subir la confusion des responsabilités et des sanctions comme un fait douloureux. Mais l'amplitude du fait ne change guère. Prétendre éliminer la réversibilité des fautes et des mérites, ce ne serait pas seulement prétendre supprimer la nation, la cité, au sein desquelles les générations sont liées et en quelque sorte indissolubles, ce serait éliminer la civilisation elle-même. Je rejette les *Soirées de Saint-Pétersbourg* , rejetterai-je aussi le *Tableau historique des progrès de l'Esprit humain* ? La pitié aiguisée qui me rend sensible aux maux des sociétés mo-

---

(1) Elle les gouverne quand elle est ratifiée par eux. Si nous n'admettons plus qu'un fils soit déshonoré par le crime du père, nous nous révoltons moins à l'idée qu'un peuple pâtisse pour les crimes de son gouvernement.

(2) Une police judiciaire, une magistrature imprégnée des idées de Joseph de Maistre accuserait et condamnerait quelques innocents de plus que ne ferait une magistrature imbue d'idées contraires. Mais la confusion de l'innocent et du coupable dépend plutôt de la fausse appréciation des preuves que d'une théorie générale sur les relations de la solidarité et de la justice.

dernes, j'en dois la délicatesse et les exigences aux causes mêmes qui ont créé ces sociétés. En effet, la civilisation ne doit pas être cherchée dans des créations éphémères ; elle réside dans la modification des attributs humains, œuvre collective au plus haut point, œuvre des siècles, complétée à chaque instant par les mille causes qui soumettent chacun à l'influence de tous.

L'espoir de rendre chaque homme auteur de sa propre destinée est donc aussi chimérique que contestable. Aussi voyons-nous les plus décidés des défenseurs de l'autonomie y renoncer et faire dans leur théorie une place à la solidarité (1). N'est-il pas possible cependant de limiter la réversibilité des fautes ? Un exemple vulgaire va nous le prouver.

Voici une grande ville. Cent mille hommes la peuplent. La vie humaine y est plus forte que dans cent bourgades de mille habitants, fussent-elles dispersées sur un territoire continu. En effet, non seulement ces cent mille hommes peuvent se prêter les secours les plus variés, mais ils se sentent par instants émus d'une émotion unique, dominés par une pensée unique. En revanche, à chaque saison une épidémie les visite et grâce à leur densité, fait une ample moisson d'existences. Que faire ? Les empiriques déclameront contre la vie urbaine, proposeront de limiter à l'avenir la population. Les utopistes conseilleront de démolir la ville et de la construire sur un plan tel que chaque habitant se trouve désormais isolé des autres et soustrait à la contagion. Une administration sensée au contraire bâtira des aqueducs, détruira les maisons et les rues malsaines, plantera des jardins publics, construira des hôpitaux, et se rendra ainsi maîtresse de la fréquence des épidémies. La distribution solidaire du mal sera ainsi contenue sans que la distribution solidaire du bien soit empêchée. Pour mieux dire, on aura tiré de la solidarité elle-même le remède aux maux qu'elle engendre.

Cette méthode n'est pas seulement celle de l'hygiène : c'est

---

(1) Charles Renouvier, *Science de la Morale*, ch. L, LI, LII.

aussi celle du droit et de la politique. La réversibilité est inévitable, car autant que la répartition mutuelle des risques et des biens, elle entre dans la définition de la solidarité. Mais la réversibilité des fautes peut être corrigée ; elle peut, comme la concurrence vitale, être réduite au minimum.

Cependant, ne tournons-nous pas dans un cercle ? Nous avons attribué au droit la tâche de réduire la concurrence vitale au minimum. Par quel moyen limiter la concurrence, sinon par la solidarité ? Or, voici que nous demandons à la société juridique de limiter les effets de la solidarité. Ne sont-ce pas là deux tâches, non seulement différentes, mais contradictoires et exclusives ?

La contradiction, répondrons-nous, n'existerait qu'au cas où l'on entendrait en un sens très général les fautes dont il faut limiter la répercussion. Il n'est pas douteux que ni la famille, ni la nation ne sauraient exister si chacun ne se résignait à souffrir la conséquence partielle des erreurs, des bévues, des imperfections des autres. Laissons à la dogmatique de l'égoïsme le soin de prêcher avec Bastiat (1) que la solidarité doit être limitée en sorte que chacun jouissant de toute sa prudence n'ait jamais à souffrir de l'imprévoyance, de l'inertie, ou même des vices d'autrui. Mais la solidarité des erreurs et des fautes légères n'implique pas la solidarité des crimes, des violences et des conflits. Attachons-nous à cette idée et nous verrons que loin d'être exclue par la concurrence vitale, la réversibilité des maux en est au contraire la conséquence ordinaire et naturelle.

L'association pour la lutte, la solidarité des efforts humains contre les causes externes qui produisent la concurrence vitale, est inséparable de tous les maux qu'entraîne cette concurrence : il y a pour tout associé un dividende de souffrances infligé sous des formes variées. Si l'on tient compte de l'enchaînement des générations, cette répercussion donne lieu à une véritable réversi-

____

(1) **Bastiat**, *Harmonies économiques. Solidarité et responsabilité.*

bilité. Que si nous y sommes peu sensibles, c'est que dans l'héritage des ancêtres (les conflits sociaux écartés), l'actif est incommensurablement supérieur au passif. En luttant contre la nature, l'humanité civilisée a non seulement accru son bien-être et son pouvoir, mais encore ses connaissances et ses facultés intellectuelles. Peut-être cependant a-t-elle perdu le sens poétique et la résignation aux souffrances inévitables et, jugée par l'esthéticien, est-elle relativement déchue.

Au nombre des causes de la concurrence vitale est la résistance des caractères individuels aux exigences de la sociabilité. De cette résistance résultent d'innombrables conflits dont chacun engendre des maux. Ces maux se répercutent comme les autres. De plus, ils provoquent à leur tour de nouveaux conflits ; en sorte que, tandis que les souffrances infligées par la nature à l'association humaine sont d'âge en âge moins senties et plus facilement écartées, les maux produits par l'insociabilité et la guerre peuvent aller sans cesse en s'aggravant, si l'association ne trouve pas en elle-même le remède. (Nous n'avons pas seulement en vue les souffrances, mais encore l'abaissement de la nature humaine).

Le caractère individuel résiste aux exigences de la vie sociale comme le corps résiste dans l'espace à la pression mécanique. Pour le caractère être, c'est résister. Sa résistance est interne et externe. Il résiste aux appétits, aux idées motrices ; il résiste aussi aux influences externes, à l'imitation, à la contrainte, qui l'une et l'autre d'ailleurs se présentent toujours sous la forme de représentations. La société, par l'éducation générale qu'elle nous donne, notre vie durant, se rend aisément maîtresse de nos pensées, non de notre caractère. Or, le caractère domine la pensée et la plie à ses fins. Là même est la vanité et en même temps le danger de l'individualisme. Il est vain, car il plaide une cause victorieuse d'avance et agite le fantôme d'une absorption possible du caractère par l'influence sociale (le danger d'une tentative de contrainte démesurée étant précisément de provoquer à la résistance de tous les caractères) ; il est dangereux car il donne à cette résistance une arme et un prétexte. Il n'est que trop

malaisé d'amollir ce roc. L'éducation des siècles, les sentiments
sociaux, les jugements collectifs y sont à peine suffisants. L'attrait
de l'intérêt et du plaisir y doit d'ordinaire être joint. Tout enfant
naît révolté, tout adolescent redevient rebelle. « Je ne veux pas, »
voilà le premier mot qu'une bouche humaine sache prononcer
avec énergie. De là la facilité avec laquelle les nouveautés, modes
nouvelles, doctrines nouvelles sont adoptées indépendamment de
leur valeur. Eriger en principe que l'autorité sociale est toujours
une menace pour l'individu et que celui-ci ne saurait trop s'armer pour sa propre défense, c'est évidemment ôter à la sociabilité
ses seules armes (1).

En tout temps, la vie sociale est l'effet d'une conquête ordinairement pacifique faite sur les résistances des caractères individuels. Cette conquête est d'autant plus précaire qu'elle a été
poussée plus loin. La politique qui ignore la résistance des caractères et n'en tient pas compte dans ses plans est plus vaine que
la mécanique qui ignore les frottements. Aussi, autant l'individualisme est dangereux, autant le libéralisme est sage (2).

La résistance est de tous les instants car elle n'a pas besoin de
motifs ; elle a sa raison en elle-même. Mais la généralité et l'intensité de la résistance sont très variables ; elles croissent quand
au *veto* du caractère viennent se joindre les révoltes des appétits
non satisfaits. Toutes choses égales d'ailleurs, la détresse multiplie les réfractaires à la vie sociale ; elle transforme en criminalité le simple refus de concours. Il en est de même de cette

---

(1) Charles Renouvier, *Science de la Morale*, t. I, p. 382. « Cette puissance
(la société) est un danger pour le juste en même temps que pour le criminel. »

(2) L'école individualiste s'attribue volontiers le mérite d'avoir découvert,
propagé et assis les institutions libérales. L'expérience prouve cependant
jusqu'à l'évidence que sans l'esprit de solidarité la liberté politique est
toujours précaire. Elle ne se passe ni des fortes traditions, ni de la discipline
des partis, ni de la vie propre et relativement autonome de ces petites
sociétés locales, morales et économiques que l'individualisme s'est toujours fait gloire de dissoudre au profit du Léviathan.

détresse artificielle qui consiste dans un accroissement factice et trop rapide des besoins. Au contraire les causes qui rendent plus faciles la satisfaction des besoins légitimes et permanents, celles qui harmonisent et subordonnent les appétits individuels aux sentiments sociaux réduisent au minimum la résistance (1).

Il est aisé de voir que plus le *veto* des caractères individuels affaiblit l'accord social, plus éclatent les conflits des personnes ; non seulement les agressions criminelles doivent se multiplier, mais en l'absence d'un arbitrage social obéi, les litiges n'ont plus d'autre juge que la force et se transforment en guerres privées. Celles-ci peuvent se multiplier en une société qui a connu auparavant l'état juridique. Rappellerons-nous que le moyen-âge, présenté à nos yeux par des utopistes comme l'ère de la charité et l'antithèse de notre âge d'égoïsme et d'oppression, vit à des époques diverses, en France les guerres seigneuriales, en Italie, le droit de représailles, en Allemagne, le droit du poignet (Faustrecht) (2). Pareille chose à coup sûr n'est jamais arrivée dans des sociétés de fourmis, d'abeilles ou de castors ! Or, cette suspension de toute distribution solidaire du bien créé par l'effort commun n'exclut nullement la distribution solidaire des maux, la réversibilité des crimes. On connaît la classique vendetta corse, cette survivance de la représaille italienne. Souvent l'origine de la querelle est oubliée et cependant les attentats se multiplient. Chaque année, chaque mois rive plus étroitement l'anneau des haines et des vengeances. Il en était ainsi des clans celtiques ; il en est encore ainsi des tribus afghanes. Enfin, pour considérer un théâtre plus étendu, nous savons à quel point peuvent être héréditaires les haines et les guerres entre grandes nations.

------

(1) Voir notre chapitre IX.

(2) Voir Luchaire, *Les Communes de France à l'époque des Capétiens directs.* — Edgar Quinet, *Les Révolutions d'Italie.* — Janssen (traduit par Heinrich), *L'Allemagne à la fin du moyen-âge,* p. 441 et suivantes. — Il est à remarquer que Janssen est un des historiens qui se sont le plus attachés à représenter le moyen-âge comme une ère de concorde et de justice sociale.

Nous savons que l'absence de juridiction offre une tentation perpétuelle aux mobiles esclavagistes. Ces mobiles, qui, comme l'aversion du travail, ont leur racine moins dans l'amour des richesses que dans les facultés esthétiques de l'homme (1) peuvent suffire à tenir en échec les causes qui tendent au développement de l'ordre juridique et à faire naître la guerre. A plus forte raison l'adaptent-ils à leur fin (2). Ailleurs nous avons montré comment ils savent utiliser les luttes religieuses. Or, combien les maux de l'asservissement et de l'esclavage sont réversibles, combien incurables, c'est ce que l'histoire bien comprise de l'humanité peut nous révéler. Négligeons les effets moraux, cependant les plus graves de tous, le mépris jeté sur le travail assimilé au châtiment, l'idée que les professions manuelles sont serviles, la défiance et la haine subsistant entre les classes même après que l'esclavage et le servage ont été totalement abolis : ne considérons que les effets qui tombent sous les sens, les souffrances senties. Voici un simple épisode suffisamment propre à symboliser la réversibilité des maux de l'esclavage : au commencement du XVI⁰ siècle, les Espagnols asservissent la population indigène de Haïti ; elle ne résiste pas à l'excès des maux et disparaît. Pour la remplacer, pour en retarder l'extinction, on achète des nègres. La côte de Guinée devient la côte des Esclaves. Les petits potentats noirs qui jusque-là sans doute avaient asservi des étrangers pour le compte de leurs sujets apprennent à faire trafic de ces derniers. Trois siècles plus tard, à Haïti les esclaves noirs égorgent leurs propriétaires blancs et depuis, incapables de fonder eux-mêmes un ordre stable, vivent dans une interminable guerre civile. Mais les effets d'un premier crime ne sont pas limités là : l'Amérique, à l'imitation de Haïti, s'est peuplée de nègres asservis. Quand les colonies anglaises mettent fin au sys-

----

(1) Voir notre chapitre VI.
(2) Voir notre chapitre X.

tème colonial (1) elles ne peuvent répudier cet héritage. C'était celui d'une guerre civile gigantesque qui a failli tuer chez elles et dans tout le Nouveau Monde les institutions libres. Je passe mille tentatives d'insurrections locales ; mais puis-je oublier vingt millions de nègres au moins jetés à la mer par des marchands d'esclaves ? le Soudan sillonné pendant des siècles de ces caravanes infernales si connues des explorateurs ? une éducation ue férocité donnée à des hommes trop bien disposés à la recevoir ? Ainsi pendant quatre siècles, les maux issus d'un premier fait d'asservissement se sont répercutés sur les deux rives de l'Océan et jusqu'au fond des continents.

L'humanité pourrait subir les maux de la solidarité sans en recueillir les bienfaits. Cependant la maladie indique le remède. De même que l'union des efforts contre les fléaux naturels a pour effet, d'abord d'atténuer peu à peu les conséquences de ces fléaux, puis de diminuer, en raison même des succès obtenus, la résistance individuelle à la sociabilité, de même un premier acte de solidarité contre une classe de crimes, de conflits, de vengeances atténue pour toujours la répercussion des maux que nous venons de décrire. En effet, dès qu'un litige a été juridiquement tranché, un crime juridiquement réprimé, une source de désordre a été tarie et l'océan des conflits diminué porportionnellement. De plus, un exemple a été donné, une habitude créée qu'à son tour la solidarité propagera. En vertu des lois mentales, les hommes peuvent perdre aussi complètement l'idée que certains litiges peuvent être jugés par la force qu'ils conçoivent malaisément l'idée que d'autres litiges puissent être tranchés par une procédure. Le Français cultivé ne peut plus concevoir qu'un criminel soit jugé et exécuté par la foule ; mais jusqu'ici il ne peut non plus imaginer que les conflits entre Etats puissent être tranchés judiciairement, au moins d'une façon usuelle et pratique.

____

(1) Voir Seeley (traduit par M. Rambaud), *L'expansion de l'Angleterre*, ch. VIII, p. 183.

C'est que l'habitude de la procédure est invétérée dans un cas et encore à créer dans l'autre.

L'arbitrage, la garantie et l'incrimination ont montré que les hommes, associés contre les causes naturelles de destruction, peuvent aussi s'unir solidairement contre les conflits, les crimes, les vengeances. Plus ces institutions, d'abord spontanées, sont devenues réfléchies, ont été dirigées par des idées et des jugements, et finalement, se fondant les unes dans les autres, ont donné lieu à l'idée et au fait du droit, plus l'humanité s'est sentie soustraite à la réversibilité des maux les plus graves. En perfectionnant la solidarité, elle a guéri les désordres qui logiquement en sembleraient inséparables. D'où vient que le monde occidental, malgré tant de taches, est moralement supérieur au monde oriental et au monde africain ? D'où vient qu'il est moins éloigné de la justice ? Ce n'est pas à l'individualisme qu'il faut demander ce secret. La cause est que les Européens ont su virilement incriminer l'esclavage et la guerre religieuse, par où ils ont été conduits à constituer un droit des gens qui, bien imparfait encore, n'en met pas moins un abîme entre notre ère et le moyen-âge ou l'antiquité. Nous faisions tout à l'heure le tableau des maux qui découlent de l'esclavagisme : que de maux éteints par l'institution u un mode de guerre qui l'exclut sous toutes les formes ! De combien de désordres réversibles l'humanité occidentale ne s'est-elle pas préservée quand il a été établi que la nation hérétique n'est pas par là même exclue de tout commerce avec la nation orthodoxe ! L'interminable série des guerres issues de la Réforme, la série plus interminable de celles qu'engendra l'Islam, suffit à nous l'apprendre.

Mais d'où vient la solidarité juridique si ce n'est de cette solidarité élémentaire qui en dehors de toute fin supérieure unit les hommes contre les causes naturelles de destruction ? Otez l'association fondée sur le travail et la science : le droit ne naîtra pas. Rêver d'un progrès juridique indépendant ou exclusif du progrès économique et scientifique est chimérique. D'ailleurs les positivistes n'ont que trop insisté sur ce point (1). Ce qui n'importe pas moins, c'est de voir que le droit n'est pas dans la civilisation une sorte de luxe comme le pensent volontiers certains économistes classiques, toujours prompts à découvrir aux pratiques suspectes des effets utiles (2). La solidarité juridique est le complément indispensable de cette somme d'efforts solidaires qui constituent la civilisation. Otez l'arbitrage et l'imposition de l'arbitrage, ôtez la juridiction criminelle et le respect de ses formes, les entreprises civilisatrices deviennent stériles. Ni la science ne pourra interroger la nature et en conquérir les forces, ni le travail ne pourra subvenir aux besoins légitimes.

Néanmoins la solidarité juridique ne sort pas fatalement de la civilisation, bien que celle-ci en fasse toujours plus sentir la nécessité. Là est sans doute le secret de bien des énigmes historiques et de cette surprenante inégalité de développement de diverses branches de l'humanité. Les sociétés étrangères au droit, celles où le droit n'a jamais dépassé le stade de la vengeance collective, ou de la composition, celles où il a été corrompu par le sacerdoce et le despotisme militaire sont, en dépit d'un préjugé contraire, éprouvées au plus haut point par la résistance des caractères individuels ; elle y affecte la forme d'explosions sauvages dont les moins redoutables sont encore les séditions militaires, les révoltes de janissaires, de mamelucks ou de cipayes. Loin que l'absence de la passion du droit préserve les peuples des révolutions chroniques, elle rend celles-ci plus anarchiques et plus hideuses. Au contraire dans les sociétés juridiques, les révolutions elles-mêmes

---

(1) Nous avons surtout en vue ici l'école de Buckle et de Bagehot. Le même reproche ne saurait être fait ni au Dr Letourneau ni à M. de Lanessan. — On peut trouver étrange que nous reprochions à une école de trop insister sur une vérité : c'est qu'il est toujours pénible de voir réduire à si peu de chose le rôle de la justice. Il y a je ne sais quelle protestation secrète qui diminue l'évidence de telles vérités.

(2) L'accaparement est un délit puni par la loi française. Beaucoup d'économistes y trouvent cependant mille conséquences utiles.

ont la forme de grands procès tendant toujours à constituer des juridictions nouvelles.

Il faut donc que le caractère individuel se donne au droit ; en terme plus clair, il faut qu'il donne une solidarité plus parfaite pour but à la résistance aux maux engendrés par une solidarité imparfaite. S'abandonnant à sa loi, résiste-t-il pour résister, pour se refuser ? Le droit ne régnera pas, car ou bien la société sera dissoute par l'anarchie en fragments toujours plus minimes, ou bien des phases d'anarchie furieuse y disposeront les esprits à de longues périodes d'un assoupissement lui-même très favorable à l'égoïsme. Les révolutions y seront fréquentes comme elles semblent l'avoir été en Chine, en Russie, pendant notre moyen-âge, et comme elles le sont encore dans les pays musulmans, mais elles ne poursuivront jamais une fin sociale ou juridique. Ce seront des charges publiques qu'on ne voudra pas acquitter, des superstitions qu'on voudra appuyer, quelque faux Démétrius ou quelque Mahdi à la suite duquel on se mettra. Telles ont dû être les causes de l'état stationnaire de l'humanité africaine ou asiatique où la privation de la liberté n'a jamais été compensée par un accroissement de sécurité. Au contraire les caractères ne résistent-ils à une solidarité imparfaite que pour se donner à une solidarité meilleure et plus digne de ce nom ? En ce cas les révolutions conduiront au droit, à la purification de la vie sociale. Un jour d'une sédition sortira le Code des XII tables ; un autre jour la commune jurée ; un autre jour le régime parlementaire et la liberté de conscience ; un autre jour l'Etat national. La Révolution paraîtra s'identifier avec le progrès de la justice.

Le droit se consolide par des actions lentes, mais il se crée par des actions brusques. Il sort des crises de la solidarité. Sa naissance révèle, non pas l'opération dominante mais le concours d'une cause contingente. Aussi présente-t-il, comme on l'a fait remarquer, l'aspect d'un drame. L'arbitre improvisé peint par Virgile, le « *vir pietate gravis* » qui apaise la foule, est un acteur éternel de ce drame. L'inspiration qui le fait arbitre du conflit, qui le ferait au besoin exécuteur de la sentence, a sa cause en lui, non dans la nécessité extérieure qui, par la constitution et le développement de la nature humaine n'a fait que rendre l'inspiration possible et en préparer le succès.

Cette inspiration, c'est l'amour qui la dicte. Un caractère et surtout une pluralité de caractères ne se donnent que si l'amour les anime. Si la solidarité des fautes n'avait pour effet, comme on l'a pensé quelquefois, que de *créer l'état de guerre* (1) et d'investir la personne d'un *droit de défense*, il n'y aurait pas d'espoir que jamais la paix pût régner parmi les hommes. Au contraire une pitié élevée des maux présents et futurs qu'engendrent les conflits, l'intérêt légitime que trouve l'homme vraiment intelligent à les prévenir, voilà la cause qui fait les arbitres et les justiciers : c'est la même qui fait les hommes sociables et les porte à préférer, bien que souvent à leur insu, à l'isolement du moi tou les maux éventuels de la solidarité.

---

(1) Charles Renouvier, *Science de la Morale* ch. LII, LIII, LVI.

FIN

Vu et lu,

en Sorbonne, le 9 juillet 1891,

par le Doyen de la Faculté des Lettres de Paris,

A Himly.

Vu

et permis d'imprimer.

Le vice-recteur de l'Académie de Paris,

O. Gréard.